5G+

5G如何改变社会

李正茂　王晓云　张同须　等　著

中信出版集团 | 北京

图书在版编目（CIP）数据

5G+：5G如何改变社会 / 李正茂等著 . -- 北京：
中信出版社，2019.8（2019.10重印）
ISBN 978-7-5217-0816-5

I. ① 5… II. ①李… III. ①移动通信－通信技术－
产业发展－研究－中国 IV. ① F426.63

中国版本图书馆 CIP 数据核字（2019）第 140864 号

5G+——5G如何改变社会

著　　者：李正茂　等
出版发行：中信出版集团股份有限公司
（北京市朝阳区惠新东街甲4号富盛大厦2座　邮编　100029）
承 印 者：北京通州皇家印刷厂

开　　本：787mm×1092mm　1/16　　印　　张：25.75　　字　　数：323千字
版　　次：2019年8月第1版　　印　　次：2019年10月第3次印刷
广告经营许可证：京朝工商广字第8087号
书　　号：ISBN 978-7-5217-0816-5
定　　价：69.00元

第四篇 “5G+”在行动

第十四章 全球在行动

第十五章 各行各业在行动

第十六章 中国移动在行动

当今时代，人们的生活已经因为移动互联网的发展发生了根本性的改变，这背后的推动力量是移动通信网络持续不断的创新和发展。中国移动在 4G（第四代移动通信技术）时代建设了全球最大的 4G 网络，提供了覆盖最广、体验最佳的移动宽带，铸就了中国在全球移动通信的领先优势。我们早在建设 4G 之初就已经开始规划 5G（第五代移动通信技术）。5G 已不仅仅是通信行业的热词，更是整个社会关注的焦点。政府、社会和企业都对 5G 寄予了极高的期望。当前，我们所面临的内外部形势正在发生深刻的变化，可以总结为“4 个加速转变”，即经济从高速增长向高质量发展加速转变，信息通信技术从助力经济发展的基础动力向引领经济发展的核心引擎加速转变，基础电信业务从规模经营向基于规模的价值经营加速转变，信息通信市场从“要素”竞争向“要素 + 能力”竞争加速转变。5G 已经超越了单纯的移动通信的范畴，正在成为引领科技创新、实现产业升级、发展数字经济、拉动社会投资、促进经济繁荣的新引擎，在推动经济高质量发展中发挥越来越重要的作用。

作为全球网络规模最大、用户数量最多、品牌价值领先的电信运营企业，中国移动始终坚持将科技创新作为创建世界一流企业的关键动力，在推动中国移动通信从 1G（第一代移动通信技术）空白到 2G（第二代移动通信技术）跟随，从 3G（第三代移动通信技术）突破到 4G 并跑，乃至 5G 继往开来的发展过程中发挥了重要作用。在 3G 和 4G 时代，中国移动通过建设运营3G TD–SCDMA[①]，促进中国信息通信业首次构建完整产业体系，并推动中国主导的4G TD–LTE[②] 国际标准走向全球、规模应用。面向5G，中国移动在5G需求的提出、5G国际标准的制定、5G关键技术的引领、5G端到端产业的构建、5G对赋能各行业的开拓等方面都做出了突出的贡献。例如，中国移动在国际标准组织中牵头数十个5G关键标准项目，居全球电信运营企业首位，牵头的5G网络架构标准成为首个中国公司主导制定的全球新一代移动通信网络架构。另外，中国移动在17个城市开展5G规模试验和应用示范，面向全球成立5G联合创新中心，创新近百个5G应用场景，让更多人享受到信息通信技术发展带来的福祉。

当今世界，以互联网和通信为代表的信息技术已逐渐成为推动人类发展的核心基础。近年来依托大数据、云计算、人工智能等技术的发展，人类社会正从信息时代跨入智能时代，开始第四次工业革命，这一切驱动人类社会迈向发展新纪元。不同于以往的移动通信系统，5G超越了移动通信的范畴，成为第四次工业革命的技术基石。5G将与大数据、云计算、人工智能等信息技术紧密协同，连接万物，聚合平台，赋能产业，在人类科技和社会发展中发挥出更大的作用。在推动5G和相关产业向前发展的过程中，我们深入思考了5G的技术实质和发展规律，逐渐形成了以“5G+”为核心理念的5G行动计划，我们也借这本书向业界和全社会阐述中国移动在“5G+”方面的思考。

中国移动的“5G+”包含4方面内涵。第一，“5G+4G”。中国移动大力推动5G与4G技术共享、资源共享、覆盖协同、业务协同，加快建设覆盖广泛、技术先进、品质优良的全球最大规模的5G精品网络。我们

---

① TD–SCDMA，即时分同步的码分多址技术，是第三代移动通信系统三大国际标准之一。——编者注

② TD–LTE，即分时长期演进，是3GPP（第三代移动通信合作计划）组织制定的国际标准。——编者注

依托2.6GHz[①]与4.9GHz双频协同优势，打造立体化、智慧化、高性能的5G网络，并面向SA（独立组网）基于NFV/SDN（网络功能虚拟化/软件定义网络）构建云网融合的领先基础设施，提升端到端的5G网络能力和服务能力。第二，“5G+AICDE[②]”。中国移动持续推动5G与人工智能、物联网、云计算、大数据、边缘计算等新兴信息技术深入融合、系统创新，打造以5G为核心的泛在智能基础设施，构建连接与智能融合服务能力、产业物联专网切片服务能力、一站式云网融合服务能力、安全可信的大数据服务能力、电信级边缘云服务能力五大核心能力，形成5G与AICDE各领域相互融通、深度融合的格局。第三，“5G+Ecology（生态）”。中国移动联合社会各方力量，全面构建资源共享、生态共生、互利共赢、融通发展的5G开放型新生态体系。我们通过推动终端成熟、开展应用创新和打造精品内容推进5G产业合作，以基础服务、使能服务、专属服务等模式为基础携手合作伙伴共创5G新时代。第四，“5G+X”。应用是根本，通过上述三个“+”，我们真正实现“5G+X”，X就是指在各个行业的各种应用。中国移动通过加速推动5G在包括工业、农业、交通、能源、医疗等多个行业更广范围的应用，进一步促进产业数字化，实现更大的综合效益。通过实施“5G+”计划，中国移动使5G真正成为社会信息流动的主动脉、产业转型升级的加速器、数字社会建设的新基石。

致敬来时路，整装再出发。面向未来，中国移动将以习近平新时代中国特色社会主义思想为指导，全面贯彻落实党的路线方针政策，落实中央重大决策部署，履行央企政治责任、经济责任、社会责任，为网络强国建设、经济社会发展和人民美好生活做出新的贡献。中国移动将以“三个成为”为目标，深化改革创新，着力培育具有全球竞争力的世

① $1GHz=10^9Hz$。——编者注

② AICDE是指人工智能（AI）、物联网（IoT）、云计算（Cloud Computing）、大数据（Big Data）和边缘计算（Edge Computing）。——编者注

界一流企业。在新一轮信息通信技术和产业变革中，中国移动将把握机遇，加快转变发展方式，加快推进5G商用部署，深入实施“5G+”计划，构建基于规模的“融合、融通、融智”价值经营体系，为激发经济增长新动能、创造社会发展新机遇、提供数字生活新体验、助力产业转型升级和经济高质量发展，更好地满足人类社会对美好数字生活的需要，为信息通信技术惠及全人类贡献中国移动的智慧和力量。

为了让公众更好地了解“5G+”，让产业更全面地把握“5G+”，让各行业更深入地融入“5G+”，中国移动的同事们撰写了这本书。这本书基于作者们数十年来对移动通信技术的深度参与和对移动通信发展规律的全面把握，从5G的前世和今生入手，系统性地提炼出了“5G+”的“新平台、新战略、新机遇，新技术、新架构、新生态，新体验、新动能、新模式”，进而介绍了全球各行各业推动和应用5G所做的工作，逻辑清晰，内容翔实，使读者能够很容易地了解“5G+”的由来、概念、内涵、实现、行动等各个方面，非常值得一读。同时这本书也是中国移动首次对“5G+”计划的一次系统、深入、全面的阐述，对于推动中国乃至全球5G产业的进步和发展具有重要的指导意义。

中国移动通信集团有限公司党组书记、董事长　杨杰

2019年是全球5G启航之年。中央经济工作会议要求，“加快5G商用步伐”，这是党中央、国务院着眼全局、审时度势做出的重大决策部署，也是赋予移动通信行业的重大使命责任。

不久之前，工业和信息化部（以下简称“工信部”）向中国电信、中国移动、中国联通、中国广电发放5G商用牌照，正式拉开了中国5G商用发展的序幕。加快5G商用步伐意义重大。据中国信息通信研究院（以下简称“中国信通院”）预测，2020—2025年，中国5G发展将直接带动经济总产出10.6万亿元，直接创造经济增加值3.3万亿元，创造直接就业岗位超过300万个。加快5G商用步伐，将给中国移动通信产业发展带来新机遇，为培育打造新动能、促进国民经济高质量发展、增强国家综合竞争实力提供强有力的支撑。

5G对中国数字经济发展具有重要的战略意义。数字经济是当前最热门的话题，也是世界各国普遍重视的战略性问题，但数字经济至今没有一个完整的定义。一般认为，数字经济是指以数字化的知识和信息为生产要素，以现代信息网络为主要载体，以信息通信技术的有效使用为提高效率和促进产业结构升级的重要推手，从而形成的完整、综合、融合并克服了时空限制的现代经济活动。数字经济是随着信息化技术革命的深入发展而产生的现代化经济形态，而5G作为信息化技术革命的最新成果，对数字经济的发展完善具有重大意义。5G不仅有助于现代工业数字化、现代农业数字化、现代社会管理数字化，而且能催生众多的新产业、新服务和新模式，形成改变社会生产、消费和管理的新的经济业态。

5G的根本生命力在于行业应用，在于打造开放融合的平台服务能力。5G和工业制造的结合，推动产业互联网发展是其中最重要的内容。5G的超大带宽、超低时延、超多连接的新特性，边缘计算、网络切片等新能力，能够全面支撑传统制造业和服务业转型，对工业链条中的设备平台、工业流程、制造管理等都产生了极大的影响。5G与工业互联网、车联网、智慧服务等跨界融合应用的不断涌现，必将大大推动数字化转型，构筑数字经济的基础。这些结合给5G自身的发展带来了巨大的空间。5G作为具有基础性、关键性、使能性的技术，与大数据、云计算、人工智能等其他信息技术的协同发展，加速万物互联，实现万物智联，只有在与实体经济的深度融合中才能发挥最大的价值。

当前，5G商用既面临重大历史契机，又面临风险挑战。从机遇来看，中国移动通信行业坚持企业主体与政府引导、自主创新与开放合作相结合，从标准、研发、试验、频率、应用等方面全方位推动5G研发和产业化，已经奠定了5G商用的技术优势和产业基础。从挑战来看，5G全行业发展仍面临产业基础短板突出、融合应用程度不深、商业模式尚不清晰、能耗较大带来绿色发展问题、国际竞争日趋激烈、安全可靠性有待提升等诸多挑战。此外，5G产业在毫米波频段还相对滞后，政府应予以高度关注并适时制定相关政策引导整个产业加速发展。上述挑战需要产学研用各方协同努力、共同应对，通过创新逐步加以解决。

中国移动深刻洞察5G产业发展的关键，在全球率先提出“5G+”概念，并将其扩展成为“5G+”行动计划，该计划符合产业发展规律，顺应时代创新潮流，对于凝聚产业共识、促进产业发展乃至增强中国5G全球影响力都具有重要的理论意义和实践意义。同时，这本书由中国移动资深专家执笔，观点权威、资料翔实、可读性强，也可以成为广大人民群众理解5G知识、参与5G发展的重要参考资料。

时代催人奋进，使命激荡人心。基础电信运营商是实现每一代通信技术产业化的中坚力量。中国移动作为基础电信领域排头兵，为中国移动通信事业实现从跟跑、并跑到领跑的历史性转变做出了不可磨灭的贡献。希望5G时代中国移动和全行业不忘初心、牢记使命，坚持以习近平新时代中国特色社会主义思想为指导，坚持以人民为中心的发展思想，牢固树立新发展理念，全面履行央企政治责任、经济责任和社会责任，以“5G+”行动为抓手，加强技术创新和开放合作，加快业务转型和管理提升，在助力实体经济高质量发展、满足人民日益增长的美好生活需要上实现更大作为，不断开拓企业健康发展新空间，为全球5G产业发展积极贡献中国智慧和中国方案，早日成为技术、规模、效益和品牌实力全球领先的世界一流企业。

原邮电部、信息产业部部长　吴基传

4G在全世界范围内已经大规模商用，5G已经成为全球移动通信新一轮信息技术变革的重点。5G在带宽、连接、时延、可靠性等方面的指标提升，将为各行各业的数字化转型发展创造新的机会，大大改变我们的经济和社会。据估计，到2035年，5G将使全球经济增长4.6%，全球GDP（国内生产总值）增加7%。

如果说1G到4G是面向个人的，那么5G将拓展到面向产业互联网和智慧城市服务。移动互联网和产业互联网将带动我们进入一个智能社会。5G最大的意义在于产业互联网，传统企业拥抱产业互联网之后会带来颠覆性的革命。

然而，当前5G仍面临技术创新、网络优化、投资回报等多重挑战。具体来说，5G在技术标准上仍需要不断完善提升。中国在5G标准中必要专利方面取得领先位置，但移动通信多年来已是知识产权竞争最激烈的领域，围绕5G专利制高点之争不会停止，我们在5G网络实践中还要加大创新的力度。中国在集成电路和操作系统等方面还亟待追赶。5G在网络优化上也面临从未尝试过的长频谱接入、无定型小区和大规模天线的布设等新问题。5G网络建设和运营还面临投资与降费的双重压力。

中国移动作为通信业龙头引领5G研发和标准推进，对5G的技术内涵、生态发展、产业构建有着深刻理解。这本书介绍了中国移动提出的“5G+”计划，从技术和生态方面勾画了5G作为未来数字经济的重要支柱，助力产业融合创新的蓝图。这本书全面深刻地诠释了中国移动“5G+”计划的时代意义，从5G技术的本源出发，着力讲述了“5G+”的核心要素，阐述了以5G为基础衍生出的一系列创新解决方案如何为我们的现代经济提供新动力，覆盖人们生活、生产和社会治理多个方面。随着5G与人工智能、5G与物联网、5G与云计算、5G与大数据、5G与边缘计算等技术的深度融合，信息技术在各行业转型升级过程中的渗透力不断加强。5G要真正发挥改变生活、助力生产的作用，离不开各行各业的协同创新。这本书后半部分讲述的能源、金融、工业等各行业案例生动地呈现了未来社会高度信息化、自动化、智能化的远景。

移动通信技术每10年一代，5G带来的不仅仅是手机网速变快，还将连接万物，与产业互联网、智慧城市结合，带动产业和社会变革。正因如此，5G在全世界已引发一场激烈的竞赛。“5G+”时代即将到来，让我们抓住机遇，跨越鸿沟，惠社会大众，争世界之先。

中国工程院院士　邬贺铨

“5G+”——未来已来

2019 年 6 月 6 日本书成稿之际，工信部正式向中国移动、中国电信、中国联通、中国广电发放 5G 商用牌照，中国由此正式进入 5G 商用元年。值得一提的是，此次没有如往常一样发布临时牌照，而是跳过 5G 试商用阶段，直接进入 5G 正式商用，相较于原先的 2020 年 5G 商用计划，中国的 5G 商用时间整整提前了一年。在中国 5G 牌照发放之前，韩国、美国、瑞士、英国已经开通了 5G 服务，5G 正在从一个概念变成我们身边真实发生的事情。

移动通信系统历经了 4 代，从 20 世纪 80 年代的 1G 开始，基本保持了 10 年一代的发展规律。1G 使移动通话成为可能，2G 大幅降低了通话成本并引入了短信和 WAP（无线应用协议），3G 开始有了视频和互联网业务，4G 奠定了移动互联网的根基，我们可以从中看到移动通信系统的发展始终围绕着提升以带宽和速率为核心的连接能力这条主线。到了 5G，这一情况发生了一些变化，5G 不再一味追求人人通信的体验速率（达到 4G 的 10~100 倍），而是更强调满足物联网、边缘计算、行业应用等多种场景的需求，相比 4G 只有峰值速率和移动性两项指标，国际电信联盟（ITU）定义了包括时延、连接数密度等在内的八大关键指标。同时，不同于之前 4G 软硬一体的网络设备形态，5G 网络架构天然具备了软件化、云化、服务化等特性，这给 5G 带来了比肩互联网的灵活性。正是这些新的变化，使 5G 得以超越连接，进一步与其他技术融合，实现对各行业的赋能，真正做到“5G 改变社会”。

中国移动在推动中国通信技术产业在“1G 空白、2G 跟随、3G 突破、4G 并跑、5G 引领”的发展过程中发挥了重要作用。基于对 5G 实质和核心价值的深刻理解，中国移动提出了“5G+”计划，我们希望通过本书向大家详细阐明中国移动在“5G+”计划方面的思考。“5G+”计划的内涵体现在 4 个方面。第一是“5G+4G”，5G 和 4G 协同，二者共同构成的网络基础设施，为客户提供数据和话音业务，是解决当前网络经营和网络性能的关键一环。第二是“5G+AICDE”，这是“5G+”行动计划的核心。通过推动“5G+AICDE”，产业空间将会变得非常巨大。第三是“5G+Ecology”，我们希望大家一起构建开放型的生态体系，充分发挥 5G 带来的生态辐射力和影响力，促进 5G 和各行各业的融通发展。第四就是通过前面三个方面，真正实现最广泛的“5G+X”，如“5G+ 智慧医疗”“5G+ 智慧校园”“5G+ 智慧交通”等，真正为经济、社会、民生带来丰富多彩的变化。

“5G+4G”：中国移动在 4G 时代建设了全球最大、质量最佳的 4G 网络，4G 基站数达到 241 万 [1]，4G 用户数超过 7.23 亿、每用户月均流量约为 5.7GB[①][2]。5G 时代必须继续发挥 4G 精品网络的价值，中国移动所得的 2.6GHz 的 5G 频段紧邻 4G 频段，5G 和 4G 长期并存，不仅要求两张网络未来在业务上进行有效协同，而且要求在 5G 规模建网之初就考虑 4G 和 5G 的联合建网与高效协同，这使得在 5G 网络建设初期，中国移动得以利用原来 2.6GHz 频段的 LTE（长期演进）网络优势，实现 5G 网络的快速部署和连续部署。

“5G+AICDE”：迄今为止人类经历了机械化、电气化、信息化三次

① $1GB \approx 10^9B$。——编者注

工业革命：蒸汽动力技术和铁路建设触发了第一次工业革命（18 世纪 60 年代至 19 世纪 40 年代），这一时期诞生的现代工厂、城市经济及世界新阵营，引领人类进入机器生产时代；电力和内燃机的发明与应用触发了第二次工业革命（19 年纪 70 年代至 20 世纪初），这一时期诞生的大规模工业生产、多样化产业结构新形态，推动人类社会迈入电气时代；电子计算机、互联网技术和空间通信技术共同触发了第三次工业革命（20 世纪四五十年代至 21 世纪初），这一时期诞生的空前发展的社会交流、新的商业模式及大幅跃升的全要素生产率，推动人类步入信息时代。纵观人类工业革命的历史，我们发现实现工业革命越来越依靠多项技术创新的叠加式主导和浪潮式推进，越来越难以通过个别技术的突破或个别产业的增长实现，集群式技术的融合是工业革命发生的重要催化剂。今天，第三次工业革命方兴未艾，随着移动互联、大数据、人工智能、云计算、物联网、边缘计算等新技术的集体涌现，以数字化、网络化、智能化为主要特征的第四次工业革命已加速向我们袭来。要促进这些技术形成“1+1>2”的化学反应，需要一个强大的技术基座，那就是通信系统，4G 依靠其大带宽可以与移动互联、大数据等某些技术形成单一化学反应，而 5G 由于其多场景、多指标的设计理念，可以作为桥接 AICDE 的技术中枢，相比 4G 的单一化学反应，5G 带来的是规模链式反应，有效催化创新技术的体系化，从而推动新一代工业革命的浪潮。

“5G+Ecology”：从 1G 开始，移动通信产业就形成了自成一体的生态系统，这个生态系统包含各种各样的“物种”，如用户、电信运营商、网络设备供应商、终端设备供应商、应用服务提供商、系统集成商、内容服务提供商等。每一代移动通信系统的升级换代都伴随着一次生态系统的变迁。从 1G 到 2G 再到 3G，由于通信系统能力的限制，移动通信构成的生态系统几乎是封闭的，即便有移动梦网、互联网等内容和服务的存在，也远未构成一个围绕在移动通信生态核心之外新生态的存在，因此这几次生态系统的变化最多算是量变。4G 的到来迎来了生态系统的第一次质变，大幅提升的通信速率和带宽使得在移动通信生态之上得以构建出一个移动互联网新生态，各种视频、社交、生活服务的应用百花齐放。如果说 4G 带来通信生态系统内部的一次质变，那么 5G 带来的则是通信系统及社会多行业的一次质变。5G 不同于传统的几代移动通信技术，其不再由某项业务能力或者某个典型技术特征定义，它不仅是一项具有更高速率、更大带宽、更强能力的技术，而且是一个多业务、多技术融合的网络。通过全社会的参与，5G 将与无人机、机器人、VR/AR（虚拟现实 / 增强现实）、视频等丰富多彩的垂直行业应用结合，构建 5G 生态系统。

“5G+X”：在前三个“+”的基础上，5G 具备了与社会各行各业融合协同发展的可能，5G 的赋能将深刻改变社会各行业的发展轨迹，催生智慧能源、智慧交通、视频娱乐、智慧城市、智慧工业、智慧医疗、智慧金融、智慧教育、智慧农业等。5G 与各行各业融合发展的全新模式，将全方位、深层次地创新、变革、颠覆传统的社会生产、人民生活和社会治理模式，开启泛在智能的产业互联网新时代。

尽管 5G 给了人们如此丰富的想象空间，也收获了社会的广泛关注，但 5G 从技术到产业都还有相当长的路要走，现阶段人们对 5G 应该有比较理性的认识。首先，5G 是构筑国家竞争优势和国家安全的战略必争地，是经济转型、产业升级的新引擎，国际各国都十分重视 5G，甚至不惜代价抢跑，但我们需要看到，由于 5G 普遍采用更高频段，这意味着 5G 工程需要建设更多的基站、传输、局址，资本开销大，在社会责任和经济效益方面需要做好平衡。其次，5G 与行业结合的优势特性已经被广泛宣传，政府、行业、产业都在塑造 5G 赋能行业的美好场景，部分行业应用在边缘计算、低时延通信、安全隔离等方面的特殊需求也已逐渐显现，然而当前阶段 5G 的 NSA（非独立组网）路线相比 SA 路线的成熟度高，5G 初期只能拿 NSA 作为应对市场竞争压力的手段，但 NSA 路线仅支持 eMBB（增强移动宽带）场景，其无法从根本上满足 5G 时代赋能行业的需求，我们要看到5G发展需要一个技术迭代的过程。最后，5G成为社会热门话题，5G炫酷的业务体验和场景已经激发了用户极大的兴趣，运营商与各行业不计成本的演示合作，让全国上下认为5G箭在弦上，万事俱备，在5G真正商用部署之后，现在演示的场景到了真实客户场景下是否还会存在都是未知数。5G是长跑，象征意义的先跑或者抢跑并不能决定未来能否继续领先，打好基础才能行稳致远，我们也借此呼吁业界同人和社会各界一同推动5G的技术成熟、产业繁荣、行业协作，让“5G+”早日成为现实。

第一篇

“5G+”：新平台、新战略、新机遇

第一章 5G的前世

通信是人类与生俱来的基本需求，人类通信历史悠久。千百年来，人们一直在用语言、图符、钟鼓、烟火、竹简、纸书等传递信息，通信方式的变化一直深刻地影响着人类的生活。

中国在殷商时代就有“烽火遥见，鼓可遥传”的记载。在古代非洲，击鼓传信是最早且最方便的信息传递方式。非洲人用圆木特制的大鼓可传声至三四公里远，再通过鼓声接力和专门的击鼓语言，其可在很短的时间内把消息准确地传到50公里以外的另一个部落。不论是古人的飞鸽传书、烽火狼烟还是驿马邮递，人类一直在探索可以将信息传递得更远、更快的方法。应该没有人会否认信息的重要性，罗斯柴尔德家族用快马传递英法战争战况的故事告诉我们，在很多时候，信息的传递速度和信息本身一样重要。

在古代，受限于技术本身，人们能想到的最快的信息传递方式是通过鸽子、马甚至是人完成。众所周知，马拉松这项运动是为了纪念那位快速奔跑了42公里最终将自己累死的希腊传令兵，在这位传令兵的壮举被载入史册的同时，我们也看到人们在通信方面曾经走过多么艰苦的历程！那时候的人们恐怕无法想象当今信息时代人们的生活，在他们看来，信息的传递速度受限于飞行和奔跑的速度，通信的“天花板”一直无法突破——直到电信号的出现。

随着电信号的出现，通信技术给人类社会带来了翻天覆地的变化。从某种意义上来说，电信号作为信息的传递媒介取代了飞行和奔跑，这意味着古代通信方式的终结，并掀开了现代通信方式的新篇章，尤其是移动通信领域不断出现的里程碑也将通信技术推向更高的彼岸。因此，我们有必要回顾一下移动通信的发展历史。

第一代移动通信：模拟通信——开启通信的移动时代

20 世纪 60 年代美国贝尔实验室等研究机构提出移动蜂窝系统的概念和理论，也就是第一代移动通信的理论雏形。随后北美、欧洲和日本几乎同时启动了 1G 的研究和产业化进程，并于 20 世纪 80 年代陆续投入了商用。

第一代移动通信系统主要采用模拟技术。图 1–1 是一幅简单的 1G 时代模拟信号示意图。这一时代的特点是模拟化，即利用正弦波的幅度、频率或相位的变化，或者利用脉冲的幅度、宽度或位置变化来模拟原始信号，以达到通信的目的，这个过程被称为模拟通信。模拟信号在日常生活中很常见，如语音信号、干扰信号、噪声、电视摄像管产生的图像电流信号等，它们的共同特点是幅度随时间连续变化。[1]

模拟通信系统就是产生模拟信号，并通过电信号将其进行传输，最后在接收端把它恢复为原来消息的设备总和。模拟通信系统如图 1–2 所示，信源产生预传输的语音，将非电的语音信号输入变换器（如送话器、光电管），然后调制器将语音调制成连续的电信号，常见的调制方式为正弦波调制，如图 1–3 所示，虚线为原始语音信号波形，实线为正弦波调制后的信号波形。调制后的电信号在某种介质中传输，在这个过程中信号会受到不同程度的噪声干扰。在接收端的解调器会根据关键的调制器参数对电信号进行解调，还原该语音信号，并被信宿获得。

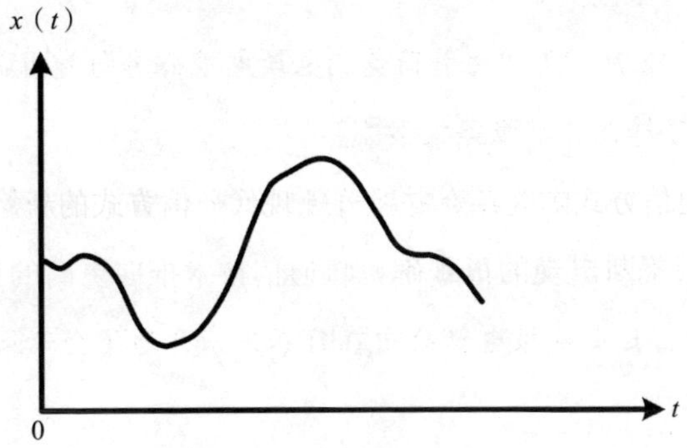

图 1–1　1G 时代模拟信号示意图

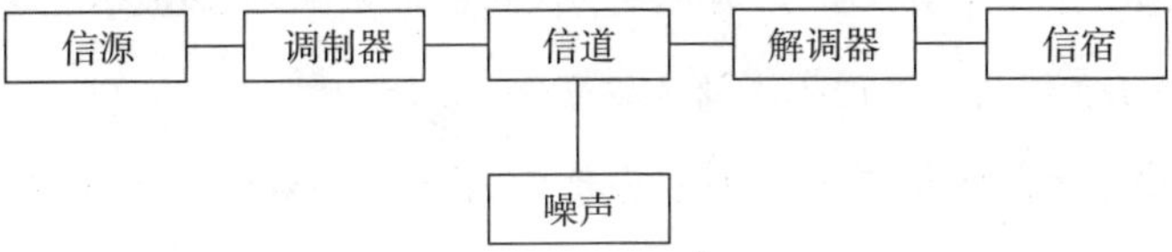

图 1–2　模拟通信系统

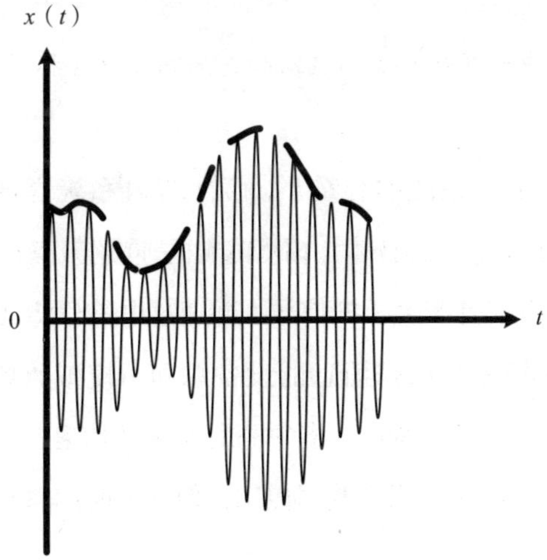

图 1–3　模拟调制信号

第一代移动通信系统作为移动通信技术的初始阶段，经历了以下一些重要的历史时刻。

- 1971 年 12 月，美国运营商美国电话电报公司向美国联邦通信委员会提交了蜂窝移动服务提案。
- 1978 年，美国贝尔实验室成功研制出全球首个移动蜂窝电话系统 AMPS（高级移动电话业务）。
- 1979 年，日本电报电话公司在日本东京开通了全球第一个商用蜂窝网络。
- 1980 年，瑞典等北欧 4 国成功研制北欧移动电话系统 NMT–450 并投入使用。
- 1982 年，AMPS 被美国联邦通信委员会批准，分配了 824~894 MHz① 频谱，美国正式商业运营 1G 系统。
- 1984 年，联邦德国启用了基于 C 网络（C–Netz）的 1G 移动通信系统。
- 1985 年，英国开发出频段在 900MHz 的 TACS（全接入通信系统）并商用。
- 1987 年，中国开始移动通信时代，采用 TACS 标准。

第一代移动通信系统的容量小，为了提升系统容量，采用了一种叫 FDMA（频分多址）的技术。FDMA 把总带宽分隔成多个正交的频道，每个用户占用一个频道，就如同把高速公路分为几条车道一样，每辆车都只能在分配的一条高速道上行驶。在 TACS 或 AMPS 制式中，为每个无线小区分配一组 N 对（上行和下行）频率信道，这 N 对频率信道可供该无线小区中的所有用户共同使用，但同一时间只有 N 个用户可以

① 1MHz=10^6Hz。——编者注

使用。

1G 带来巨大成功的同时，也受制于自身存在的一些弊端。由于 1G 采用模拟信号传输，所以其容量非常有限，一般只能传输语音信号，且存在语音品质低、信号不稳定、覆盖范围不够全面，安全性差和易受干扰等问题。而且，各国的通信标准并不一致，这导致第一代移动通信并不能“全球漫游”，大大阻碍了 1G 的发展。2G 呼之欲出。

第二代移动通信：数字通信——香农赋予通信数字之美

为解决第一代移动通信模拟系统的缺陷，一种新技术应运而生，即数字通信技术。这代表着以数字通信为核心的第二代移动通信时代的到来。

所谓数字通信，就是用简单的“1”和“0”来表示复杂的信息。古代的烽火通信其实就是一种简单的数字通信：烽火台的两种状态（亮和灭）就是“1”和“0”，这两种状态可以用来表示是否有敌袭。还有沿用至今的莫尔斯码，通过点、划的不同组合表示不同字符，构成要传递的信息，这里的点、划也可以视作“1”和“0”的变形。

数字信号是在模拟信号基础之上进行采样、量化、编码得到的。模拟信号数字化实现了信号从连续到离散的转变，主要体现在时间维度和信号幅值两个层面。图 1–4 就是模拟信号数字化的示意图。首先，通过采样技术，信号在时间维度上不再是连续的了。利用脉冲信号按照固定的时间间隔抽取信号值作为该点的采样值，如图 1–4 实心点所示。在这一过程中，采样率（即采样间隔的倒数）是一个关键指标。显然，采样率越高，采样间隔越小，信号的质量就越高。其次，采样后的信号通过量化使信号在幅度上也离散化。数字信号通过数码表示每一个数值，根据不同的量化精度可以用不同位数的二进制数来表示一个采样点的数值大小，体现为不同的编码技术。图 1–4 中采用的是三位二进制，这意味着最多只能用 8 个数值来表示这所有采样点的值，因此需要采用合理的量化方式，以确保误差尽可能小，这样在接收端通过译码才可以准确地还原出原始信号。

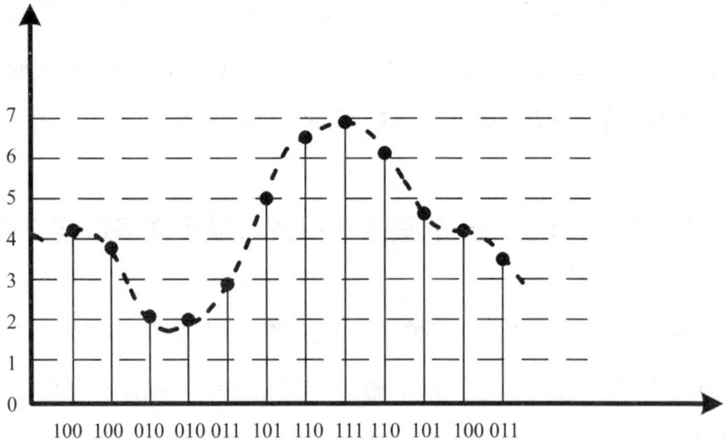

图 1-4　模拟信号数字化

通信技术发展到数字通信时代，我们不得不提到香农。这位美国科学家为世界的通信技术发展做出了巨大的贡献，他被称为数字通信时代的奠基人。他最大的贡献就是提出了信息论和信息熵的概念，他将千百年来定义模糊的“信息”进行了量化，使其成为一种可以度量的值，并进一步给出了信道能够传输的信息量上限，在通信领域具有划时代的意义。香农给出了信道容量的表达式：

$$C = B\log_2(1 + S/\sigma^2)$$

其中，S 是信号的统计平均功率，B 是信通带宽，σ^2 表示噪声的平均功率。由此可见，信道能够传送的最大信息量与信道带宽以及信噪比相关。信道容量成为衡量一个通信技术是否最优的参考值。随着信道容量的提出，数字通信技术不断接近信息传输的极限，越来越充分地利用着信道资源。

2G 以欧洲提出的 GSM（全球移动通信系统）和美国提出的 CDMA（码分多址）最具代表性，但 CDMA 起步晚于 GSM，刚一问世，便已失去半壁江山。不同于全球广泛部署的 GSM，CDMA 在全球的部署主要集中在美国、韩国和中国。相较于模拟通信，数字通信在一定程度上弥补了模拟通信时代的技术缺陷，首先，数字信号具有抗干扰能力强、无噪声积累的特点，通过合适的调制方式和信道编码以及对应的判决机制可以有效减少噪声对信号的干扰。其次，数字信号的加密手段更为容易和灵活，可以更加有效地确保信号传输的安全性。随着硬件技术的不断发展和数字电路的不断改进优化，这一时代的终端设备体积大大减小，成本也进一步降低。

为了提升第二代移动通信系统的容量，GSM 还采用了 TDMA（时分多址）方案。TDMA 把无线电频率分成不同的时隙并分配给不同的用户。与 FDMA 技术相比，TDMA 技术具有通信质量高、保密性好、系统容量大等优点，但是它必须精确定时和同步以确保移动终端与基站之间正常通信，技术上比较复杂。

第二代移动通信同样也有许多值得大家记忆的历史时刻。

- 1982 年，北欧国家向欧洲邮电联盟提交了一份建议书，要求制定公共欧洲电信业务规范，便于用户在欧洲使用。在这次大会上成立了一个“移动特别小组”（Groupe Spécial Mobile，简称 GSM），以制定有关的标准和建议书。后来，这个小组牵头制定的技术标准被称为全球移动通信系统（Global System for Mobile Communication），缩写也是 GSM。下文中提到的 GSM 通常指的是全球移动通信系统。
- 1986 年，经过欧洲各大公司对无线系统的研究，选定了主要的无线传输技术。同年，欧洲电信委员会决定将 900MHz 频段用于 GSM。

- 1987 年 2 月，GSM 标准的基本参数达成一致。5 月，GSM 标准就数字系统采用窄带 TDMA 等方案达成一致意见。9 月 7 日，欧洲来自 13 个国家的运营者和管理者在哥本哈根签署了 MoU（谅解备忘录），相互达成履行规范的协议，同时成立了 MoU 组织，致力于 GSM 标准的发展。同年，GSM 标准初稿完成。
- 1991 年在欧洲开通了第一个演示系统，首个基于 GSM 标准的通话在芬兰运营商 Radiolinja 打出。同时 MoU 组织为该系统设计和注册了市场商标，将 GSM 更名为“全球移动通信系统”，从此移动通信跨入了第二代数字移动通信系统。同年，GSM 完成了 1 800MHz 频段的公共欧洲电信业务的规范，名为 DCS 1800（1 800MHz 数字蜂窝系统）。
- 1992 年 1 月，第一个 GSM 运营网络在芬兰开始运营，运营商是 Oy Radiolinja Ab。首个国际漫游协议由芬兰电信和英国沃达丰签署。到 1992 年 12 月，有 7 个国家的 13 个 GSM 网络运营。大多数欧洲 GSM 运营商开始商用业务。首条短信发送成功。
- 1996 年，中国和俄罗斯的 GSM 网络开始运营。

在 2G 时代，语音业务和短信业务已经变得成熟，短信使人们的沟通交流更加方便、效率更高，一经推出便受到了用户的喜爱。与此同时，2G 时代更加小巧精致的手机取代了红极一时的“大哥大”，这些手机不仅便于携带，而且功能丰富，加入了音频播放、拍照功能，再到后来的游戏功能，手机已经不仅仅是一个通信工具，它大大丰富了人们的生活。

第三代移动通信：移动互联——开启移动互联网新阶段

3G 除了支持传统的语音和短信外，还可以支持数据传送，实现无线通信与互联网等多媒体通信相结合，其数据传输速率一般为每秒数百千比特。3G 主要有 CDMA2000、WCDMA（宽带码分多址）、TD–SCDMA 三种标准。

业界将 CDMA 技术作为 3G 的主流技术，GSM 设备采用的是 TDMA，而 CDMA 使用码分扩频技术，网络容量可提高到 GSM 的三倍以上。

CDMA 技术的原理是基于扩频技术（即将需传送的信息数据用一个带宽远大于信号带宽的高速伪随机码进行调制），使原数据信号的带宽被扩展，再经载波调制发送出去。接收端使用完全相同的伪随机码，与接收的带宽信号做相关处理，把宽带信号换成原信息数据的窄带信号（即解扩），以实现信息通信。扩频技术的优势在于抗干扰能力强、隐蔽性好。扩频原理如图 1–5 所示。发射端是将待传输的信息码 a（t）经编码后，先对伪随机码 c（t）进行扩频调制，然后再对射频进行调制，得到输出信号为：

$$s(t)=b(t)c(t)$$

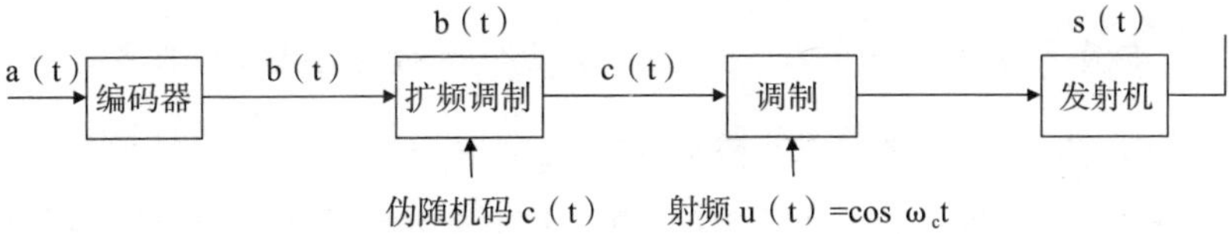

图 1–5　扩频原理图

CDMA 通信系统中，不同用户传输信息所用的信号不是靠频率不同或时隙不同而是用各自不同的编码序列来区分的，或者说，是靠信号的不同波形来区分的。如果从频域或时域来观察，多个 CDMA 信号是互相重叠的。接收机用相关器可以在多个 CDMA 信号中选出其中使用预定码型的信号。其他使用不同码型的信号因和接收机本地产生的码型不同而不能被解调。它们的存在类似于在信道中引入了噪声和干扰，通常被称为多址干扰。

第三代移动通信的重要历史时刻包括：

- 1999 年 3 月，国际电信联盟无线电通信部门 TG8/1 第 16 次会议在巴西召开，此次会议确定了 3G 的大格局。IMT–2000（国际移动电话系统–2000）地面无线接口被分为两大组，即 CDMA 与 TDMA。
- 1999 年 5 月，国际运营者组织多伦多会议上 30 多家世界主要无线运营商以及 10 多家设备厂商针对 CDMA FDD（频分双工）技术达成了融合协议。
- 国际电信联盟在 2000 年 5 月确定 WCDMA、CDMA2000 和 TD–SCDMA 三大主流无线接口标准，将其写入 3G 指导性文件《2000 年国际移动通信计划》。这标志着全球化的 3G 规范标准正式出现了。
- 2000 年 12 月，日本以招标的方式发放了 3G 牌照。2001 年 10 月，日本移动通信运营商 NTT DoCoMo 成为世界上首家开通 WCDMA 服务的公司。三年后，3G 逐渐走出发展初期的低谷。日本是世界上 3G 网络起步最早的国家之一。
- 中国于 2009 年发放了 3G 牌照，其中中国联通使用的网络制式为 WCDMA，中国移动使用的网络制式为 TD–SCDMA，中国电信使用的网络制式为 CDMA2000。

事实上，从 2000 年开始，通信产业就在呼唤 3G，但直到 2008 年 3G 才开始真正普及，其最核心的原因是市场上没有杀手级的应用。真正促使 3G 爆发的还是移动通信设备的革新，即智能手机的引入。一提到智能手机，大家自然就想到了乔布斯。苹果公司在2007年推出了第一台苹果手机，引爆了智能手机时代。这个全屏触摸、只有一个主按钮的手机出现在了人们的生活中，与之前小屏幕、有实体键盘的手机相比，它简直就是一个“异类”。但是苹果手机面世不久就受到了人们的追捧，笼络了大批的粉丝，手机界曾经的霸主诺基亚和摩托罗拉一夜之间跌下神坛。由于苹果手机带来的轰动效应，乔布斯创建的苹果公司也在那时为全世界的人们所熟知。

在3G时代，数据业务的传输速度有了大幅提升，越来越多的人开始使用手机上网，随时随地的网络连接方便了人们的生活，将整个世界更加紧密地联系在一起。

与此同时，一大批互联网企业迅速兴起，电子商务成了当时具有代表性的名片。人们足不出户，拿着手机在网络上选择自己喜欢的商品，不出几日物流公司就会将货物送到家。

受到3G发展的影响，人们的办公方式也发生了变化。随时随地收发邮件、查阅文件，远程异地办公，都随着3G的发展变成现实，这也使办公的效率得到了提升。

游戏行业也成了通信技术发展的受益者，更加宽大的屏幕、更稳定快速的游戏平台，让游戏体验得到升级。虽然手游依然无法和电脑游戏相比，但是方便携带、随时随地可以消磨时间的优点，依然让手游获得了大众的喜爱。

传统的语音通话和短信业务随着3G时代的发展逐渐被弱化。相比传统通话方式，网络语音更加方便、成本更低，而视频通话更是可以让两个天南海北的人通过电话看到对方的一颦一笑，这样的通话方式进一步拉近了人与人之间的距离。2G时代兴起的短信业务在3G时代也逐渐被一些社交软件取代，典型的代表就是人们常用的微信和QQ（腾讯公司开发的即时通信软件）。与传统短信业务相比，微信更加便捷，内容也更加丰富，如今已经成了人们沟通交流的必需品。

第四代移动通信：移动宽带——4G 改变生活

LTE 是 3GPP（第三代移动通信合作计划）基于 2004 年开发的 UMTS（通用移动电信系统）技术标准的长期演进。LTE 的峰值下载速度高达 299.6Mbps①，峰值上传速度高达 75.4Mbps。

LTE 支持 FDD 和 TDD（时分双工）通信。FDD 和 TDD 之间的主要区别在于使用了不同的双工模式。FDD 在单独的对称频率信道上接收和发送，并且保护频带用于分离接收和发送信道。FDD 的缺点是它必须使用成对频率，依靠频率来区分上行链路和下行链路，并且其单向资源在时间上是连续的。尽管在支持对称服务时 FDD 可以充分利用上行链路和下行链路频谱，但是在支持非对称服务时，其频谱利用率将大大降低。相反，TDD 使用时间来分离接收和发送信道。它在一个通道中执行。

LTE 系统引入了诸如 OFDM（正交频分复用）和 MIMO（多输入多输出）等关键技术，显著提高了频谱效率和数据传输速率。OFDM 技术是多载波调制的一种。在通信系统中，信道带宽要远大于传送一路信号所需的带宽，如果一个信道只供一个用户使用，那就是对信道资源的浪费。因此，为了充分利用信道资源，可以采用频分复用的方法。传统的 FDMA 技术为了避免干扰要在临近的信道之间加入一个保护间隔，浪费了频谱资源，而 OFDM 技术利用子载波正交避免了相邻信道的干扰，在相同的信道宽度内可以容纳更多子载波，这就大大提高了频带利用率。OFDM 可有效对抗频率选择性衰落和窄带干扰，提升频带利用率，但其对相位噪声和载波频偏十分敏感，容易产生子载波间的干扰。

第四代移动通信的关键历史发展时刻主要包括：

---

① Mbps 约为 10^6 比特每秒。——编者注

- 2000 年，美国高通公司开始在 OFDMA（正交频分多址）技术领域进行研究。
- 2004 年，3GPP 联合全球六大电信发展组织（日本无线电工业和企业协会、世界无线通信解决方案联盟、中国通信标准化协会、欧洲电信标准化协会、韩国电信技术协会、日本电信技术委员会）进行 LTE 的标准化工作，将 LTE 技术确认为全球的通用标准。
- 2005 年，移动运营商 T–Mobile International、Telefonica、TeliaSonera 和英国沃达丰表示应该统一一个单一技术来支持 E–UTRA（演进通用陆地无线接入），以此来支持不同频段的部署。
- 2006 年，美国高通公司开始了全球首个 OFDM 系统的商用测试。
- 2008 年，3GPP 发布了 LTE 的第一个技术版本 3GPP Release 8，这项标准以单一规格技术支持 TDD 和 FDD，实现了碎片最小化，刺激生态系统的发展。
- 2009 年，TeliaSonera 在瑞典和挪威开通首个 LTE 网络。同年，美国高通公司发布了全球首个多模 3G/LTE 集成芯片组解决方案，此方案同时支持 LTE 的 TDD 和 FDD。
- 2012 年，中国移动在香港推出了 LTE FDD/TDD 的融合网络，在 2013 年中国大陆开始商用 LTE。
- 2013 年 LTE–Advanced（LTE 升级版）出现，这是 LTE 的重要里程碑，针对预期的 1 000 倍移动数据增长有着重要的作用。它包含了多方面的增强，例如载波聚合、更先进的天线技术。
- 2016 年，韩国移动通信运营商 SK 电信推出了全球首个 LTE–Advanced 的商用服务，首部采用高通骁龙 800 处理器和 LTE 载波聚合技术的终端为三星盖世乐 S4。

如果说 3G 时代将手机终端与互联网结合了起来，那么 4G 时代就将手机的互联网化进行了全面革新。4G 时代的网速几乎是 3G 时代的 10 倍，高质量的视频通话、文件图片传输等都畅通无阻。4G时代的高速率几乎可以满足人们对于互联网的所有需求，给人们的学习生活带来更多的方便。

4G时代的另一大进步就是流量资费的下降，在3G时代，将近百元的资费只有不到1G的流量，所以很多人在没有Wi-Fi（无线上网）的条件下，对于网络游戏、视频下载、音乐下载等高流量软件望而却步。而且，靠3G时代的网速下载一部电影也要花费很久的时间，通常人们在3G环境下还多是进行社交聊天、网页浏览等对网速要求相对较低、耗费流量较小的活动。而在4G时代，花费不到百元的话费，用户就可以拥有几十吉字节（GB）的流量，随时随地玩游戏、看视频已经成为常态。同时，资费的降低加大了4G的普及，4G开始走进农村，让更多的人享受到4G给人们的生活带来的便利。

在3G时代，受网速较慢、流量较贵的影响，手游行业多开发单机游戏，而4G让手游得到了蓬勃发展，人们更多的零散时间被手游占据，这对开发商来说无疑是一个巨大的商机。受到4G影响发生变化的产业远不止手游业，更多依靠无线网络作为支撑的新产品涌现了出来。

4G的茁壮成长也间接地改变了人们的出行方式，近些年共享自行车、共享汽车等走进了人们的生活，人们只要在手机App（应用程序）上就可以查看附近的公共交通工具，通过扫码就可以解锁使用。而这样庞大的信息处理量都要得益于4G的发展。

4G同样改变了人们的支付方式，出门不用带钱包，只要一部手机扫码就可以完成支付，既方便又快捷，像很多发达国家一样，纸币的使用在中国正在逐步减少。同样地，过年时孩子们心心念念的红包也从纸币变成了网上转账。

随着4G网络的普及，智能家居在近些年也得到了大力发展，3G无法满足人们的需求，4G时代让用户有了更好的体验，人们利用手机就可以远程控制家中的冰箱、空调、扫地机器人等电器，4G给人们的生活提供了更多的便利。

第二章 5G的今生

4G催生了移动宽带，大大提升了移动互联网的用户体验。通信技术从传统的仅满足用户的语音、消息类通信需求，逐渐升级为满足用户的视频、游戏、金融等生活需求，移动互联网成为生活中不可或缺的部分。随着移动互联网的爆发，越来越多新的应用形式，包括高清、超高清、VR/AR等不断涌现，移动互联网的流量大增。同时，随着共享自行车、视频监控等应用的蓬勃发展，窄带物联网已经无法满足物联网业务的发展需求，网络带宽和连接数亟待进一步扩展。此外，车联网、工控网络的发展对移动网络延迟提出了更为严苛的要求，要求网络提供媲美光纤的延迟体验，对大带宽、大连接、低延迟的下一代移动通信网络的需求越来越强烈。

与此同时，随着通信4.0的推进，信息技术与通信技术深度融合，越来越多的信息技术包括云计算、虚拟化等，将不断为通信技术所用，促进传统通信网络向软件化、服务化转型。此外，人工智能迅猛发展，不断向网络领域渗透，使网络的智能化成为可能。信息技术、人工智能和移动通信等新科技的融合创新催生了第五代移动通信技术。

5G 三大需求

用户需求

移动互联网和物联网是2020年和未来信息通信技术产业的主要发展方向。在未来，无线将成为连接的主要方式，用户对移动通信的期望会更高，用户需求会更加多样化。

移动互联网主要以人的需求为本，更注重用户的体验质量。随着移动终端媒体交互能力的不断增强，高清/超高清移动视频、3D（三维）视频、VR/AR等丰富的商业应用层出不穷。移动互联网用户希望获得身临其境的视听效果，享受实地感受的商业体验，这就要求5G网络提供可与光纤媲美的接入速率。同时，用户还期望5G网络能够带来实时的在线体验，在多人在线游戏、远程视频通话等业务中，他们希望感知不到任何网络延迟。此外，移动通信在未来的应用场景也将越来越广泛。在高铁、汽车、地铁等高速移动环境中，在体育场、大型露天集会等超高密度场景中，移动互联网用户希望获得一致的服务体验，这就需要5G网络在这些特殊的场景中可以提供同样出色的服务。

相对于移动互联网，物联网引入了物与物、物与人的联系。大量的行业应用正在出现。与人人通信相比，物联网业务对海量设备连接和差异化服务体验提出了新的需求。物联网的快速发展要求5G网络能够将所有应用、服务和设备连接在一起，比如人、物、过程、内容、知识、信息、商品等，未来不再是单一的连接。随着行业应用的大量涌现，多样化的业务应用需要5G网络支持范围广泛、性能要求完全不同的服务，需要满足不同行业的差异化需求。多种连接方式的实现和各种行业应用的扩展将刺激连接设备数量的快速增长，这就要求5G网络提供超大容量和大规模的设备连接。

无论是移动互联网还是物联网，用户在成本、安全、功耗等方面都提出了相同的要求。用户在不断追求高品质的商业体验的同时，也期待着通信成本的下降，希望 5G 可以提供性价比更高的服务。用户在使用移动支付、医疗保健、安全驾驶等应用的同时，希望 5G 移动通信的安全性更高、可靠性更强，同时基于可持续发展的重大使命和战略要求，5G 网络需要为人们创造绿色环境，持续增强终端续航能力，持续降低终端功耗。

业务需求

下一代移动通信网络将进入超连接时代，移动通信服务和应用形式将彻底改变。除了传统的语音、短信、数据通信外，大量的新型服务和 App 层出不穷。未来 5G 的主要服务可以分为两大类：移动互联网服务和物联网服务。基于 3GPP 的服务分类，移动互联网服务可以分为流媒体类、会话类、交互类、传输类和消息类，物联网服务主要分为采集类和控制类。

随着移动终端媒体传输能力的不断增强，流媒体和会话服务将在超高清、3D 领域继续发展。诸如高清视频和 VR 等服务对 5G 网络提出了更高的挑战，要求更高的用户体验速率，如 12K（2D）的未压缩视频传输速率为 50Gbps①，经过压缩后，其传输速率需要达到 250Mbps，而且要求更低的时延。

交互类服务的应用范围也将继续扩大，如网络游戏、AR、云桌面等。据瞻博网络公司（Juniper）表示，2018 年有 2 亿 AR 用户，2020 年将有 1 亿多辆汽车拥有 AR 功能。这些商业应用需要大数据交互，需要实时高清视频交互，挑战上行和下行用户的传输速率，需要快速响应，实现无用户延时体验。

类似云存储的传输服务和 OTT（运营商之外的第三方服务商通过互

① Gbps 约为 10^9 比特每秒。——编者注

联网向用户提供各种应用服务）在未来也将成为主流应用。据 IDC（国际文献资料中心）统计，到 2020 年，全球 30% 的数字信息将存储在云中。这一趋势给 5G 网络带来的挑战主要体现在大数据传输、高流量密度和信令开销方面，需要 5G 网络能够达到光纤的速度体验，满足密集场景中产生的巨大流量。

未来物联网业务应用丰富多样，业务特点差异较大，需要 5G 网络满足其差异化需求。对于低速率数据的采集服务，如智能抄表，需要支持大规模连接的设备，此类终端成本低、功耗低，传输的小数据包数量多。对于高速率数据收集服务，如视频监控，则对上行传输速率和密集场景中的流量密度提出了更高的要求。对于对延迟敏感的控制服务，如车联网，其高速移动功能要求毫秒级延迟和几乎 100% 的可靠性。

运营需求

传统的网络运营是被动式运营，通常是当网络发生故障、出现拥塞等场景时，通过网络的监控告警等信息，进行网络设备的更换等。5G 支持超大连接、超高带宽、超低时延，在 5G 时代，传统的被动式运营已不能满足发展需求，亟待通过主动式运营解决如下问题。

网络能效和网络成本方面的问题

未来移动互联网和物联网将爆发式发展，运营商网络需要为海量的终端设备提供相当于目前网络流量约 1 000 倍的业务流量，因此不断提高的网络能效、不断降低的网络成本、更加简单的网络部署和维护将至关重要。

智能管道优化小流量包处理机制相关问题

目前，现有的移动通信网络设备如小站和室分设备缺乏自动化的手段实现实时监控与动态控制，这导致运营商对于现有的各种网络资源的使用情况无法进行实时、全面、精确的管控和自动化的运维。相关功能迫切需要在新一代移动通信系统中定义。

另外，现有的移动通信网络对信令风暴的处理能力仍显不足。大量的 4G 移动互联网用户频繁发送小包数据，比如微信的简短聊天，但 4G 网络现有机制在发送小包时通常会产生大量的信令交互数据，网络开销大、收效小。因此，需要优化网络实现机制，在新一代移动通信系统中降低小包发送带来的大量的信令交互过程。

多网融合的需求

目前 2G、3G、4G、WLAN（无线局域网）多网共存，这增加了运营商建设和维护的成本，同时，多网络间互操作复杂且降低了用户体验。5G 需要加强多网融合能力，需要促进 3GPP 制式与非 3GPP 制式的协作甚至融合，需要促进 TDD/FDD 的融合，使融合后的 5G 网络能够在降低各类运营商（包括传统运营商、新型运营商、虚拟运营商）网络成本的同时，实现用户选择性能最佳的网络而无须用户干预，为不同的业务和用户提供无缝体验。

基于业务需求和用户行为的网络智能优化

传统的 1G、2G、3G、4G 均以面向人的网络为主，网络模型和参数相对单一。未来的网络要支持蓬勃发展的移动互联网业务和物联网业务，网络模型和参数将进一步多元化。5G 需要增强对用户的业务类型及使用习惯的智能感知能力，并结合云计算和大数据对用户行为与业务特性进行分析，从而进行相应的网络参数和配置的自动化调整与优化，并为差异化的定价提供可能。

灵活有效利用所有可能的非连续频谱，以满足不同的通信场景需求

5G 频谱资源碎片化情形进一步增加。面对众多的碎片化频段，无线网络应支持根据差异化业务应用特征灵活选择最佳频率和资源组合，在可用频率中选择适用频谱，以便于支持不同场景的业务需求，提供最佳业务体验，提供有服务质量保障、低成本、低能耗的可靠服务。

5G 三大场景

根据国际电信联盟的愿景，5G 面向 eMBB、mMTC（大规模物联网）、uRLLC（超高可靠超低时延通信）三大场景，全面提升包括峰值速率、移动性、时延、体验速率、连接数密度、流量密度和能效等能力，同时满足“人与人通信”和“物与物连接”的需求。5G 还将与超高清视频、VR/AR、车联网、工业互联网等垂直行业相结合，渗透到社会的各个领域（见图 2–1）。

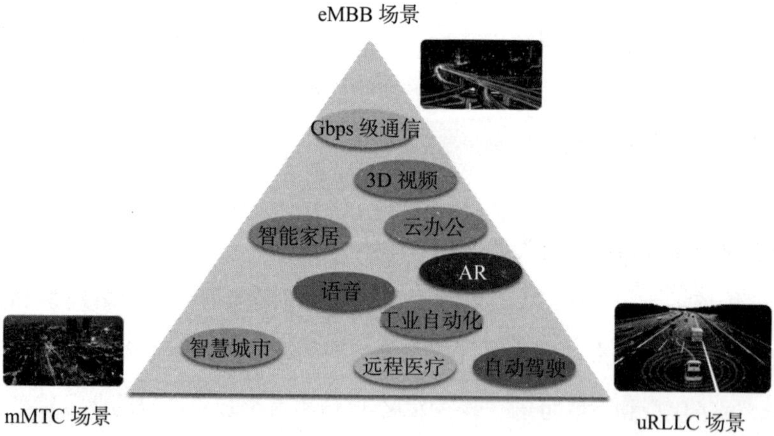

图 2–1　5G 三大场景

eMBB 指的是增强移动宽带，其核心含义是在现有的移动宽带业务场景的基础上，进一步提升用户数据体验速度。4G 的平均用户体验速度下行为 30~50Mbps，用手机下载一部 500M 的视频通常需要几分钟，用户体验较好。4G 的平均用户体验上行为 6~8Mbps，用 4G 做上行数据包传输，尤其是当进行 4K、8K[①] 高清视频直播的时候，4G 根本无法满足用户需求。而 5G 的 eMBB 上行用户体验速度可以达到 50Mbps 以上，完全可以支持 4K、8K 高清视频直播，进而大大提升用户体验。

mMTC 指的是大规模物联网。5G 每平方公里可以支持 100 万的连接数，这完全突破了传统的人与人之间的通信，使人与物、物与物的大规模通信成为可能。5G 除了支持海量连接外，还可以支持丰富的物联网终端类型，比如仅有主叫没有被叫的物联网终端，或仅在固定间隔周期监听被叫的终端等。此外，针对很多物联网终端仅能使用电池供电，尽可能降低终端功耗的需求，5G 在协议设计上简化连接模型，最大限度地降低物联网终端的功耗。

uRLLC 指的是超高可靠超低时延通信。比如无人驾驶、工业机器人等场景，要求网络做到高可靠性且网络时延尽可能低。uRLLC 场景下端到端时延约为 4G 的 1/5，可以达到 1~10 毫秒，且 5G 内生支持边缘计算，可有效支持无人驾驶等场景下的快速反应需求，迅速、及时执行命令。针对高可靠性的要求，5G 支持终端与网络建立双通道，两条通道互为备份，确保连接的可靠性。

5G 典型应用场景涉及未来人们居住、工作、休闲和交通等各种区域，特别是密集住宅区、办公室、体育场、露天集会、地铁、快速路、高铁和广域覆盖等场景。典型的应用包括 5G 自动驾驶、5G 远程驾驶、5G 智能电网、5G 智能工厂、5G 无人机物流、5G 无人机高清视频传输、5G 远程医疗、5G VR、5G AR、5G 安防、5G 儿童安全、5G 智慧园区、5G 智慧农场、5G 远程教育、5G 新零售、5G 养老助残、5G 智慧家居、5G 超级救护车等。

---

① 4K 指像素分辨率为 4 096 × 2 160，8K 指像素分辨率为 7 680 × 4 320。——编者注

5G 九大指标

根据国际电信联盟的定义，5G 具有更高速率、更低时延、更大连接等特点（见表 2–1），将带来更加丰富的应用场景，分别是 eMBB 场景、uRLLC 场景和 mMTC 场景。

表 2–1 5G 国际电信联盟关键性能指标值

分类	指标	国际电信联盟 5G 需求	国际电信联盟 5G 需求注解
针对 eMBB 场景			
下行	峰值传输速率（Gbps）	20	考虑采用高频段技术
	用户体验速率（Mbps）	100	仅针对密集城区场景提出
	峰值频谱效率（bps/Hz）	30	假设下行采用 8 流，64QAM①
上行	峰值传输速率（Gbps）	10	考虑采用高频段技术
	用户体验速率（Mbps）	50	
	峰值频谱效率（bps/Hz）	15	假设上行采用 4 流，64QAM
系统	用户面时延（毫秒）	4	
	控制面时延（毫秒）	10	
	流量密度（$Mbps/m^2$）	10	仅针对室内热点场景提出
	移动性（km/h）	500	最高支持 500
	小区切换中断时间（毫秒）	0	
	能源效率（倍）	100	相对于 IMT–Advanced 的提升倍数
	系统带宽（MHz）	⩾100	对于 6GHz 以上高频段，支持最大 400MHz 带宽
针对 uRLLC 场景			
系统	用户面时延（毫秒）	1	
	控制面时延（毫秒）	10	
	可靠性	$1-10^{-5}$	仅针对密集城区场景提出
	移动中断时（毫秒）	0	

① 64QAM 是无线通信系统中的一种信息调制方式，即 64 级正交调幅。

（续表）

分类	指标	国际电信联盟 5G 需求	国际电信联盟 5G 需求注解
针对 mMTC 场景			
系统	连接数密度（万个 / 平方公里）	100	

图 2–2 是由中国移动率先提出并被国际电信联盟接受的著名的“5G 之花”，5G 之花代表着 5G 的九大核心业务指标，其中，花瓣代表 5G 的六个性能指标，绿叶代表 5G 的三项效率指标。花瓣顶点代表相应指标的最大值，如峰值速率达到 20Gbps，流量密度达到每平方公里 100Tbps①，业务体验速率指标为 0.1~1Gbps，连接数密度指标为每平方公里 100 万个连接，uRLLC 场景的空口时延为 1 毫秒，最大支持的移动速度达到每小时 500 公里等。绿叶代表实现 5G 可持续发展的基本保证，其中，5G 的频谱效率要求比 4G 提高 3~5 倍，单位比特的能效和成本效率相比 4G 大幅降低。

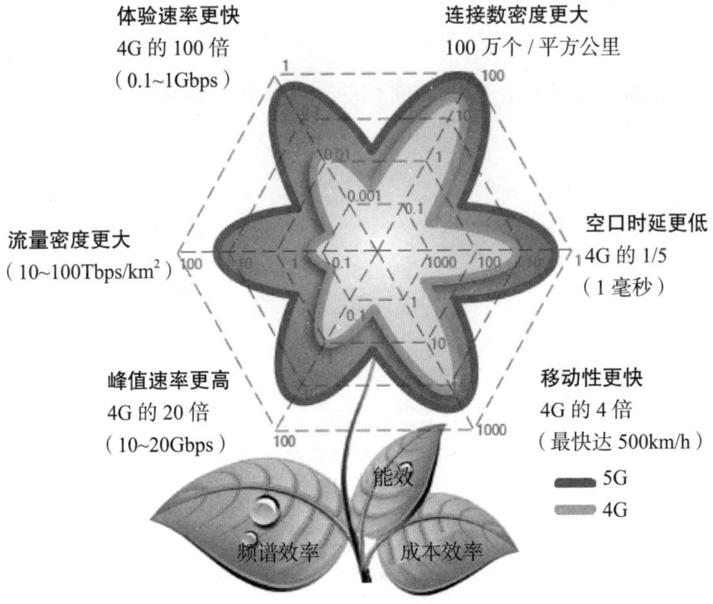

图 2–2　5G 之花

① Tbps 约为 10^{12} 比特每秒。——编者注

5G 标准发展历程

为积极推动 5G 的标准化进程，国际电信联盟于 2015 年明确了全球 5G 工作时间表，随后 3GPP 在其框架下也紧锣密鼓地开展了相关的标准化工作。在 2015 年 9 月于美国凤凰城召开的 5G 专题讨论会中，3GPP 就 5G 场景、需求、潜在技术点进行了讨论，并制订了 5G 标准化的工作计划；随即，3GPP 于 2016 年 2 月在 R14（Rlease 14）阶段启动了 5G 愿景、需求和技术方案的研究工作，并于同年 12 月发布了 5G 研究报告。2017 年 12 月，3GPP 第 78 次全会会议上，RAN（无线接入网）工作组发布了 5G 新空口的 NSA 标准，SA（业务和系统架构）工作组发布了面向 SA 的 5G 新核心网架构与流程标准。2018 年 6 月举行的 3GPP 第 80 次全会，RAN 工作组正式宣布冻结并发布 5G SA 标准，CT（核心网和终端）工作组正式发布 5G SA 下面向 R15（Release 15）新核心网的详细设计标准（见图 2–3）。这些标志着 5G 第一个完整标准体系的完成，它能够实现 5G 独立部署，提供端到端 5G 全新能力，将全面满足通信与垂直行业对 5G 的需求和期望，为运营商和产业合作伙伴带来新的商业模式。

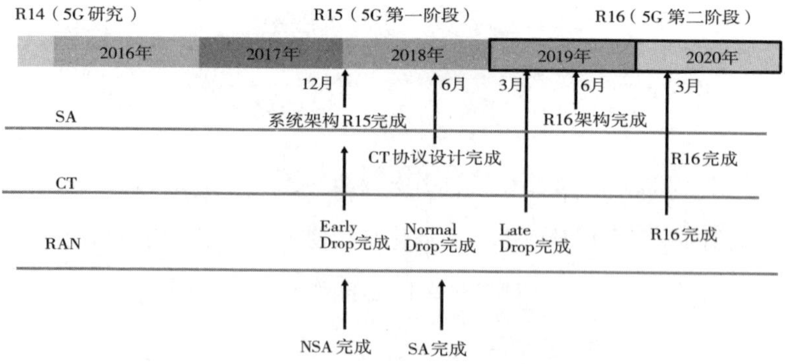

图 2–3　3GPP 标准化进展图

3GPP R15 版本特性

3GPP 在 R15 标准中主要完成了 5G 三大业务场景中的 eMBB 场景和 uRLLC 场景的标准制定，能够满足 5G 部署初期的商用需求。

R15 标准版本的无线基站侧重点围绕“新架构、新频段、新天线、新设计”等技术方向，着力实现 5G 创新突破，以用户及服务为中心构建端到端的 5G 智慧网络系统。其中新架构同时支持接入网的分布式部署和集中化部署。新频段要求 5G 可以支持中高频段，包括 6GHz 以上的毫米波频段。新天线允许支持大规模天线以大幅提升系统效率，大规模天线通过三维的波束赋形，可形成能量更集中、覆盖更立体、方向更精准的波束。面向新设计，为满足垂直行业的各种差异性需求，并应对部署场景的多样性与复杂性，5G 在接口设计方面提供了更多可选的帧结构设计，可根据 5G 基础通信业务、物联网和车联网等多样化应用场景，灵活配置帧结构。

R15 标准版本的核心网侧发生了巨大变化，成为 5G 变革的最核心标志，其变革理念主要包括信息技术化、互联网化、极简化、服务化等。其中信息技术化要求 5G 采用软件化的核心网，可以基于统一的信息技术基础设施进行编排和调度。互联网化打破传统的 4G 固定网元、固定连接的刚性网络，使 5G 网络成为基于面向服务化架构，能够动态调整的柔性网络，网元间的协议体系也采用了互联网的 HTTP 2.0（超文本传输协议 2.0）。极简化通过引入极简的转发面提供转发性能，通过集中灵活的控制面提升效率。服务化是指通过服务化架构，利用网络切片和边缘计算等技术灵活地满足多样化的网络需求与场景。

3GPP R16 版本特性

5G 发展的重点目标之一是赋能垂直行业的转型升级，但基于 R15

国际标准的5G网络，要全面满足高速率、低时延、高可靠性等业务需求仍存在一定的挑战。例如，网联无人机的高清图像和视频回传不仅对用户的上行速率提出了很高需求，而且要求网络能够做到对高空用户的无缝覆盖，但R15的5G网络还无法很好地满足这些要求。此外，对于工业互联网中一些需要同时满足低时延、高可靠和高速率的业务场景，基于R15的5G网络也可能难以满足。

为使5G网络持续提升技术竞争力，为用户带来更优质的业务体验，拓展更广阔的垂直行业应用，3GPP在R16阶段确立了70余个标准化研究项目，重点围绕uRLLC场景、mMTC场景，从网络更智能、性能更极致、频谱更丰富、应用更广阔等几个方面进行5G标准增强，以上项目预计于2019年12月完成。

网络更智能

面向5G网络自动化与智能化的需求，重点研究5G网络自动化等。5G网络自动化通过在5G系统架构中引入新的网元NWDAF（网络数据分析功能），通过对接入网、核心网、网管等信息进行收集、分析和反馈，为网络优化、网络切片质量保障、灵活组网等提供全新能力支持。

性能更极致

为深度挖掘5G网络潜力，3GPP确立了进一步提升网络频谱效率和用户体验速率的大规模天线增强技术、5G蜂窝定位技术、优化5G用户体验的终端节能技术以及支持超大连接的非正交多址技术等标准增强方向。

频谱更丰富

为了拓展5G系统的可用频谱范围，3GPP一方面面向非授权频段扩展，开展5G空口在7GHz以下非授权频谱独立部署以及与已有授权频谱的

LTE/NR（长期演进 / 新空口）联合使用等方法研究；另一方面向更高频段扩展，开展 52.6~100GHz 频段的部署场景、可用技术等相关研究。

应用更广阔

为使 5G 网络适配更广阔的垂直行业应用需求，3GPP 确立了面向智能电网、自动驾驶、智能制造等行业应用的 uRLLC 增强和工业互联网增强技术，面向智能交通行业应用的 5G 车联网 V2X（车与万物互联）技术、空天地一体化通信等作为标准增强方向。其中 uRLLC 增强主要面向智能电网、工厂自动化等新场景，通过对不同类型的业务传输采用动态资源复用、智能化重复传输、网络冗余等机制，在满足更低空口时延需求（如 0.5~1 毫秒）的同时，将端到端可靠性提高到 99.999 9%。

第三章 5G：全球信息与智能时代的竞争制高点

5G已日益成为赢得国家长期竞争优势的战略制高点。世界各国纷纷将5G的发展上升至国家战略，加快出台多项鼓励政策和激励举措，抢筑5G的发展优势。

美国力求赢得5G竞争

对于5G时代的到来，美国政府给予了极大的关注。美国对于经济体的监管一贯秉持以市场为导向，政府不过多直接参与技术的更新换代研发与应用。在5G时代到来之际，美国政府却显示出了对5G不同寻常的重视。2019年4月在白宫举行完美国5G网络发展记者会后，美国总统特朗普再一次在推特上表示“5G竞赛是一场美国必须赢得的比赛……这是我们一定会赢的竞赛”。在美国政府看来，5G不仅仅是一项新一代移动通信技术，也是赢得国家利益和战略之争的关键。美国智库国际战略研究中心（CSIS）发布的研究报告指出，在4G时代，美国应用4G，让硅谷的创新爆发成为可能，其不仅改变了互联网使用方式，而且充分创造了就业，拉动美国经济增长，美国互联网经济的增长率是

GDP 增长率的 4 倍。而 5G 是打通各类信息基础设施，激发全新动能的关键，它将从根本上创造一个全新的数字环境，在未来几十年影响各国安全和经济表现。

全国性战略计划确保 5G 的“美国优先”

2018 年年底美国政府在白宫召开的 5G 峰会上释放出一个重要信号，即希望为 5G 部署提供顺畅的管制政策，美国联邦通信委员会主席阿基特·帕伊在 5G 峰会上说：“5G 的领导地位是国家经济增长和竞争力的当务之急。”为此，美国将 5G 上升到“美国优先，5G 第一”的国家竞争力高度，鼓励私营企业尽快部署 5G。峰会上提出了一个“促进美国在 5G 上具有优势”的综合性战略——“5G 快速”计划（“5G FAST”计划）。该计划有三个关键组成部分：前瞻性的频谱政策、现代基础设施政策和基于市场的网络监管。频谱政策方面，针对 5G 的特点，为 5G 添加额外的无线电频谱，致力于将中高低及未经许可的更多频谱推向商业市场。基础设施建设方面，美国联邦通信委员会将更新基础设施政策，简化审批流程，并鼓励私有企业在 5G 基础设施方面进行更多投资。网络监管方面，使其能够与新的环境相匹配，以促进 5G 建设，释放数字红利，包括废除网络中立规则以及近期通过的限制地方政府向无线运营商收取部署 5G 基础设施费用的规则，这些政策旨在共同降低企业在 5G 中的投资成本。总体来看，美国政府倾向于放松对电信行业的管制，以便激活更多的创新。

政府部门积极行动为 5G 扫清障碍

制订国家频谱计划

美国政府认为，频谱分配是 5G 部署的重要环节。美国政府要求美国联邦通信委员会“大胆”放开频谱资源。因此在战略中，美国也首先聚焦于频谱的分配。全球主要国家和地区的5G频谱规划方案见图3–1。

特朗普发布《关于为美国未来发展可持续频谱战略的总统备忘录》，从组织和研究层面加强对于频谱分配的准备，指示商务部制定长期频谱战略，包括立法、监管及其他政策建议，以帮助在美国推出5G网络技术。同时，设立白宫频谱战略工作组，该工作组将收集联邦机构关于政府频谱需求的报告以及如何与私营部门用户共享该频谱。美国联邦通信委员会已于2018年年底进行首次5G频谱拍卖，在2019年3月举行了第二次拍卖，并计划于2019年年底启动第三次5G频谱拍卖。美国联邦通信委员会正在进一步研究开放其他频段给5G业务的可能性，其通过采用频谱共享机制，在新型无线服务、当前和未来的卫星业务、联邦应用之间进行频谱需求的平衡，以确保联邦和非联邦机构、卫星和地面系统、固定和移动业务等可以并存与发展。

审批通过T–Mobile和Sprint合并

2018年T–Mobile和Sprint（斯普林特）再次提交合并申请，启动了260亿美元的监管审查程序。这不是它们第一次尝试合并，此前在2014年，T–Mobile和Sprint的合并计划因未能获得美国监管机构的批准而流产。这次两家公司在申请书中明确提到，合并是为了更好地发展5G。只有新的公司才有能力在全美范围内提供真正的5G。新公司计划投资400亿美元扩张业务和建设5G网络，并声称合并有助于美国在5G网络的建设上掌握全球先机。

鼓励运营商部署和民间投资5G

对于5G的部署和发展，之前美国国内存在两种观点。一种是政府

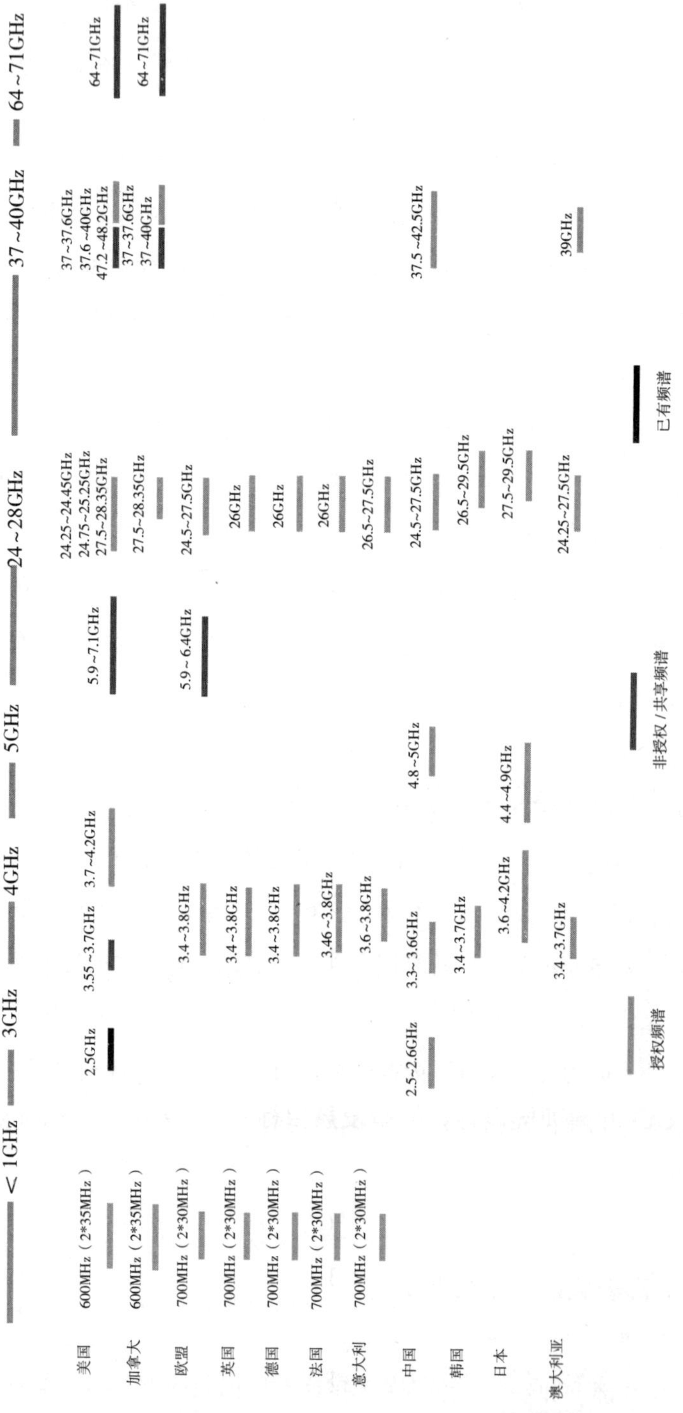

图 3-1　全球主要国家和地区的 5G 频谱规划方案

接管相关的基础设施投资，然后再向私人部门出租，即关于5G通信网络的国有化。另一种则是激励私人部门增加投资，政府自身不投入太多。参议院情报委员会和美国联邦通信委员会都支持第二种方式，并拟通过法案避免通信网络国有化。2018年4月12日特朗普的发言实际上明确了美国下一代通信基础投资将主要依靠私人部门，而不是政府主导的5G计划。预计美国移动通信产业未来在5G网络上将投资高达2 750亿美元，这将为美国创造300万个就业机会，并带来5 000亿美元的GDP增长。特朗普声明，2020年美国将拥有世界上最大的5G网络。为了刺激各个领域对于5G的应用，以5G为关键节点带动新一轮工业革命的发展，美国政府积极助力其他领域分享通信科技红利，加快精准农业、远程医疗、智能交通等方面的创新步伐，美国联邦通信委员会还采取一些举措促进技术扩散，例如将投入204亿美元设立“乡村数字机遇基金”，提升乡村地区的信息基础设施，以避免造成新的数字鸿沟，增强数字包容性。

韩国将5G上升为国家战略，构建经济发展新引擎

近年来，韩国GDP保持低位增长，失业率居高不下。韩国希望借助5G摆脱对制造业的长期依赖，转向服务业，并重振出口，以提高经济增长率，保持国家竞争力全球领先。

国家引领5G发展顶层设计，明确发展目标

早在2013年6月，韩国就成立了5G论坛推进组5G Forum，提出了5G国家战略和中长期发展规划。2013年年底，韩国科学与信息通信科技部（MSIP）发布了5G移动通信先导战略，并表示会在随后7年内向研发、标准化、基础构建等领域集中投资5 000亿韩元。

2014年年初，韩国政府确定了以5G发展总体规划为主要内容的“未来移动通信产业发展战略”，决定在2020年推出全面的5G商用服务，投资1.6万亿韩元用于5G核心技术研发。2016年，韩国科学与信息通信科技部启动了“未来增长引擎实施计划”和“平昌冬奥会K–ICT（Korea–ICT）实施计划”，以使平昌冬奥会成为世界上第一届5G奥运会，同时启动了“5G移动通信产业发展计划”及“K–ICT频谱计划”，确立了成为全球首个5G商用国家的目标。2017年，韩国科学与信息通信科技部成立了5G战略推进委员会，由该部部长亲自出任主席，启动了韩国国家级5G标准的制定。

韩国的5G战略为韩国5G的发展从服务、技术、标准和生态4个方面制定了明确的目标：一是2019年在服务领域实现5G商用，并领跑5G市场；二是在技术领域成为全球最佳，在终端领域成为全球第一，在设备领域取得全球15%的市场份额；三是在标准领域确立安全的标准并引领全球标准；四是到2020年创造160万个就业岗位，到2026年再创造150万个就业岗位。

政府主导，运营商落实，抢跑全球第一

首张较大范围的5G无线网络，首个准商用5G服务

历史上多届奥运会都成为信息通信技术的首秀场，2018年2月的平昌冬奥会也成为韩国政府各项5G战略和计划中的重要里程碑。平昌冬奥会期间，韩国电信（KT）在平昌、江陵一带搭建起完整的5G网络环境，形成全球第一张大范围5G无线网络，这也是全球首个准商用5G服务。

少数同时分配中频段及超高频段的国家

韩国政府在2016年宣布将原计划为4G准备的3.5 GHz频谱转成

5G用途，并回收了已发放的3.5GHz频谱，作为后续5G频谱重新进行拍卖。2018年6月韩国政府进行了5G频谱拍卖，拍卖原定于15日进行，但是由于三家运营商对频段的争夺过于激烈，拍卖失败。韩国政府对三家运营商进行了艰苦的协调工作，拍卖于6月18日得以重启并迅速完成，这为韩国三大运营商快速统一推进5G商用奠定了基础，也使韩国成为全球首个同时分配和拍卖中频段及超高频段的国家。

首个统一国内运营商5G商用化时间的国家

受制于韩国国内市场规模，韩国三大运营商竞争异常激烈，在2011年推出4G网络之时，三大运营商因过度竞争甚至一度对簿公堂。在是否需要统一运营商5G商用化时间的问题上，三大运营商也曾发出过反对意见，但韩国政府以全球第一比韩国第一更重要为由说服了三大运营商。韩国政府强调在5G全球产业的竞争中，韩国必须集合国家的力量一致对外竞争，最终促成了三大运营商同时推出商用化服务的决定。此外，韩国原计划在2019年3月推出5G通用网络商用服务，但由于5G基础设施和5G终端尚未完全准备完毕，加之韩国政府驳回了三大运营商提交的5G资费计划，认为资费设定过高，不利于5G的快速发展，因此将推出5G商用服务的时间推迟到了4月。在得知美国电信运营商Verizon（威瑞森）突然决定将5G商用的时间提前至4月4日零点后，4月3日韩国科学与信息通信科技部召集三大运营商举行紧急会议，当晚23点，韩国三大运营商同时宣布5G正式商用，开通5G手机网络服务，仅仅只比Verizon早了一个小时，韩国成功夺得“全球首个进行5G商用服务的国家”这一桂冠。

推出5G国家战略，多项措施力保政策落地

2019年4月8日，韩国总统文在寅在韩国5G技术协调会上发布了

韩国 5G 的国家战略，计划到 2022 年建立一个全国性 5G 网络，为此韩国政府将向私营部门投资 30 万亿韩元，并希望通过该战略的实施，使韩国成为全球 5G 领军国家乃至应用标杆，其目标是到 2022 年创造一个价值 28 万亿韩元的 5G 市场，到 2026 年创造一个价值 180 万亿韩元的 5G 市场、60 万个工作岗位，并达到 730 亿美元的出口额。

为了达到上述目标，韩国政府将采取一系列措施，包括：为 5G 网络投资提供 2%~3% 的税收抵免支持；制定一个 10 万亿韩元的 5G 设施投资项目以及设立 15 万亿韩元的基金，以支持有前途的 5G 相关创业公司；在世宗和釜山地区建造智能城市，其中将包含采用了 5G 网络的人工智能数据中心，并将这两座智能城市作为新 5G 服务的测试床；承诺保持网络中立，并将优先考虑技术发展；增加对于中小企业的支持，到 2022 年让 1 000 家由中小型公司运营的工厂整合云服务等 5G 网络解决方案。韩国的 5G 国家战略还明确了韩国五项 5G 核心服务——沉浸式内容、智能工厂、自动驾驶、智能城市和数字医疗，以及十大 5G 战略产业——网络设备、下一代智能手机、VR/AR、可穿戴设备、智能监控摄像头、无人机、机器人、V2X、数据安全和边缘计算，并出台系列扶持政策（见图 3–2）。

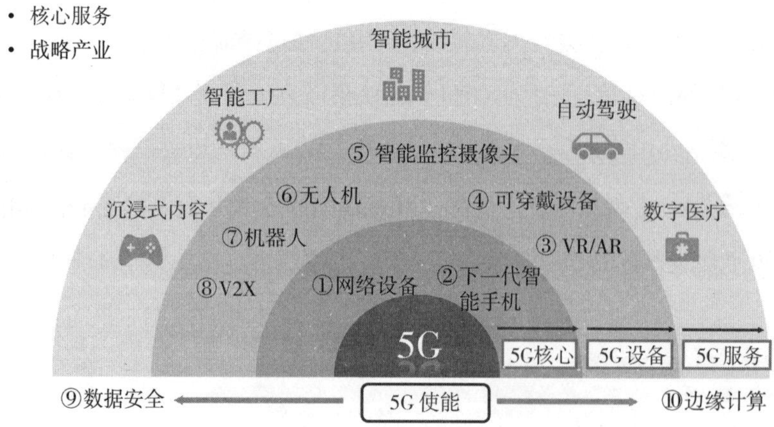

图 3–2　韩国 5G 国家战略

日本以 5G 为基础构建超级智能社会，重振经济及创新活力

日本视以 5G 为基础的智能化手段为解决国内一系列困扰社会经济发展难题的关键途径，试图抓住 5G 发展的机遇，建设一个超级智能化社会，激发经济活力，重塑国家创新力。

自下而上推动 5G 战略，以 2020 年东京奥运会为契机推进 5G

2013 年 9 月，日本首先依托日本无线电工业和企业协会，组建了 5G 特设工作组“2020 & Beyond Ad Hoc”（20B AH），积极推动日本 5G 研究和标准化。2014 年年初，日本最大的运营商 NTT DoCoMo 便与多家企业联合开展 5G 实验，并在 2014 年 7 月率先发布了 5G 白皮书《5G 无线接入：需求、概念和技术》，该白皮书详细阐述了 5G 相关的关键技术。同年 10 月，日本无线电工业和企业协会也发布了其 5G 白皮书《2020 年及以后的移动通信系统》，该白皮书围绕 5G 可能产生的社会经济环境影响进行了描述，包括市场和用户趋势、流量趋势、成本和频谱影响等，并对 5G 的框架和能力等方面进行了总结。

在产业界的推动下，2014 年，日本内政和通信部成立了无线电政策远景小组，该小组也成为日本 5G 国家战略规划的实际掌舵手。9 月，日本内政和通信部成立了 5GMF（5G 移动推广论坛），5GMF 接管日本无线电工业和企业协会职能及其研究成果，成为日本 5G 发展的实际推动机构。5GMF 进一步确定了 5G 研发和标准化的方向，同时设置 4 个小组，致力于促进国际合作、研发及标准化、应用和 5G 网络架构 4 个方向的研究。同年 12 月，无线电政策远景小组正式发布了日本 5G 路线图，对 2020 年及以后实现 5G 进行了规划，明确日本从 2015 年启动 5G 研发和推进，在 2019 年 9 月橄榄球世界杯期间实现 5G 试商用，在 2020 年 7 月东京奥运会前实现 5G 商用。

日本选择将 2020 年作为“5G 元年”，一方面，日本希望借助东京奥运会，让全世界的选手和游客在东京体验日本成熟的 5G，展示日本科学技术水平；另一方面，日本的最终目的仍然是用好、用足 5G，解决日本的人口老龄化和区域经济不平衡等社会经济问题，进一步完善 5G 基础设施，稳步推出 5G，让 5G 成为全民共享的技术，而不只是大都市市民享受的一项特殊服务。为了在 2020 年东京奥运会实现 5G 商用和各项应用落地，日本内政和通信部还推出了多项举措确保 5G 的推进，投入 100.4 亿日元与产业界、研究机构和政府组织合作进行研究开发，并以解决社会课题为目标，在各个垂直领域推广物联网应用，同时加强大学和高职等研究机构对于 5G 及其相关领域人才的培养，设立包括人力资源在内的外部开放性实证研究。

明确频谱利用规划，巧用频谱分配政策，助力 5G 落地

日本内政和通信部将频率规划和分配视为促进 5G 发展的重要因素，并为此投入 77.2 亿日元制定了完善的频谱战略。2019 年 4 月 10 日，在韩国、美国推出 5G 商用服务一周后，日本内政和通信部向 NTT DoCoMo、KDDI、软银三家传统运营商以及新晋运营商乐天移动分配了 5G 频谱。预计 4 家运营商将在 5 年内投入 144 亿美元进行 5G 建设。作为此次频谱分配的一部分，日本内政和通信部还要求 4 家运营商在两年内在全日本范围内提供 5G 服务，并将日本划分成 4 500 个街区，要求 4 家运营商在 2025 年之前至少为一半的街区提供 5G 服务。这为日本充分利用从 4G 到 5G 的过渡期，不断增加农村地区的网络覆盖面，提振偏远和农村地区经济提供了政策保证。

5G 奠定“社会 5.0”基础，助力解决经济社会问题

在过去的 40 年里，日本一直是全球移动通信领域的领导者，曾经拥有多个全球首创的头衔，包括首个基于 Web（全球广域网）服务的商用移动浏览器、首个移动端电子邮件、首部带有摄像头的手机等。这些曾经帮助日本创造一个繁荣的电子产业，并推动日本工业的成功扩张。然而模块化生产方式的兴起、零部件之间界面的标准化，降低了市场进入的技术壁垒，削弱了日本制造业特别是电子通信设备产业的国际竞争优势。近年来在移动互联网的商业模式创新等方面，日本也明显偏于保守。日本政府希望以 5G 为技术基础，在物联网、人工智能、机器人等领域加强科技创新和发展，实现经济发展和国家复兴，并借此解决长久以来的社会问题。

2016 年 1 月在《第 5 期科学技术基本计划》中，日本提出了超智能社会 5.0 战略，并在 5 月底颁布的《科学技术创新战略 2016》中对其做了进一步的阐释。6 月，日本修订了《2016 年日本振兴战略》，制定了包括移动、机器人、网络安全在内的“改革 2020：面向未来的 11 个项目”政策，并制定了“实现超级智能社会”的政策，构建了超级智能社会服务平台。2019 年 1 月，日本首相安倍晋三在世界经济论坛上再次将“社会 5.0”概念向国际社会进行推介。

日本超智能社会 5.0 战略认为，实现超智能社会需要将万事万物通过网络连接，对物联网、大数据、人工智能与机械自动化等技术进行跨领域整合，并扩展到所有产业与社会生活的应用层面，在高度系统化的同时，推进众多不同系统的联合协调。而 5G 将成为日本打造智能化社会极其重要的基础设施，为超级智能社会的实现提供保障。“社会 5.0”将最大限度地应用 5G 等现代信息通信技术，通过虚拟和现实空间的融合，勾勒出一个以 5G 为基础的未来超智能社会，包括智能道路交通、

智能生产、智能食品供给、社会抗灾体系、新型制造、人性化游客接待等十一大系统（见图 3–3）。

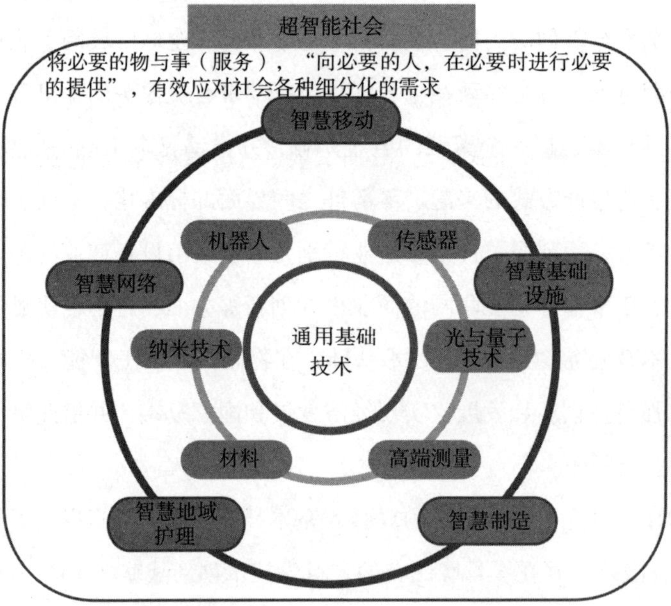

图 3–3　5G 奠定“社会 5.0”

欧洲利用 5G 发展统一数字市场，使能制造业，巩固传统优势

在 2G 时代欧洲曾经引领全球移动通信的发展，并因此成功打造了一大批如爱立信、诺基亚、西门子、阿尔卡特等知名通信和电子信息技术企业。然而欧洲在 3G、4G 的部署上后劲相对不足，整体上落后于其他国家或地区。面对即将到来的 5G 时代，欧盟制订了一系列战略计划扶持 5G 发展，希望复制 2G 时代的经验，在 5G 时代迎头赶上，重回第一阵营。

欧盟统一规划 5G 发展，以重夺全球通信领导地位

在欧盟科研与开发计划第七框架计划下，欧盟早在 2012 年 9 月就启动了“5G Now”的研究课题，由来自德国、法国、波兰和匈牙利的 6 家科研机构共同承担，主要面向 5G 物理层技术进行研究。同年 11 月，欧盟投资 2 700 万欧元正式启动 5G 研发项目“METIS”，因此成为全球 5G 研发的先行者，由以爱立信为首的 30 多个成员共同承担，旨在通过构建 5G 基石应对 2020 年及未来所面临的移动网络社会挑战。

2014 年 1 月，欧盟以“地平线 2020”计划（Horizon 2020）替代原先规划的第八框架计划，并设立“5G PPP”（5G 公共私营合作制）项目，计划在 2020 年前开发 5G，到 2022 年正式投入商用。该计划总预算 14 亿欧元，政府与私营企业各投资 7 亿欧元，计划成员包括通信设备制造商、网络运营商、电信运营商以及科研院所等。

2015 年 3 月，5G PPP 发布了欧盟《5G 愿景》，力求确保欧洲在下一代移动技术全球标准中的话语权。《5G 愿景》详细阐述了欧盟 5G 的驱动因素、颠覆性能力、系统设计原则、核心关键技术、无线频谱资源、推进时间表等方面的进展和计划。

2016 年 9 月，欧盟委员会启动了“5G 行动计划”，目标是到 2020 年在每个成员国的一个主要城市推广 5G，到 2025 年覆盖主要城市地区和交通线路，并为欧盟 5G 基础设施的公共和私人投资制定了清晰的路线图。同年，欧盟委员会提议制定《欧盟电子通信规范》，替代 2009 年更新的《欧盟电信条例》。《欧盟电子通信规范》于 2018 年 6 月通过，欧盟在新法案中对 5G 频谱分配做了规定，确保 2020 年前 5G 频谱到位，频谱有效期不少于 20 年，为保障 5G 发展奠定了法律基础。《欧盟电子通信规范》于 2019 年年初生效，各成员国将有两年时间将其转化为国内法，这将有力推动 5G 和整个高速宽带网络的发展。

欧洲各国积极推进 5G，落实欧盟 5G 发展规划目标

在政策方面，大多数欧盟成员国都在 2015—2016 年制定了到 2020 年左右的国家宽带战略，在此基础之上通过公开磋商等方式讨论其 5G 战略或计划，并在 2016—2017 年公布了其 5G 战略。截至 2018 年 12 月，共有 13 个欧盟成员国公布了国家 5G 路线图或 5G 战略，例如德国在 2016 年秋天发布了“德国 5G 网络倡议”，首次提出了一系列快速完善 5G 基础设施的措施。在此基础上，德国在 2017 年 9 月又推出《德国 5G 战略》，明确描述了到 2025 年的国家 5G 战略，并定义了 5 个行动领域、关键里程碑等。

在频谱方面，2016 年 11 月 10 日，欧盟委员会无线频谱政策组（RSPG）发布欧洲 5G 频谱战略，明确提出 3.6GHz 频段将作为 2020 年前欧洲 5G 部署的主要频段，1GHz 以下，特别是 700MHz 将用于 5G 广覆盖。在毫米波频段方面明确将 26GHz 频段作为欧洲 5G 高频段的初期部署频段。截至 2018 年 12 月，至少有 12 个欧盟成员国完成或正在进行至少一次 5G 频谱拍卖，[1] 其中包括芬兰、法国、德国、爱尔兰、意大利、西班牙、瑞典、英国等国家。2019 年欧洲将进入频谱拍卖和分配的高峰期，预计将有超过 20 个国家进行不同频段的一次或多次频谱拍卖和分配。

在部署方面，继韩国和美国之后，2019 年 4 月 4 日，瑞士电信运营商 Sunrise 宣布其 5G 网络商用，先期覆盖 150 座城镇，在不同地区覆盖率为 80%~98% 不等，这成为欧洲首个商用的 5G 网络。截至 2018 年 12 月，欧盟 28 个成员国及俄罗斯、圣马力诺、挪威、土耳其和瑞士等欧洲国家在内共进行了 171 项 5G 试验（见图 3–4）。与此同时，根据欧盟“5G 行动计划”的目标，有 17 个城市被选作 5G 试验城市，其中包括阿姆斯特丹、巴塞罗那、巴黎、柏林、伦敦、马德里、米兰、斯德哥尔摩等主要国家的主要城市，这些城市为 5G 试验阶段期间开展的各种技术和服务演示提供支持，并提供有价值的垂直行业使用案例。

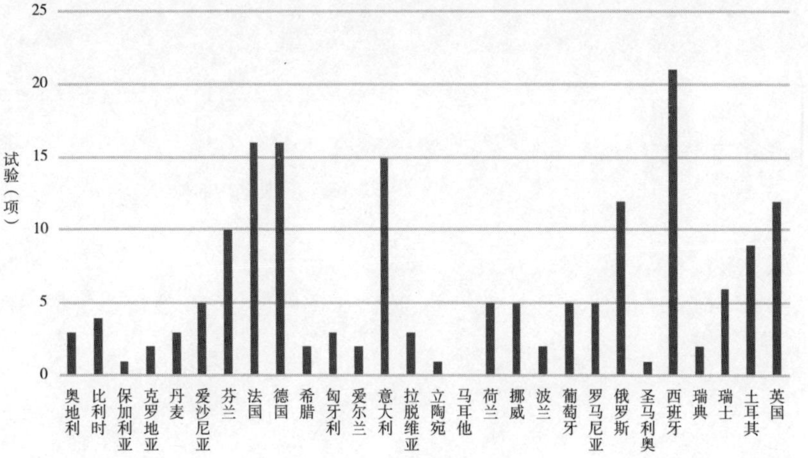

图 3–4 欧盟 5G 试验情况

欧盟利用 5G 打造统一数字市场，发展 5G 垂直行业

2015 年 5 月，欧盟委员会启动统一数字市场战略，旨在通过一系列举措革除法律和监管障碍，“使欧洲电信市场具备互操作与标准化，增强其竞争力”，将 28 个成员国市场打造成一个统一的数字市场，支撑对欧洲工业及服务行业进行数字化变革，让欧盟数字经济繁荣发展。5G 作为网络基础设施将成为支持欧洲作为统一的整体进行转型的关键资产，将对制造业、汽车业、能源、智慧医疗、媒体及娱乐等多个欧洲优势产业的未来发展产生积极影响。2017 年欧盟启动了 5G 垂直行业试验，截至 2018 年 12 月，欧盟完成了 30 项媒体和娱乐试验、23 项运输试验和 17 项汽车试验，以及包括工业 4.0、农业、智慧城市、智慧建筑、智慧医疗、公共安全等领域在内的多项垂直行业试验。由于几乎每个垂直行业的业务在欧洲范围内都是跨国运行的，未来 5G 业务也将进行跨国服务，欧洲目前还建立了超过 10 个“数字跨境走廊”，并对合作连接和自动移动项目中的 5G 连接进行实时测试。与此同时，欧盟“地平线 2020”计划还特别设置了行动项目 To–Euro–5G，该项目的基本目标是确保欧洲社会通过垂直行业享受未来 5G 网络带来的经济效益和社会效益。

第四章　中国全面布局5G：提升全球科技竞争话语权，推动产业转型升级

在5G发展的进程中，中国在标准制定、产品研发、网络设计、产业链构建、实验验证、应用推进等多个方面加快对5G研发与应用的探索。中国从3G时代的跟随者发展到4G时代的并跑者，在5G时代积极寻求突破进而引领全球发展。2019年6月6日，工信部向中国电信、中国移动、中国联通、中国广电发放5G商用牌照，中国成为继韩国、美国、瑞士、英国后第五个正式5G商用的国家。

5G为新时代发展注入新动能

党的十九大报告指出，中国特色社会主义进入新时代，中国社会主要矛盾已经转化为人民日益增长的美好生活需要和不平衡不充分的发展之间的矛盾。以5G为核心的新一代信息基础设施，将为化解社会主要矛盾提供强大的基础性支撑。一是5G将为创造美好生活提供“新基建”。一方面，5G在提升移动通信能力、催生新业务的同时，能够与现

有的通信网络实现协同互补，使更优质、更丰富的信息通信服务能够更公平地惠及广大群众，降低全社会信息消费成本；另一方面，建立在5G基础设施之上的文化教育、医疗卫生、绿色生态等领域智能化解决方案，以及智慧交通、智慧城市的建设将促进社会治理模式的优化变革，助力社会治理水平和治理效率实现飞跃，让亿万人民拥有更多获得感、幸福感、安全感。二是5G将为提升社会生产力水平提供“新引擎”。5G基础设施是“互联网+”“智能+”等新技术、新模式落地必要的通用平台，将有效促进互联网、人工智能等领域的前沿技术创新成果与实体经济深度融合，推动供给侧结构性改革，促进社会资源分配和分工协作模式的变革，推动经济突破全要素生产率瓶颈，激发全社会创造力，为解决产业和区域发展的不平衡不充分问题提供解决方案，助力经济高质量发展，实现健康可持续增长。三是5G将助力国家把握发展战略机遇期的“新变量”。面向中短期，5G的投资建设和应用创新将产生巨大的经济效益和社会效益，在助力经济平稳健康发展和稳就业、稳投资、稳信心，以及引领国内信息通信产业加快全球布局等方面做出积极贡献；面向中长期，5G发展将成为中国经济动能转换、产业结构升级、社会转型发展的重要驱动力，助力中国率先成为新一轮工业革命的领先推动者，助力中国实现“两个一百年”的伟大梦想。

国家引导产业推进5G研发，掌握国际标准话语权

IMT–2020推进组推进中国5G进展

中国一直努力推进5G的协调发展和全球合作共赢。早在2013年，工信部、国家发展改革委员会（以下简称“发改委”）、科技部共同成立IMT–2020（5G）推进组。IMT–2020推进组的主要任务是协调推进国内5G的全面发展，联合欧盟、美国、日本、韩国等国家和组织推进5G的

发展。推进组在测试、试验、应用等方面做了大量工作，并为 ITU 和 3GPP 形成全球标准提供了重要的输入，为全球标准统一做出巨大贡献。根据推进组制订的整体 5G 规划，2016—2018 年为 5G 研发试验阶段，2019 年以后为 5G 产品研发试验和推广阶段。5G 研发试验包含三个阶段，分别为关键技术验证阶段、技术解决方案验证阶段和系统验证阶段（见图 4–1）。

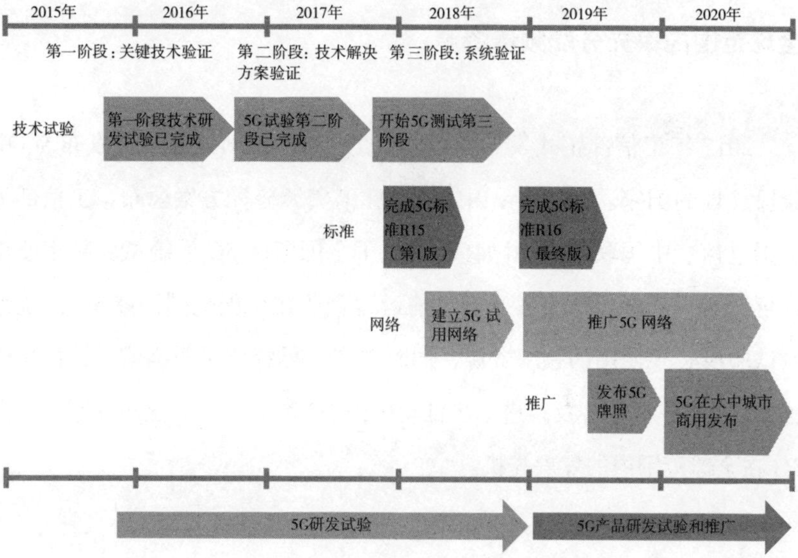

图 4–1　中国 5G 发展规划

中国企业在 5G 标准制定中发挥全球引领作用

制定出被国际电信联盟和 3GPP 等国际标准组织认可的，全球电信企业都要遵循的国际技术标准，是对行业发展起到引领作用的重要体现。2017 年，在中国 IMT–2020（5G）推进组的领导下，以中国移动为代表的中国企业在 5G 架构标准的制定中发挥重要作用。中国移动担任报告人主导完成了 5G 系统架构，得到全球超过 67 家合作伙伴的支持，中国企业开始牵头设计新一代移动网络架构，目前中国企业在3GPP中关于5G的提案已经占到40%，中国专家在各个5G工作组中也占据较大比重。最近，德国专利数据公司IPlytics发布了一份5G专利报告《谁在领跑5G专利竞赛？》（Who is Leading the 5G Patent Race？），报告显示，截至2019年4月，中国企业申请的5G通信系统SEP（标准关键专利，也叫标准必要专利）件数在全球排名第一，占比34%。

全球范围内率先分配频谱资源

2017年工信部正式发布5G中频段规划，中国是第一个发布5G中频段规划的国家。2018年，中国5G频谱资源分配方案公布，工信部为中国电信、中国联通和中国移动发放了全国范围5G系统试验频率使用许可，这一许可保障了各基础电信运营企业在全国范围开展5G系统组网试验所必须使用的频率资源，同时向产业界释放了明确信号，加快中国5G网络建设和普及，进一步推动中国5G产业链的成熟与发展，抢占5G在全球范围内的发展先机。

广泛设立5G重点研发课题

以国家层面的重点研发计划，全面推动围绕5G相关各个领域的创新与发展，为5G商用奠定坚实的基础。工信部、发改委、科技部等部门均有重大的5G科研项目。自2015年以来，工信部通过设立国家科技重大专项课题的方式推动5G相关研发工作。围绕5G总体及关键器件、5G无线技术、5G网络技术、5G仪表及平台等几个方面设立若干课题，仅2018年一年就设立约22个课题。此外，在国家高技术研究发展计划（863计划）中政府也将5G列为重点推进的项目。各项研发课题验证和提升了 5G 方案，推动技术试验及商用的顺利进行。

多项政策确保 5G 推进，保持全球领先

在国家层面，中国政府制定了一系列 5G 支持政策，围绕 5G 的技术标准、试验测试、创新应用等方面出台一系列措施，推动中国成为 5G 技术、标准、产业及应用的领先国家之一。

在“十三五”规划中，中国政府提出要积极推进 5G 研究，从顶层设计中明确了中国政府对于 5G 的中长期规划目标。《政府工作报告》是当年社会经济发展的风向标和总体政策取向，2017—2018 年连续两年《政府工作报告》中提到要培育壮大 5G 研发和转化，确立了 5G 的发展方向。

《“十三五”国家信息化规划》《“十三五”国家战略性新兴产业发展规划》《国家信息化发展战略纲要》《信息通信行业发展规划（2016—2020 年）》《信息产业发展指南》《扩大和升级信息消费三年行动计划（2018—2020 年）》等，从更加具体的行业规划层面系统阐述了 5G 的发展目标及重点任务（见表 4–1）。

从整体政策来看,5G 的发展目标及重点任务可以分为以下几个方面：一是开展 5G 标准研究，积极参与国际标准制定，成为国际标准的主要贡献者；二是支持开展 5G 关键技术和产品研发，构建 5G 试商用网络，打造系统、芯片、终端、仪表等完整产业链；三是组织开展 5G 研发试验，搭建开放的研发试验平台；四是开展 5G 业务和应用研发，提升 5G 业务体验，推动 5G 支撑移动互联网、物联网应用融合创新发展，加快对于信息消费的支撑，为 5G 启动商用服务奠定基础。

表 4-1 中国推动 5G 发展的主要相关政策

政策名称	发展目标	重点任务
2017 年《政府工作报告》	加快培育壮大新兴产业。全面实施战略性新兴产业发展规划，加快新材料、新能源、人工智能、集成电路、生物制药、第五代移动通信等技术研发和转化，做大做强产业集群	
2018 年《政府工作报告》	加快制造强国建设。推动集成电路、第五代移动通信、飞机发动机、新能源汽车、新材料等产业发展，实施重大短板装备专项工程，推进智能制造，发展工业互联网平台，创建“中国制造 2025”示范区	
《中华人民共和国国民经济和社会发展第十三个五年规划纲要》	积极推进第五代移动通信（5G）和超宽带关键技术研究，启动 5G 商用。超前布局下一代互联网，全面向互联网协议第 6 版（IPv6）演进升级。布局未来网络架构、技术体系和安全保障体系	
《“十三五”国家信息化规划》	5G 技术研发和标准制定取得突破性进展并启动商用。 开展 5G 研发试验和商用，主导形成 5G 全球统一标准。 行动目标：到 2018 年，开展 5G 网络技术研发和测试工作，互联网协议第 6 版（IPv6）大规模部署和商用；到 2020 年，5G 完成技术研发测试并商用部署，互联网全面演进升级至 IPv6，未来网络架构和关键技术取得重大突破。 加快推进 5G 技术研究和产业化，统筹国内产学研用力量	组织实施新一代信息网络技术超前部署行动，加快推进 5G 技术研究和产业化。推进 5G 关键技术研发、技术试验和标准制定，提升 5G 组网能力、业务应用创新能力。着眼 5G 技术和业务长期发展需求，统筹优化 5G 频谱资源配置，加强无线电频谱管理。适时启动 5G 商用，支持企业发展面向移动互联网、物联网的 5G 创新应用，积极拓展 5G 业务应用领域
《“十三五”国家战略性新兴产业发展规划》	大力推进第五代移动通信（5G）联合研发、试验和预商用试点。优化国家频谱资源配置，提高频谱利用效率，保障频率资源供给	

（续表）

政策名称	发展目标	重点任务
《国家信息化发展战略纲要》	到2020年，固定宽带家庭普及率达到中等发达国家水平，第三代移动通信（3G）、第四代移动通信（4G）网络覆盖城乡，第五代移动通信（5G）技术研发和标准取得突破性进展	
《信息产业发展指南》	到2020年，第五代移动通信（5G）启动商用服务，高速、移动、安全、泛在的新一代信息基础设施基本建成。 推动出台5G、物联网、云计算、大数据、智能制造等新兴领域安全标准。 强化“互联网+”、5G、SDN等新技术、新业态的安全风险应对	国家信息基础设施建设工程：5G发展与商用。加快推进5G研发，突破5G核心关键技术，支持标准研发和技术验证，积极推动5G国际标准研制，启动5G商用服务。开展5G频谱规划，满足5G技术和业务发展需求，提升网络能力、业务应用创新能力和商用能力，加速推动试验网、试商用和商用网络建设步伐。大力开展5G应用示范，引导5G与车联网等行业应用融合发展，使我国成为5G技术、标准、产业及应用的领先国家之一
《信息通信行业发展规划（2016—2020年）》	“十三五”期末：信息通信技术掌控力显著增强。成为5G标准和技术的全球引领者之一。支持5G标准研究和技术试验，推进5G频谱规划，启动5G商用。以技术创新为突破，带动移动互联网、5G、云计算、大数据、物联网、虚拟现实、人工智能、3D打印、量子通信等领域核心技术的研发和产业化	标准体系建设工程：建立健全我国信息通信业标准化工作管理与运行机制及标准体系，提升国际影响力和话语权。5G研发和产业推进工程：突破5G关键技术和产品，成为5G标准和技术的全球引领者之一
《扩大和升级信息消费三年行动计划（2018—2020年）》	加快第五代移动通信（5G）标准研究、技术试验，推进5G规模组网建设及应用示范工程。	

5G 助力实体经济转型升级，推动产业提质增效

中国一直致力于用信息通信技术带动传统产业转型升级，以 5G、人工智能、云计算、大数据等为代表的新技术和新应用，能充分改善传统产业的生产模式，大幅提升生产效率，实现高质量发展。例如，5G 可以与农业生产、经营、管理、服务全面深度融合，加快构建现代农业生产体系，发展基于移动通信技术的农业生产性服务，改变传统小农经济模式，培育网络化、智能化、精准化现代生态农业新模式，提升农业生产质量和效率，推进农业现代化发展；5G 与电网的结合将赋予电力设施毫秒级延迟的接入及管理能力，是支撑智能电网实时智能化管控、负荷及时有效调控以及高速应急响应的基础，能够实现从发电到用电环节信息的双向交流，实现电力生产、输送和使用的系统优化，保障电网的智能调度、实时监控和安全隔离。

2019 年《政府工作报告》中提出，要加快建设制造强国，为制造业转型升级赋能。随着政策的推进和智能化生产概念的逐渐深入，制造业的数字化转型逐渐加速，企业对于提高智能化生产水平、生产效率，降低生产运营安全隐患，都有着较高要求，但是目前多数企业仅以工业级 Wi–Fi 和工业级专网为主，工厂外的网络连接设施不完备，并不能满足智能制造的需求。5G 能够为制造业提供吉比特每秒以上的峰值速率、毫秒级的传输时延、千亿级的连接能力和纳秒级的高同步精度，能够有效解决制造业在向智能制造方向发展所面临的网络可靠性差、设备接入能力差、信息安全保障性弱等问题。例如，5G 将打通工厂内外部信息壁垒，毫秒级延迟实现设备精准控制；5G 高可靠无线接入将实现厂区设备灵活布局、实时在线；基于 5G 的数字孪生等，将实现柔性生产，全面提升供应链效率和定制化生产能力。

2018 年年底由工信部发布的《车联网（智能网联汽车）产业发展行动计划》中指出，发展车联网产业，有利于提升汽车网联化、智能化水

平，实现自动驾驶，发展智能交通，促进信息消费，对中国推进供给侧结构性改革、推动制造强国和网络强国建设、实现高质量发展具有重要意义。5G 将实现车路、车车、车人、车网信息的实时交互和高效协同，提升自动驾驶安全等级，实现特定场景下的车辆编队、自动泊车和智慧物流，加速驱动自动驾驶产业成熟和规模商用。据美国波士顿咨询集团预测，智能网联汽车从 2018 年将迎来持续 20 年的高速发展，到 2035 年将占全球 25% 左右的新车市场。目前，数十个地方政府接连推出了 5G 落地自动驾驶路测的规划。例如，北京力争到 2022 年，打造 500 平方公里的智能网联汽车示范运行区域和 2 000 公里的互联网道路；2018 年 3 月，《上海市智能网联汽车道路测试管理办法（试行）》发布，全国首批智能网联汽车开放道路测试号牌发放；2018 年 12 月，天津市开放首批智能网联汽车测试道路；江浙地区也在积极打造智能驾驶汽车测试区以及智慧交通和智能小镇项目。

第五章　从 5G 到“5G+”：中国移动的 5G 新理念

5G 作为一项重大革命性技术，其影响已经超越技术本身，5G 将真正开启万物互联和智能化的新时代，全面助力智能经济形成，支撑智慧社会发展，并深刻改变我们的生产和生活方式。为了推动 5G 与经济社会各领域充分融合，最大限度地释放 5G 对各领域的放大、叠加、倍增效能，中国移动将全面实施“5G+”计划，使 5G 成为社会信息流动的主动脉、产业转型升级的加速器、数字社会构建的新基石，助力综合国力提升、经济高质量发展和社会转型升级。当前，以数字化、网络化、智能化为主要特征的第四次工业革命正在孕育兴起，而“5G+”正是构筑第四次工业革命竞争新优势的关键所在，谁掌握了“5G+”的发展先机，谁就有可能赢得未来发展的主动权。

5G 不是简单的“4G+1G”

立足现代通信 40 年，5G 不是简单的“4G+1G”，而是开启泛在智能时代的重要标志。全球移动通信系统协会（GSMA）的数据显示，从 1G

到4G，移动通信实现了全球35亿用户的普遍互联，建立起了紧密相连、互通互融的信息网络，全方位渗透生活各领域，成为人民生活不可或缺的重要组成部分。每一代通信技术都在前一代的基础上不断演进，但5G并不是在4G基础上的简单改变，而是打破了信息传输的空间限制，让实现的应用场景不受想象力限制。在1G到4G的基础上，5G拓展超大带宽、超广连接、超低时延三大新型特性，为人与人、人与物、物与物之间的永续互联打下基础。5G的强连接特性将促使数据信息在更大范围内充分流动，推动人工智能、物联网、云计算、大数据和边缘计算等新技术在经济、社会各领域全面落地。5G网络能够承载VR、AR、4K/8K超高清视频等大流量移动宽带业务，更好地服务于基于海量机器类通信的大规模物联网，对智能制造、自动驾驶等一些需要低时延、高可靠性的业务也能够提供更好的支撑。基于5G网络，各行各业可以开展更多基于大数据、人工智能的技术创新、产品创新和商业模式创新，推动更多垂直领域的高质量发展。例如，汽车产业将因5G实现从制造、生产到驾驶、出行等全方位的变革，基于工业互联网的智能制造、无人工厂，基于AR技术的远程监控和运维也将加快制造业的质量变革、效率变革和动力变革。以5G为平台技术，融合了人工智能、大数据、云计算等的智能技术应用也将改变人们的生活方式，各种智能化、个性化、便捷化的服务需求将进一步得到满足，生活品质将进一步得到提升。作为全面构筑经济社会数字化转型的关键基础设施，5G将推动传统行业转型、数字经济创新，成为未来10年乃至更长时间内的发展新引擎，更好地支撑和服务数字中国建设，促进经济社会发展。因此，5G发展也将是一项社会性、系统性工程。放眼未来，推动5G从多个维度与社会方方面面实现跨领域、全方位、多层次的深度融合，将充分释放赋能（“5G+”）效应，创造更大价值。

5G 与其他技术和产业发生化学反应

纵观移动通信发展史，每一代移动通信的发展成熟都是一个较为长期的过程。根据全球移动通信系统协会统计的数据，2000 年 3G 在全球开始正式商用，之后用了大约 8 年的时间占据了全球移动通信市场 10% 的份额；2008 年 4G 在全球开始正式商用，大约用了 7 年的时间在全球的市场份额达到 15%。5G 也不是一天建成的，其一定是先从城市的热点地区以及市场需求旺盛的地方启动，之后不断发展、不断推动前进。

技术方面，5G 和 4G 在硬件、架构、网络和频谱等方面通过共模、共用、共享等方式实现协同。特别是频谱共享，频谱资源就好比“公路”，是语音和数据这些“车辆”得以传输的基础与通道。众所周知，无线电频谱资源是一种稀缺的、不可再生的重要资源，也是国家宝贵的战略资源，移动通信行业正是依托频谱资源的重要行业之一。频谱共享让“5G+4G”能够利用有限的资源发挥出更大的作用。每一代移动通信都与上一代甚至上上一代长期共存、共同发展。根据全球移动通信系统协会的统计数据，自 20 世纪 90 年代初期 2G 正式商用以来，直至 2015 年 2G 仍占据全球近一半的市场份额，其用户规模与当年 3G 和 4G 用户规模的总和相当。多代技术能够长期共存的根本原因在于彼此能够互相补充。新一代的技术优势更明显，能够提供更高的速率、更丰富的应用，而上一代的商用时间更久、覆盖范围更广、成熟度更高。因此，充分发挥新一代的技术优势，合理利用上一代的已有投资，能够在保证业务能力和用户感知的基础上实现网络投资与价值最大化。未来几年里 4G 用户规模仍将保持稳步增长的趋势。据全球移动通信系统协会预测，到 2025 年，4G 会成为全球移动通信的主要连接，占据全球 53% 的市场份额，5G 在 2025 年将覆盖全球 40% 的人口，连接规模的全球占比将为 14%，预计要到 2030 年 5G 才会取代 4G 成为全球的主要移动连接（见图 5–1）。

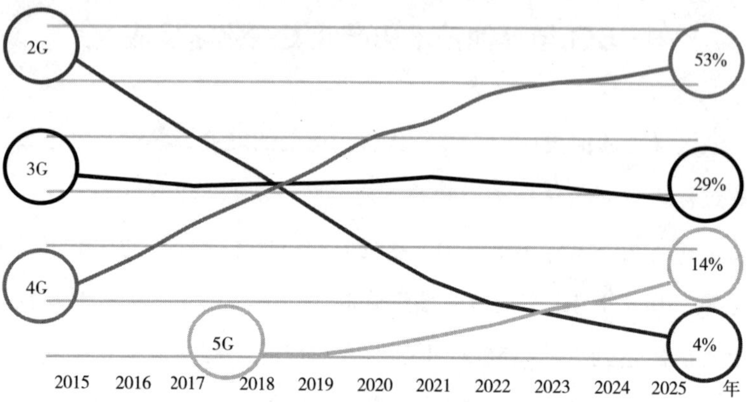

图 5–1　2G、3G、4G、5G 将长期共存

5G 是一种通用目的技术。通用目的技术具有多项特征，其中最显著的两大特征就是与其他技术之间的强烈互补性和应用领域的广泛性，因此 5G 既可以与其他前沿技术交叉融合创新，又可以应用到各行各业实现生态创新。1995 年，布莱斯纳汉和特拉吉特恩伯格教授首次提出了通用目的技术的概念，虽然在学术界至今尚未形成一个统一、权威的定义，但学界普遍认为通用目的技术是对人类经济社会产生巨大、深远而广泛影响的革命性技术。[1] 一方面，移动通信每 10 年出现新一代革命性技术，5G 作为新一代移动通信技术的主要方向，能够提供更泛在、更强大、更安全的连接；另一方面，5G 也将持续提升社会生产效率，根据麦肯锡研究院的预测，5G 在正式商用的头 10 年里将累计带动全球 GDP 增长 12.6%。与其他技术之间的强烈互补性指的是通用目的技术自身在不断演进与创新的同时，也能够促进其他新技术的创新和普及，不断创造新产品和新应用；应用领域的广泛性指的是通用目的技术能够实现从初期的单一特定应用领域向后期各领域的广泛应用。[2] 最具代表性的通用目的技术是蒸汽机和电力。一方面，蒸汽机与机车、造船、纺织等技术融合诞生了蒸汽机车、蒸汽轮船、蒸汽纺织机等机械化产品，而电力与机械制造、无线电通信、化学、材料科学等技术融合创造出电力机车、电报、电灯等电气化产品；另一方面，蒸汽机能够应用于采矿、冶炼、纺织、机器制造等生产生活各领域，电力也可以应用于电灯、电话、交通运输等生产生活各领域。与蒸汽机和电力一样，5G 也可以广泛应用于交通、工业、能源、公共服务等生产生活各领域，并与汽车、工业制造、机械等技术融合创新，在自动驾驶、智慧生产、智慧城市等领域中创造丰富多彩的创新应用，影响人类社会的方方面面（见图 5–2）。

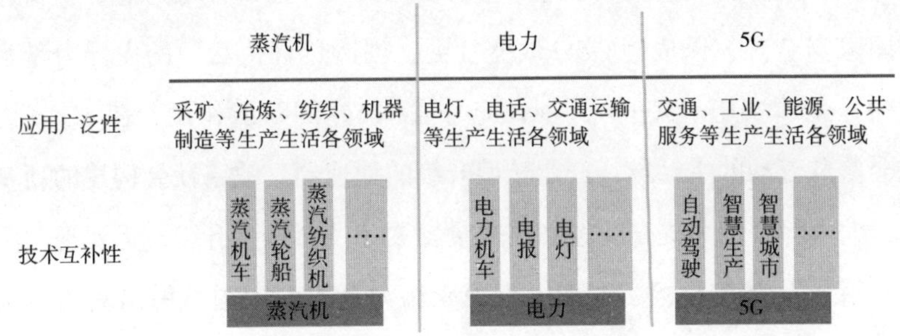

图 5–2　通用目的技术的两大特征

“5G+”的概念与内涵

“+”的含义包含了连接、聚合与赋能。“连接”意味着 5G 连接一切，即通过 5G 进一步突破连接时空的限制，实现万物更广泛的互联和永远在线；“聚合”意味着 5G 聚合一切，即以 5G 为基础融会贯通其他信息技术，实现聚合创新，构建全新的信息基础设施；“赋能”意味着 5G 赋能一切，即 5G 促进各类生活生产场景产生颠覆式变革，构建无线化的全新生活生产方式。因此，“5G+”就是以 5G 为基础，通过连接万物、聚合平台、赋能产业，不断满足人民美好生活的信息消费需要，为经济发展打造新动能、拓展新边界，助力产业转型升级和经济高质量发展，是促进经济社会发展的质量变革、效率变革和动力变革的新范式。

2019 年 6 月 6 日，随着工信部向中国电信、中国移动、中国联通、中国广电发放5G商用牌照，5G也进入在经济社会发展进程中发挥赋能作用的关键期。作为信息通信业特大型央企，中国移动推动5G与经济社会各领域充分融合，最大限度地释放5G对经济社会发展的放大、叠加、倍增作用，这些是落实网络强国、数字中国、智慧社会国家战略的重要着力点，也是履行政治、经济和社会责任的集中体现。中国移动将以习近平新时代中国特色社会主义思想和党的十九大精神为指导，牢固树立和坚持贯彻新发展理念，坚持以人民为中心的发展思想，坚持总体国家安全观，以成为"5G改变社会、创造美好生活"的先导力量为使命，全面实施"5G+"计划，充分发挥5G的赋能作用，使5G成为社会信息流动的主动脉、产业转型升级的加速器、数字社会构建的新基石，助力综合国力提升、经济高质量发展和社会转型升级，为实现"两个一百年"奋斗目标、实现中华民族伟大复兴的中国梦做出新的更大贡献。

助力综合国力提升，就是通过5G发展提升中国信息基础设施水平和网络空间竞争力，助力信息通信领域核心技术创新突破，提升移动通信领域的国际话语权和规则制定权，支撑网络强国、数字中国和智慧社会等战略落地，为建设社会主义现代化强国贡献重要力量。助力经济高质量发展，就是通过打造以5G为核心的泛在智能基础设施，推动新一代信息技术与实体经济深度融合，促进"互联网+""智能+"等新业态、新模式蓬勃发展，助力供给侧结构性改革，推动经济持续健康发展，为中国经济增长注入新动能。助力社会转型升级，就是通过5G推动更优质、更丰富的信息通信服务惠及广大群众，降低全社会信息消费成本，有效弥合城乡数字鸿沟，辅助政府决策，提高政务办事效率，有力支撑基本公共服务均等化和社会治理精准化，着力解决社会发展不平衡不充分问题，让亿万人民在5G发展中拥有更多获得感、幸福感、安全感。

"5G+"不是一个口号，而是一个真正的实施计划，根据当前产业的发展情况，它的构成主要包括“5G+4G”“5G+AICDE”“5G+Ecology”“5G+X”。通过推进“5G+4G”协同发展、“5G+AICDE”融合创新、“5G+Ecology”生态共建，实现“5G+X”应用延展，使 5G 真正成为社会信息流动的主动脉、产业转型升级的加速器、数字社会建设的新基石。“5G+4G”的核心内涵是“网络是基础”。通过推动 5G 和 4G 技术共享、资源共享、覆盖协同、业务协同，打造覆盖全国、技术先进、品质优良的 5G 精品网络，持续增强 5G 网络端到端能力，提供高速、泛在、安全、可靠的高品质网络服务。“5G+AICDE”的核心内涵是“融合是关键”。5G 作为接入方式，只有和人工智能、物联网、云计算、大数据、边缘计算等新兴信息技术深度融合、系统创新，才能充分发挥关键基础设施的重要作用，孕育新兴信息产品和服务，成为推动各类产业发展的核心引擎。一方面，AICDE 让 5G 网络更强大，加快打造融合连接、感知、传输、存储、计算、处理等为一体的新型智能化信息基础设施；另一方面，更强大的 5G 网络也能加快推动 AICDE 技术的应用发展普及。通过推动“5G+AICDE”融合创新，打造以 5G 为中心的泛在智能基础设施，构建更多新能力，推出更多新应用，拓展更多新场景，催生更多新业态。“5G+Ecology”的核心内涵是“合作是潮流”。5G 发展不是电信运营企业一家唱独角戏，而是多方参与的“大合唱”。5G 发展需要联合信息通信企业、传统行业企业、行业组织协会、社会创新力量、高校科研院所等构建开放型生态创新能力，通过将 5G 与无人机、机器人、VR/AR、视频等丰富多彩的垂直行业应用结合，构建繁荣共赢的 5G 生态系统。“5G+X”的核心内涵是“应用是根本”。通过前面三个“5G+”来实现“5G+X”，加速推动 5G 在更广范围、更多领域的应用，实现更大的综合效益。通过聚焦与 5G 结合最紧密、示范效应及规模效应最强的重点场景，与各行业深入合作，发挥 5G 在关键领域关键环节的赋能效应，共创新业态、新模式，加速各行业数字化进程，助力各行各业质量、动力、效率变革，共创发展机遇，共促产业繁荣。

“5G+”是构筑第四次工业革命的重要基石

第四次工业革命正在孕育兴起

从第一次工业革命的机械化，到第二次工业革命的电气化，再到第三次工业革命的信息化，人类社会已经历经三次工业革命，[3]新技术、新产品、新产业不断涌现，人们的生产生活方式和消费方式发生了天翻地覆的变化。250 年前，人类生产和消费的产品种类仅 100~1 000 种，今天则是 10 亿 ~100 亿种。[4]过去 250 年全社会的经济增长与格局变化，是三次工业革命共同作用的结果。

蒸汽动力技术和铁路建设触发了第一次工业革命，引领人类进入机器生产时代。1785 年瓦特制成的改良型蒸汽机摆脱了机器对近水源的依赖，在媒体印刷业、纺织业等轻工业领域迅速得到普及。机器的广泛应用也带动了机器制造业的发展，拉动了对钢铁、煤炭等原材料的需求，促进了化学、冶金、采矿业的发展。之后，生产对原料、货物便捷快速的运输需求最终促进了交通运输业的技术革新。1807 年蒸汽动力汽船试航成功，1814 年蒸汽机车问世，1825 年 34 节小车厢火车试车成功，1840 年英国建成了纺织业、冶金业、煤炭业、机器制造业和交通运输业五大工业部门，工业革命基本完成。从 1771 年英国建成第一座工厂，到 1840 年工厂和工人数量世界最大，70 年间每个工人日均生产效率提高了 20 倍，棉布产量、生铁产量、煤产量平均增加 10~15 倍（见图 5–3）。[5]

电力和内燃机的发明与应用触发了第二次工业革命，推动人类社会迈入电气时代。第二次工业革命以电力的发明和应用为基础，先后形成了四大突出成就：一是交流电的发现和发电站的建立促使电力工业与电器制造业的发展进入新阶段，电力成为取代蒸汽动力的规模化新能源；二是 1870 年内燃机和工业流水生产线的问世引发交通运输领域的革命性变革，同时推动石油开采业的发展，1900 年全世界石油产量 2 000 万吨，较1870年涨至25倍；三是1876年美国人贝尔发明了电话，无线电报试验也获得成功，依靠广泛应用的电力基础设施的新通信手段使全球联系进一步加强；四是1867年诺贝尔发明了炸药，化学工业初见雏形，大大促进了军事科技的发展。

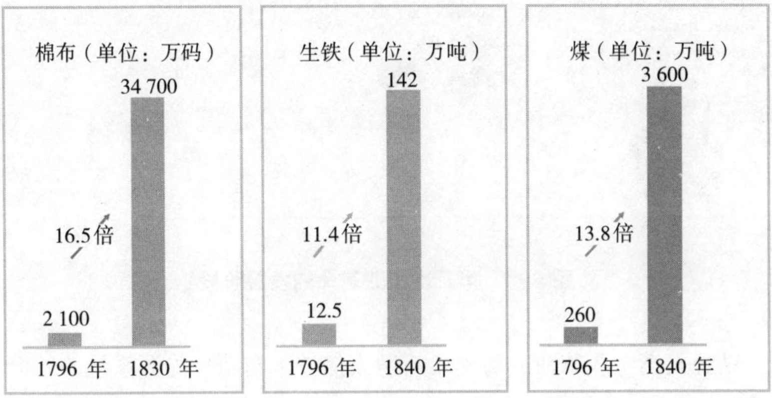

图5-3 第一次工业革命中主要工业产品产量增长情况

电子计算机、互联网技术和空间通信技术共同触发第三次工业革命，推动人类步入“信息时代”。20世纪中叶，信息通信领域先后出现了具有划时代意义的三大产品：个人电脑、互联网和手机。这三项技术相互融合促进，共同掀起了规模空前的互联网革命。1973年互联网的概念第一次被提出，以服务器、大企业为节点的区域性互联网形式成为互联网发展的雏形，互联网商业时代开始酝酿；20世纪80年代开始，原本仅用于政府及军事机构进行太空探索的电脑与互联网络逐渐向企业和家庭渗透，一批科技企业崭露头角；1995年前后个人电脑成为高收入家庭工作与娱乐的必备产品，以中小型企业、家庭为单位节点的互联网形式正式进入千家万户；2000年以后智能手机的全面普及大大带动了互联网的发展，使其日益向移动化、全民化和全球化升级，以中国互联网市场为例，台式电脑、笔记本电脑、手机、平板电脑、电视等设备接入方式的渗透率彼此先后起伏互补（见图5-4）。

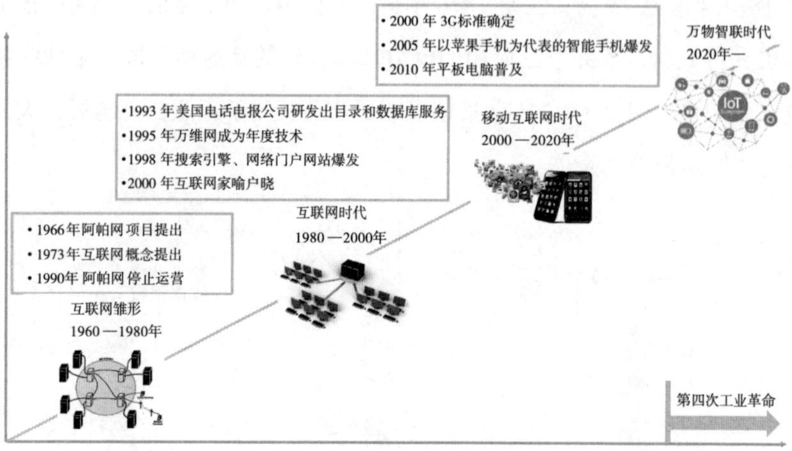

图 5-4　第三次工业革命的发展阶段

纵观人类工业革命的历史，新型通信技术与新型能源系统的结合通常会打造出一种“泛在而廉价”的关键要素投入，从而引领重大生产范式的革新和社会经济的转型。这是因为新能源技术的出现推动人类文明向着更为复杂的方向发展，而更为复杂的文明需要以先进的新型通信技术为媒介对其进行处理和整合。[6] 印刷业对蒸汽技术的引入使新闻媒体一跃成为当时最主要的信息传播工具，无线电报、电话等电信技术与电力基础设施的融合大大促进了社会文明的进步，互联网及移动互联网与可再生能源的结合孕育了第三次工业革命的基础设施。今天，第三次工业革命方兴未艾，第四次工业革命已加速向我们袭来，人类社会又一次处于信息通信技术与能源体系相融合的时代。数据将是 21 世纪的石油和电力，而与石油不同的是，数据永不枯竭、数据可被共享。据摩根士丹利预测，未来 10 年，大数据驱动的新一轮技术周期将使企业技术投资增加一倍，带动 1.6 万亿美元的投资，比之前三个科技爆发周期平均带动的 7 400 亿美元的水平高出一倍以上。数据将是最好的能源，连接将是最关键的要素，大数据体系将与新一代移动通信、下一代互联网、物联网等新型通信技术共同成为第四次工业革命的先导力量（见图 5–5）。

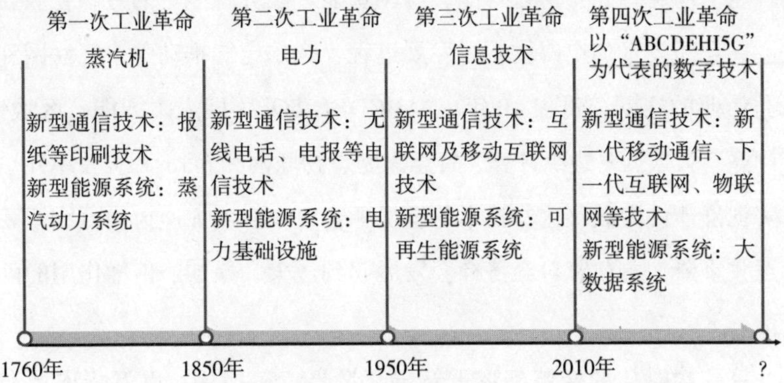

图 5–5　历次工业革命的新型通信技术和新型能源系统

随着移动互联、大数据、人工智能、云计算、物联网等现代技术的集体涌现，第四次工业变革将是以数字化、网络化、智能化为主要特征的大规模工业互联过程，并具备三大发展趋势。一是数字经济发展进入快车道。数字经济是以网络为载体，以数字化的知识与信息为生产要素，以智能制造为动能，以大数据在线模式为物联平台，以分享经济为方向的经济模式。从世界范围看，2017 年全球数字经济规模为 12.9 万亿美元，[7] 到 2025 年这一数字将达到 23 万亿美元，[8] 比 2017 年增长近一倍；中国数字经济发展迅猛，年均增长率达 20%，2008—2018 年这 10 年间数字经济占 GDP 比重由 15.2% 翻一倍至 34.8%，[9] 尤其是在产业数字化方面，由数字经济融合带动的经济规模增长近 10 倍，数字经济正在以超出人类预测的速度呈指数级扩张。二是万物互联正在迈向万物智联。数据是数字经济运行和发展的基本要素，也是这个时代最重要的能源，而数据的产生、传输、存储、处理都离不开物联网，伴随网络的泛在和信息存储成本趋近于零（20 年前，存储 1GB 数据的年费高达 1 万多美元，如今平均仅需不到 0.03 美元 [10]），人类社会、物理世界、信息世界已经实现三元融合，2018 年全球联网类设备将达到 178 亿台，其中物联网连接数将达到 70 亿，较 2017 年增长了 11 亿。[11] 面向未来，随着智能化步伐的加快，人类社会将加速从“连接爆发”的万物互联阶段走向“终端智能、网络智能、平台智能、应用智能、服务智能”的万物智联新时代。三是新技术加快万物智联发展进程。摩尔定律推动整个互联网和信息通信业的飞跃，过去 10 年，“ABCDEHI5G”（即人工智能、区块链、云计算、大数据、边缘计算、智慧家庭、物联网和 5G）八大技术几乎同时实现群体性突破，这些技术的有机融合对物联网加速迈向万物智联时代至关重要，蕴藏着对经济社会发展起到放大、叠加、倍增作用的巨大能量。

每一次时代的变革都将重新定义世界竞争格局，以万物连接和信息科技为主的第四次工业革命将是一场全球性数据革命，其正在以指数级的速度辐射全行业的广度，从工业生产模式、商业模式、社会运行体系、人类生活方式、世界经济格局等多重角度深刻影响着人类社会，我们要紧紧抓住和用好这一轮科技革命与产业变革的机遇，牢牢把握新一轮的信息与数字化浪潮。

“5G+”是第四次工业革命的基石

“5G+”发展步伐不断加快。2019 年是 5G 的商用元年，韩国、美国、瑞士、英国和中国的部分领先运营商已正式宣布提供 5G 商用服务，业界普遍认为 5G 在 2020 年将开启全球更大范围的大规模商用。据全球移动通信系统协会预测，在 2020 年全球将有 170 家运营商在 54 个国家和地区提供 5G 商用服务，全球将有 7 000 万的 5G 用户，到 2025 年全球将有 409 家运营商在 117 个国家和地区提供 5G 服务，全球 5G 用户数将接近 14 亿，这也意味着全球一半的国家和地区都会有至少一家通信运营商为当地民众提供 5G 商用服务。根据业界的预测，2025 年全球将有 650 万个 5G 基站，5G 网络将覆盖全球 58% 的人口。相比之下，全球移动通信系统协会的统计数据显示，3G 网络用 10 年的时间获得 50% 的全球人口覆盖率，4G 大概用了 6 年的时间，而 5G 的发展速度明显快于

3G 和 4G，预计到 2035 年 5G 有望实现覆盖全球 90% 以上的人口，全球超过一半的连接都将由 5G 网络提供。

“5G+”是万物智联的先决条件。1G 到 4G 解决的是人与人之间的互联，如果说 3G 时代建立了全球“人与人”的连接平台，4G 时代又将平台拓展到“人与信息”的数据流动，那么 5G 就是建立“信息与信息”的泛在平台，破除“人与人”“人与物”“物与物”在空间和时间上的连接限制，打破“数据孤岛”，建立一个万物互联的世界。工信部的信息显示，在未来，20% 左右的 5G 设施将用于人与人之间的通信问题，80% 的 5G 设施用于物与物、人与物之间。5G 之所以能够实现万物互联，一方面是因为 5G 本身就具有广连接的特性，其能够在 1 平方公里范围内支撑 100 万个连接。以北京市约 1.6 万平方公里的城市面积计算，当 5G 能够完成全市的深度覆盖时，5G 在实际运行中就有能力支撑超过 100 亿个连接。另一方面是因为 5G 能与包括 4G、卫星通信等网络协同发展，在 5G 覆盖不到或不足的地方，其他网络可以发挥自身的覆盖优势。当前领先国家和地区的 4G 网络覆盖率均已超过 90%，比如据工信部统计，中国在 2018 年已经实现 95% 的 4G 网络覆盖率，这一覆盖率将在 2020 年前进一步提升到 98%，而在森林、岛屿、海洋等地面网络难以覆盖的区域，卫星互联网可以提供有效的连接，5G 与多网协同共同构建天地一体、全球覆盖、全球服务的连接网络。万物智联是在连接的基础上进一步实现计算的能力，而计算在收集大量数据的同时也将产生大量数据，“5G+”就是承载海量数据的最佳载体。英特尔公司预计到 2020 年，平均每位联网的用户每天将产生 1.5GB 的流量，自动驾驶汽车每天将产生 4TB[①] 数据，一个云视频提供商每天产生的视屏数据量将达到 750PB[②]，全球的联网智能设备数量将突破 500 亿大关，因为人口数

① 1TB ≈ 10^{12}B。——编者注

② 1PB ≈10^{15}B。——编者注

量的关系，中国的数据总量将达到800EB①。如此巨大的数据洪流只有峰值下载速率可达 20Gbps 的 5G 网络才能承载。同时，部分高频数据关系着人民生产生活的安全问题，因此其对网络时延也有极高的要求，也只有 5G 网络才能满足此类需求。例如，江苏移动 5G 远程驾驶的试验数据显示，当一辆远程驾驶的车辆以每小时 36 公里的速度前进时，按 4G 网络 0.1 秒的时延计算，从信号发出到车辆做出刹车，车辆还要前进 1 米，而这 1 米很有可能导致车辆发生碰撞，而试验中的 5G 网络的时延约为 0.005 秒，同样的情况，从云端发出指令到车辆刹车，车辆只前进 0.05 米，这和人操控刹车没什么差别。

“5G+”是技术创新的催化剂。技术创新无外乎两种方式：一种是在现有技术的基础上寻求突破，产生的新技术可以取代现有技术；另一种是与其他现有技术融合在一起，采用融合方式来取得突破。一方面，技术本身发展到一定程度，很难再有突破性的进展；另一方面，依靠单一技术或从单一视角也很难解决日趋复杂的现实问题。因此，采用融合方式寻求技术突破日益成为主要趋势，最典型的例子就是 20 世纪 70 年代机械技术与电子技术的融合创新。当齿轮的转速和集成电路所能集成的电子元件都接近极限值的时候，两种技术有机地结合在一起诞生了机电一体化技术，并带来了数控机床、自动化机床等新产品，也将机械加工提升到一个全新的高度。进入数字经济时代，技术融合创新的趋势越发明显：一方面，数字技术与工业、农业、制造业等各行业技术相结合，带动智能工厂、智慧农业等产业的迅速成长；另一方面，技术以组合的方式相互补充和放大，如运用数字技术通过数据建模、数字孪生、3D 打印等，加快新材料的开发与商用，同时新材料的性能可能优于硅半导体，进一步提升数据的计算与存储。“5G+”能发挥主导和催化作用，以交叉融合带动各领域技术突破。5G 作为新一代通用目的技术，天然地

① 1EB ≈ 10^{18}B。——编者注

具备与其他技术的强烈互补性。通过与 AICDE 的融合创新，5G 网络不仅能够变得更加智能，AICDE 技术的应用和发展还能得到有效促进，并且技术通过相加可以在各领域围绕生活、生产的各大场景孵化更多更高质量的新产品和新应用。以“5G+AI”为例，5G 能促进人工智能应用发展，人工智能也能促进 5G 智能化升级。相比 4G 网络，5G 主要是在用户的吞吐量、端到端时延与连接密度方面有非常大的增强。正是因为这种增强，5G 网络能承载 4G 网络现在无法承载的许多智能业务，比如智能交通、智能家居、智能电网、智能农业、工业自动化等人工智能驱动的智能化业务都可以得到更好的发展。人工智能已经发展了 60 多年，我们的通信网络也不是现在才有的，但 5G 是运营商面临的最复杂的网络，很多 5G 网络的维护工作是传统的人工方式无法满足的，这就迫切需要引入人工智能手段来支撑 5G 网络的智能运维。最后是“5G+AI”打造的“双核”驱动，二者的交叉融合既能打破数据收集的限制，也能提高挖掘数据进而提炼成为有用信息或知识的能力，推动数据的智能开发利用，在智慧交通、工业互联网、智慧城市等方面发挥更大的作用，实现服务精准化、产品多样化和模式个性化，推动更多的数据驱动型创新向经济社会的方方面面拓展渗透，催生出更多的新技术、新业态、新模式。

“5G+”是经济发展的新动能。5G 的广泛应用一方面将大幅提升企业生产效率，削减原有工作岗位，另一方面将创造大量设备制造、电信运营及互联网服务相关的就业机会。咨询公司 IHS（埃士信）预计，2035 年 5G 价值链本身将在全球直接创造 2 200 万个工作岗位，其中，鉴于人口基数和投入规模，中国新增的工作岗位将占全球工作岗位的 43%。据中国信通院预测，2020 年 5G 的正式商用将直接为中国创造 54 万个就业机会，2030 年该数量将达到 800 万个；受产业关联和波及效应的影响，2030 年 5G 将创造 1 150 万个间接就业机会，是直接就业机会数量的 1.4 倍，而 5G 设备制造和信息服务环节将是就业增长的主要拉动力。据IHS预测，制造业将占据5G总产出的28%，成为对5G响应振幅最大的垂直行业，到2035年，制造业将占据5G创造的全部经济活动中的最大份额，产出约3.4万亿美元，占5G总产出的28%；信息通信行业位居第二，产出超过1.4万亿美元。从应用场景来看，云VR/AR、车联网、无线家庭娱乐、联网无人机、无线医疗、智能制造将成为市场潜力最大且与5G高度相关的六大应用场景。“5G+”将对全球经济增长做出巨大贡献。未来20年，5G将在全球经济中全面普及，对全球经济增长产生深远而持久的影响。IHS预测，2020—2035年，5G将贡献0.2%的GDP增长，为年度GDP创造3万亿美元的价值增量，相当于一个印度的经济体。中国信通院预测，2030年5G直接创造的经济增加值约为3万亿元，对当年GDP增长的贡献率将达到5.8%，这些经济增加值主要来自电信运营商通信服务的收入、互联网企业信息服务的收入以及设备制造商网络与终端设备的收入。据中国信通院预测，2020—2030年，5G拉动GDP增长的关键动力依次更迭，初期的主动力是电信运营商5G网络投资和各类用户的终端购置支出；中期5G相关服务的GDP拉动效应将超越5G相关制造环节；到2030年，各类信息服务商提供信息服务产生的GDP将占当年5G对GDP总贡献的一半以上。

第二篇

“5G+”：新技术、新架构、新生态

第六章 5G 的系统架构及技术基础

相比前几代移动通信系统的升级演进，5G 在系统架构和关键技术方面带来的是跨越式、颠覆式的变化，并因此产生了新的服务类型、商业模式、衍生效益。5G 系统架构的设计充分考虑了 5G 的需求、场景和指标要求，并且采纳和结合了信息技术和互联网领域的前沿思想与技术，这使 5G 系统在大幅提升通信能力的同时也具备了信息技术系统的灵活性。为了让大家充分了解 5G 具有哪些架构特征和标志性的创新，理解它们的设计初衷、技术原理和实现方式，本章将从 5G 的总体架构出发，分无线网、核心网、传输网三个方面进行阐述。

总体架构

为充分满足国际电信联盟定义的 5G 场景与需求，5G 通过端到端系统性的技术创新，力求构建 5G 低时延、高可靠、高速率和大连接的新能力，以满足个人用户、企业级用户和垂直行业客户差异化的业务需求。5G 系统示意图见图 6–1。

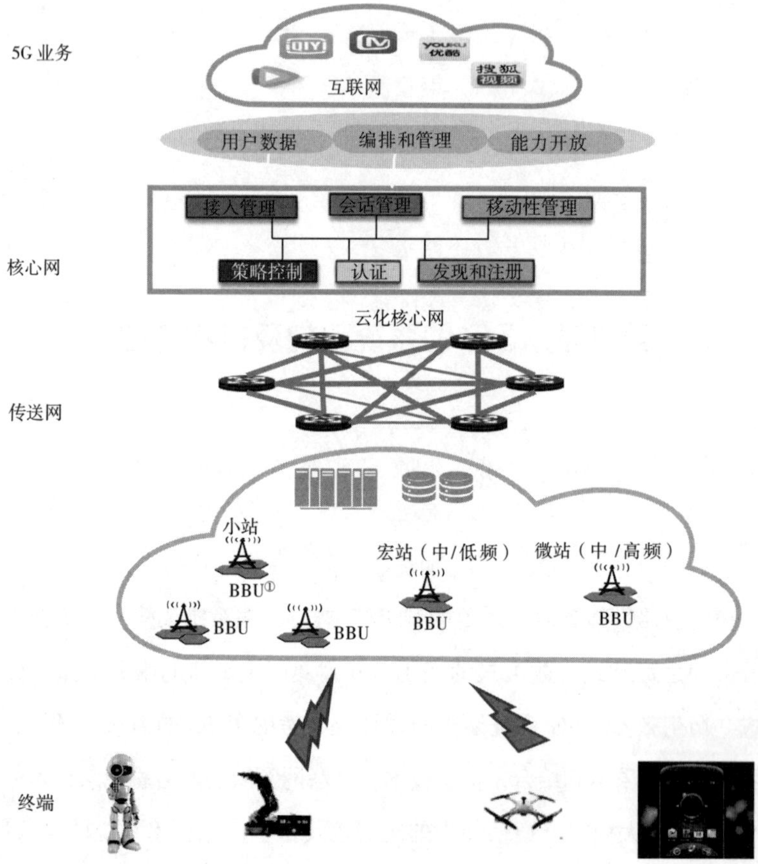

注：① BBU 意为基带处理单元。

图 6–1　5G 系统示意图

5G 终端形态多样，并涵盖各行各业。相对 2G、3G、4G 时期单一的终端形态，5G 终端可以是面向大众个人用户的智能手机，也可以是 VR/AR 眼镜，还可以是无人机、机器人等新形态。终端的能力也将大大增强，如 eMBB 终端，为了实现更高速率，将支持两发四收（两个发射、四个接收）的多天线。

接入网引入了 CU–DU（集中单元 – 分布单元）分离的新型架构，以实现无线资源的集中控制和协作，使组网方式更加灵活。为降低空口时延，提升用户体验，5G 空口采用新型的灵活帧结构设计，加快上下行转换，减少等待时间，同时子载波带宽增大，最小调度资源的时长减少。此外，通过采用新型的波束管理、新参考信号、新编码，采用更多的天线、更大的带宽，全面提升 5G 无线网的能力。

5G 传送网通过引入 SDN，实现全局视角智能调度，达到智慧运维的目的。引入 SPN（切片分组网），助力实现端到端的网络切片。5G 传送网采用很多新型技术，进一步降低网络时延，提高交换容量（核心层由 640GB 提升到 12.8TB）。

5G 核心网从信息技术化、互联网化、极简化、服务化 4 个系统设计理念出发，推进了架构的变革。信息技术化的设计可以利用低成本、统一的基础设施，实现灵活的资源管理和功能的部署。互联网化的设计使刚性的网络变得更加柔性、更加灵活，从固定网元、固定连接到动态配置、灵活连接。极简化的设计大大提升转发面效率、控制面的容量。服务化的新架构可以面向不同垂直行业场景，进行按需配置，实现网络切片和边缘计算。

无线关键技术

面向多样化的业务需求，5G 无线网络进行了全新的设计，具备新架构、新设计、新频段、新天线四大关键技术特征。

新架构（CU–DU 架构）

无线系统的架构在 3G、4G、5G 中经过了一系列的改动。在 3G 中核心网通过 RNC（无线网络控制器）节点控制基站，而在 4G 中为了降低时延，将 RNC 节点去除，改为基站直接接入核心网。由于 5G 时代提出了新的组网需求，包括多基站协同、网络能力开放、超低时延传输等，在5G中引入了CU–DU的网络架构（见图6–2）。其中，CU（集中单元）负责完成实时性较低的高层协议栈功能［RRC（无线资源控制）和PDCP（分组数据汇聚协议）层］，而DU（分布单元）完成实时性较强的低层协议栈功能［RLC（无线链路层控制）、MAC（数据链路层）、PHY（物理层）、RF（无线射频）层］（见图6–3）。

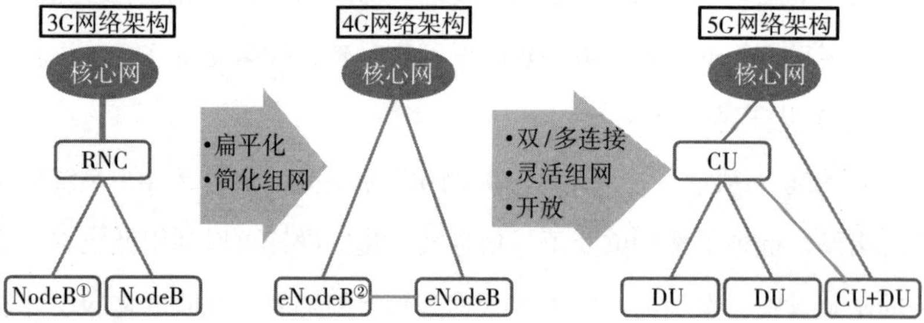

注：① NodeB为3G基站名称。
② eNodeB为4G基站名称。

图6–2 无线网架构演进

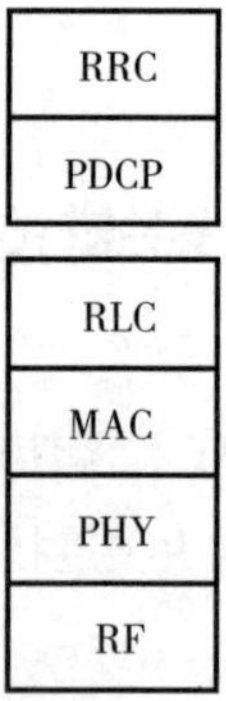

图6–3 CU–DU功能分割

从多基站协同的角度来看，使用CU–DU的架构也能够较好地契合多基站信息协作的结构。更广泛地说，对于任何异构网（宏站+微站）的部署场景，CU–DU的架构都能够在多基站协同方面发挥作用，从而提升空口性能。

在实际部署中，CU–DU 可采用较为灵活的部署方式，既可以采用 CU、DU 合设的方式，也可以采用 CU、DU 分离的方式（见图 6–4）。当 CU、DU 合设时，可采用专用硬件架构，实际功能上类似于传统的 BBU（基带处理单元），由主控板和基带板组成。当 CU、DU 合设时，CU 和 DU 一般只能采用同厂商的设备。当 CU、DU 采用分离方式部署时，CU 和 DU 可能采用不同厂商的设备，此时 CU 必须采用标准规定的接口。当 CU、DU 分离时，一般建议 CU 可使用通用服务器架构。

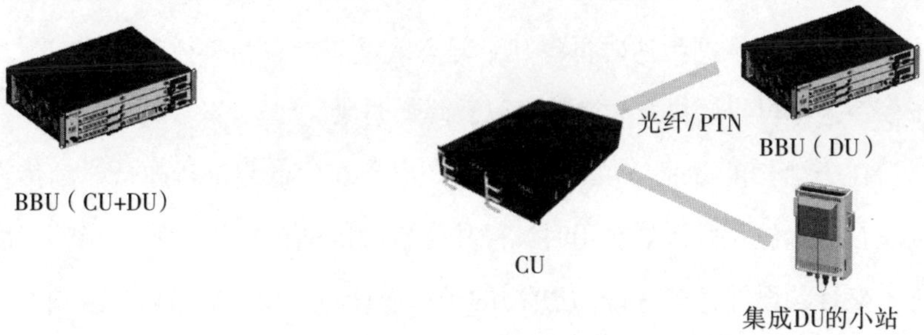

图 6–4 CU、DU 的实际部署形态（合设与分离）

新设计（灵活帧结构）

5G 无线网的另一项新变革在于引入了灵活的帧结构，使用统一的空口设计满足不同频段（中低频和毫米波）、不同场景（eMBB 和 uRLLC）以及不同双工方式（TDD 和 FDD）的需求。相比 4G 相对固定的帧结构，5G 帧结构可以采用多种参数（上下行配比、子载波带宽、系统带宽等）灵活适配不同的需求。

在系统带宽方面，4G 单载波最大带宽为 20MHz，5G 则引入了更大的系统带宽：在 6GHz 以下的中低频段系统中，5G 最大系统带宽为 100MHz；在毫米波频段中，5G 最大系统带宽为 400MHz。系统带宽的增加可以有效应对 5G 频段普遍带宽较大的场景［如 3.5G 载频有

200MHz 带宽，毫米波频段经常有吉赫（GHz）级的带宽］，避免不必要的过多的载波聚合。

在子载波带宽方面，4G 采用的是固定 15KHz① 的子载波带宽。在 5G 系统中有多种子载波带宽可选：在 6GHz 以下的中低频段系统中，可选用 15KHz、30KHz、60KHz 的子载波带宽进行数据传输；在毫米波系统中，可选用 60KHz、120KHz 的子载波带宽进行数据传输。

在帧结构方面，4G 采用的是静态帧结构，5G 中采用的是可配置的静态或半静态帧结构。更进一步，5G 系统中还可以配置部分子帧为灵活子帧，当实际数据到达时再将其半静态或动态配置为具体的上行或下行子帧，这样可有效提升频谱效率以及降低时延。

在子帧长度方面，在 5G 系统中，出于在中低频进行超低时延传输以及在毫米波频段有效利用时域碎片化资源的动机，相比 LTE 子帧长度为 1 毫秒的设计，5G 引入了更短的子帧设计，长度最短可以缩减到 LTE 的 1/7。短帧不单单是满足国际电信联盟 1 毫秒用户面时延需求所必需的技术手段，而且在后续车联网以及工业互联网的应用中也是必不可少的技术手段之一。

新频段（多频段协同）

多频段协同主要包含三个方面：一是高中低频段联合组网；二是 5G 与 4G 频段之间的交互，即 SA 与 NSA 方式；三是使用多频段联合传输，确保上行覆盖。

一是针对高中低频段联合组网，5G 的生态系统覆盖了从几百兆赫（MHz）到几十吉赫的载频范围，这些载频都有各自不同的特性，适用于不同的场景。一般来说，5G 频段大致可以划分为三个不同的范围。

---

① 1KHz = 1 000Hz。——编者注

- 低频段（一般为 2.5GHz 以下，例如 700MHz、900MHz、1 800MHz 频段）：此频段的网络部署与 4G 的 FDD 部署类似；带宽较小（20MHz），天线数目较少（2~4 通道），其主要功能在于提供连续覆盖，保证深度覆盖，提供移动性管理以及控制面切换等。
- 中频段（一般为 2.5~6GHz，例如 2.6GHz、3.5GHz、4.9GHz 频段）：此频段的网络部署与 4G 的 TDD 部署类似：带宽较大（如 100~200MHz），天线数目较多（8~64 通道），其主要功能在于提供基础覆盖，保证全网平均性能。
- 高频段（一般指 6GHz 以上的频段，如 24GHz、37GHz 频段）：此频段的网络部署为全新的部署形态，带宽极大（通常上吉赫级的带宽），天线数目极多（例如 1 024 天线阵列，通过模拟移相器方式降低通道数量），其主要部署在热点、室内区域，确保单点区域极致体验性能。

5G 的组网需要考虑以上三种频段的不同特性，通过混合组网的形式尽可能地提高用户体验与保证部署效率。

二是 5G 与 4G 频段之间的协同方面，不同于以往 4G 只有单独组网的唯一方案，5G 中引入了两种不同的组网方式，即 SA 模式与 NSA 模式，两种组网模式下也涉及不同频段的协同工作。在 SA 模式下，5G 用户一般驻留在 5G 上，只有当进入无 5G 覆盖的区域时，用户才会回落到 4G 上，在 5G 与 4G 之间主要通过核心网交互，这属于 4G 与 5G 松耦合的组网方式。在 NSA 模式下，用户驻留在 4G 上，即在空闲态下从 4G 接收控制面信令，当用户数据到达时，通过 4G 为用户配置可用的 5G 并进行相应的数据传输，属于 4G 与 5G 紧耦合的组网方式（见图 6–5）。

SA 与 NSA 方式各有优缺点。SA 可以更好地支持网络切片，而且可以使用一些 5G 特有的控制面设计，但是需要全新的 5G 核心网，其部署依赖 5G 核心网的产业成熟度。NSA 的标准、无线、终端的产业成熟度均较好，部署快速，但是其难以支持网络切片等先进特性，控制面时延等指标也有待产品和标准的进一步优化。

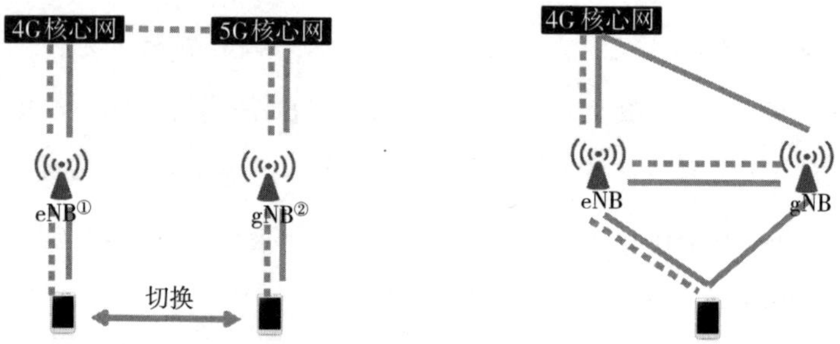

注：① eNB 即 eNodeB，为 4G 基站名称。

② gNB 为 5G 基站名称。

图 6–5　SA 模式（左）和 NSA 模式（右）示意图

三是多频段联合传输方面，在大带宽系统中，由于终端发送功率有限，5G 系统的上行边缘速率与 4G 系统类似，这可能会成为整个系统性能的瓶颈与短板。5G 中提高上行边缘速率的方法主要是使用更低频率的载波来进行上行传输。在 NSA 情况下，天然地可以使用 4G 载波增强 5G 更高频段的上行性能，通过上行分流的技术即可将 4G 和 5G 的上行载波联合进行上行数据传输。在 SA 情况下，情况较为复杂。一种方法是增强终端，如加入高功率和双发等特性；另一种方法是类似于 NSA 的模式，从 4G 载波中截取一段进行 5G 的上行传输，这一方法称为上行增补载波。

新天线（大规模天线）

大规模天线是 5G 系统的一个重要特征。相比 4G 系统 2~8 天线的设计，在 5G 中 16/32/64 等通道的设备在中频段成为主流（见图 6–6）。在毫米波频段，更多的天线是主流设计，考虑到成本问题，毫米波频段还需要使用移相器等模拟器件来降低通道数，以达到控制成本的目的。

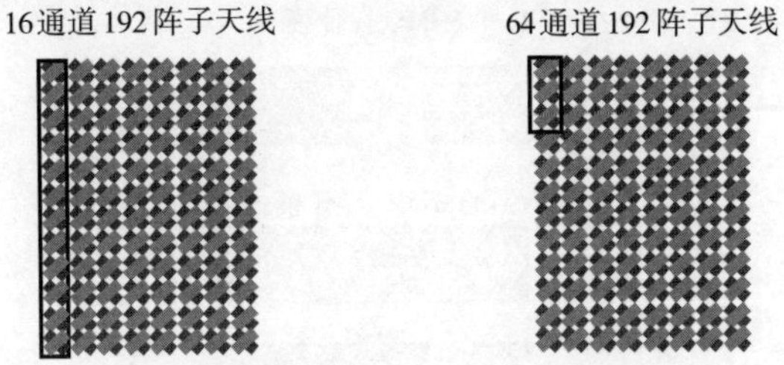

图 6–6　5G 天线形态（16/64 通道）

在 5G 的系统设计中，针对大规模天线主要有三项优化。

第一项是初始接入信道赋形，5G 系统引入了多波束初始接入的功能，使初始接入和数据传输能够达到相对平衡的覆盖范围（见图 6–7）。不过，引入多波束接入也在一定程度上增加了系统的复杂度，包括切换与测量时具体测量哪些波束等问题，也都在标准中进行了详细的定义。

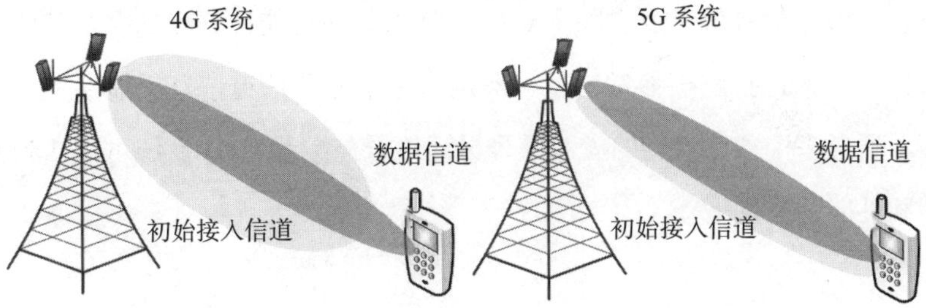

图 6–7　初始接入信道赋形

第二项优化是 MIMO（多输入多输出）的混合操作模式。在 4G 系统中有两种 MIMO 的操作模式：第一种是基于信道互易性的赋形，即通过测量上行参考信号得到信道信息并赋形；第二种是基于码本的赋形，即通过终端反馈得到信道信息并赋形，这两种模式各有优缺点。在 5G 系统中，主要使用的 MIMO 操作模式是这两种模式的混合，即首先通过信道互易性将高维信道（如 16/64 通道）降为低维信道（如两通道），然后通过码本进行反馈（见图 6–8）。

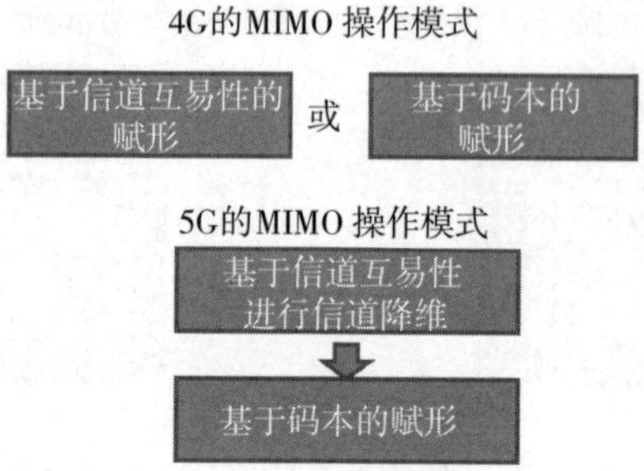

图 6-8　5G 的增强 MIMO 操作模式

第三项优化是参考信号的全新设计。4G 系统中最主要的参考信号是 CRS（公共参考信号），其承担了大部分参考信号的系统功能，包括精同步、解调、反馈和测量等，是 4G 系统的核心设计。但是，随着天线数目的增长以及异构网络拓扑的引入，CRS 的缺陷也逐渐显现，包括多天线下的开销、邻小区干扰、前向兼容困难等。鉴于此，在设计之初 5G 系统的参考信号就有意去除了 CRS，其承载的功能被分配到多个其他参考信号中，包括跟踪参考信号、解调参考信号和信道信息反馈参考信号等。通过多个独立功能的参考信号灵活组合与配置，5G 系统可以达到开销和性能的最优平衡。

网络关键技术

5G 网络架构变革的主要标志是核心网架构的变化。和 4G 相比，5G 核心网在架构、平台、功能、协议等领域实现了革命性变化，其支撑 5G 实现网络的个性化、服务化、大容量、高性能和低成本，具体体现为以下 4 个方面。

信息技术化：面向云计算基础设施的发展方向，引入功能软件化、计算和数据分离等代表性的信息技术。传统形态各异的专有网络设备，即“网元”，在 5G 时期变成了可部署在云里的“网络功能”。

互联网化：从网元间固定连接的“刚性网络”发展为可动态调整的“柔性网络”。引入了基于服务的架构、新的基于HTTP 2.0的核心网协议体系。

极简化：“大道至简”，5G要实现数据转发和用户接入数的“大道”，就需要极简的架构及功能设计，从而尽可能地提升数据转发性能、网络控制的灵活性。

服务化：5G网络的设计是面向垂直行业，其技术的核心是实现“网络即服务”。通过网络切片、边缘计算、低时延大连接等实现网络从通用化服务到个性化、定制化服务的转变。

5G核心网的架构标准由国际标准化组织3GPP定义。中国移动在3GPP的5G架构研究项目和正式标准化项目中均承担了报告人的角色。中国移动牵头的“5G系统架构”国际标准项目获得了全球67家产业界合作伙伴的支持，这是第一次由中国公司完成一代移动通信网的架构设计。

服务化架构

为实现面向未来近10年的5G业务发展，5G网络架构的设计考虑到面向未来的技术，SBA（服务化架构）应运而生。

5G的控制面基于云计算来部署是业界的共识，这就需要面向“云原生”来定义5G核心网的控制面。基于微服务重构控制面，让上层的网络功能符合底层的云计算基础设施，是服务化架构的设计驱动力之一。

服务化架构将复杂的“单体网元”解耦成模块化的“服务”，从而实现独立升级、灰度发布，进而大大提升网络敏捷性。这意味着每一个单体的网络功能都由若干个服务组成。网络功能的定制和引入如同搭积木一样：让小的服务模块按需组成系统化的网络架构。这些服务模块是将移动通信网的业务逻辑按照“自包含、可重用、独立生命周期管理”

三个原则来划分的。“自包含”是指每个服务所维护管理的上下文存储是解耦的；“可重用”是指每个网络服务在不同的业务流程中可以被重复调用；“独立生命周期管理”是指这些服务能够独立升级和发布。

5G 核心网的 SBA 是 5G 时代在网络架构方面一项颠覆性的变革，具备灵活可编排、解耦、开放等传统网络架构所无法比拟的优点，是 5G 时代迅速满足垂直行业需求的一个重要手段。

核心网的黑盒子已经被打开，依托于 SBA 的 5G 核心网，移动通信网络一定会在未来的万物互联之路上展现出巨大的能力。美国电话电报公司实验室部门总裁兼首席技术官安德烈·富奇在 3GPP 的 5G 第一版标准发布后的博客上写道：“Software + 5G = A Perfect Match。”（软件 +5G= 完美搭配。）

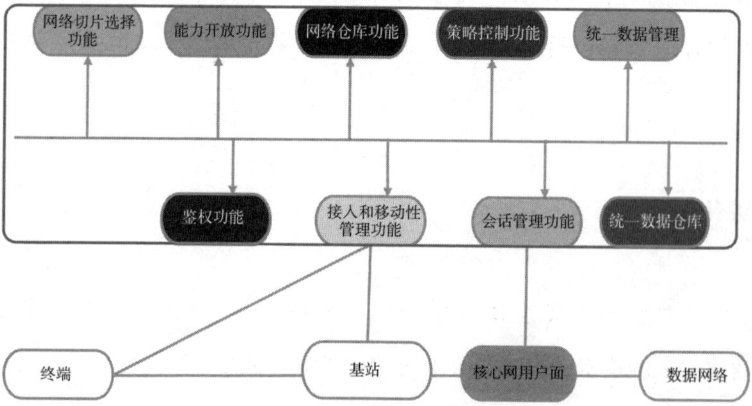

图 6–9　5G 网络架构

软件化架构

NFV 和 SDN 推动了传统上基于软硬一体化设备的通信网络的转型，5G 核心网将基于通用设备、云化基础设施和虚拟化（容器化）网元的软件化架构实现。5G 网元间的网络将基于 SDN 实现网络的快速开通、配置。

NFV 是实现通信网络软硬件解耦的核心技术，通过通用服务器和虚拟化技术，NFV 将硬件与网元功能彻底解耦，网元功能以软件的形式存在，其支持快速创建、动态迁移、灵活扩缩容，大大提升了网络的灵活性。通过与大数据和人工智能结合，软件化的网络将进一步走向智能化。SDN 实现了网络设备的转控分离，控制面集中建设，成为下一代网络的大脑，转发面分散，灵活而快速地卸载网络流量。SDN 架构提供了网络连接的开放能力，提高了网络连接和转发的灵活性，为网络连接的优化和资源动态调整提供了技术基础。

NFV 和 SDN 技术彻底颠覆了传统通信网络的形态。5G 网络的物理架构将基于一个个标准化的数据中心节点构成，其逻辑架构是软硬解耦的，软件化的 5G 网元承载在统一的云基础设施上，基础设施资源进而可以充分共享。5G 网络将具备全网、全域的统一管理编排调度能力，实现网络的全生命周期管理，同时 5G 网络可灵活配置和调整数据中心内部及跨数据中心的网络连接与路由。网络将形成内生的开放架构，开放能力将进一步得到增强，面向客户的服务则可以快速上线。

新一代核心网协议体系

“工欲善其事，必先利其器。”每一代通信系统都有与之适应的协议体系。继 3GPP 确立了 5G 采用 SBA 作为 5G 核心网的基础架构后，5G 核心网控制面网络功能间的接口协议设计成了 SBA 标准进一步落地的关键。SBA 接口涉及多个层次的协议选择，即传输层、应用层、API（应用程序编辑接口）设计方式、序列化方法、IDL（接口描述语言），每个协议都有众多备选。经过产业界的深入分析及热烈讨论，最终确定了以 TCP（传输控制协议）、HTTP 2.0、JSON（JavaScript[①] 对象标记）、

① JaveScript，一种脚本语言。——编者注

RESTful（表征状态转移）、OpenAPI 3.0（开放应用编程接口 3.0）的组合为基础的服务化接口协议体系（见图 6–10）。

协议栈	选择结果
IDL	OpenAPI3.0
序列化协议	JSON
API设计方式	RESTful
应用层	HTTP 2.0
传输层	TCP

图 6–10　服务化接口协议体系

TCP：它是一种面向连接的、可靠的、基于字节流的传输层通信协议。在简化的计算机网络 OSI（开放式系统互联）模型中，它完成第四层传输层所指定的功能。在互联网协议族中，TCP 层位于网络层之上、应用层之下的中间层。

HTTP 2.0：下一代 HTTP 协议。该协议由互联网工程任务组（IETF）的一个工作小组设计。HTTP 2.0 具有二进制分帧层、多路复用、服务端推送、头部压缩（HPACK）、应用层重置连接、请求优先级设置几大优势。

JSON：一种轻量级的数据交换格式。它采用完全独立于编程语言的文本格式来存储和表示数据。简洁和清晰的层次结构使得 JSON 成为理想的数据交换语言。这一格式易于人阅读和编写，同时也易于机器解析和生成，并能有效提升网络传输效率。

RESTful（简称 REST）：它描述了一个架构样式的网络系统，是一种软件架构风格、设计风格，提供了一组设计原则和约束条件。在目前主流的三种网络服务交互方案中，相比 SOAP（简单对象访问协议）以及 XML–RPC（可扩展标记语言 – 远程过程调用），RESTful 更加简单明了，无论是对 URL（统一资源定位符）的处理还是对 Payload（有效载荷）的编码，RESTful 都倾向于用更加简单轻量的方法设计和实现。

OpenAPI 3.0：它为 RESTful API 定义了一个与语言无关的标准接口。在不需要访问源代码、文档或通过网络流量检查的情况下，人和计算机能够通过它发现并理解服务的功能。基于合适的定义，消费者可以使用最简单的实现逻辑来理解远程服务并与之交互。

和传统电信网络特有的协议簇 Diameter、GTP 协议相比，新的协议体系能够实现快速部署、连续集成和发布新的网络功能与服务、便于运营商自有或第三方业务开发。

控制面和用户面分离

传统移动网络中，网元中同时具有控制面和用户面的能力。近年来，随着 SDN 技术的兴起，在设计 5G 架构时，架构功能的设计得到重新审视。如同 SDN 的核心理念一样，控制面和用户面的功能分离使得 5G 网络在两方面具有一定优势：控制面集中部署、集中管控、优化重组，用户面功能简化、灵活部署、高效转发。

控制面和用户面的功能分离使控制面和用户面的功能进行了优化的重组。例如，4G 网络中分散在多个网元中的会话管理相关功能剥离出来，集中到一起演变为 5G 的会话管理功能。

控制面和用户面的功能分离使网络架构进一步扁平化成为可能。如图 6–11 所示，移动网架构从 2G/3G 的四层转发，到 4G 时代 eNodeB、

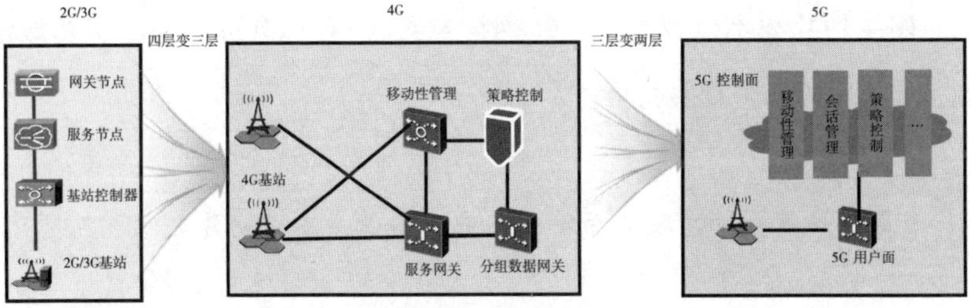

图 6–11　5G 核心网控制面和用户面的功能分离及架构的扁平化

S–GW（服务网关）、P–GW（公共数据网网关）的三层转发。到5G时，从基站出来的数据流量可以直接传输到用户面网关的二层转发。更加扁平的架构为网络带来了更短的路径、更低的时延、更高的效率。

网络切片

网络切片是基于统一基础设施、统一的网络资源提供“端到端”逻辑或物理的“专用网络”。这使得4G由“一网多用”转换到5G的“多网专用”。4G是面向“人网”设计的，这使得网络在扩展到“物网”时，面向差异化的网络能力和指标，使用一张网来服务的效率降低。5G时代，网络切片可以把一张网络虚拟成多个不同的网络实现“多网专用”。网络切片是5G区别于4G的标志性技术，通过逻辑“专网”服务垂直行业，是未来运营商拓展行业客户、催生新型业务、提高网络价值的有力抓手。

网络切片是“端到端”的网络能力，涉及终端、无线接入网、传输承载网及核心网等方面。实现“端到端”的网络切片能力，终端、无线接入网、传输承载网、核心网及管理侧的各域协同至关重要。终端需要具备识别不同业务，并携带相应网络切片标识接入网络的能力。无线网需要具备网络切片粒度的资源按需调度能力。传输网需要实现基于时隙传输等方法的时分网络切片。核心网作为实现端到端切片的关键和端到端管理的中枢，按需组合不同的网络功能，灵活构建核心网网络切片。

网络切片绝不仅仅是一个“网络专线”，它具有资源隔离、功能定制、质量保障三个重要特征。

- 资源隔离：切片服务于特定的应用场景，不同切片之间相互隔离，互不影响。
- 功能定制：网络能力可定制、网络性能可定制、接入方式可定制、

服务范围 / 部署策略可定制。

- 质量保障：按照垂直行业需求，满足其 SLA（服务等级协议）要求。

自动化运营是实现网络切片灵活运营的必然要求。传统的网络管理和运营面向的是统一的网络基础设施，网络切片使移动网络和业务耦合。这就需要通过自动化的部署、管理、运营实现网络切片的灵活引入。

边缘计算

传统 2G、3G、4G 网络业务单一、服务对象单一、架构相对单一，控制集中、数据网关集中，导致无法满足超大流量、超低时延、灵活业务部署的要求。对“边缘计算”的支持是 5G 的核心能力之一。这要求流量能够在网络中靠近用户的位置进行就近分流和路由（见图 6–12）。

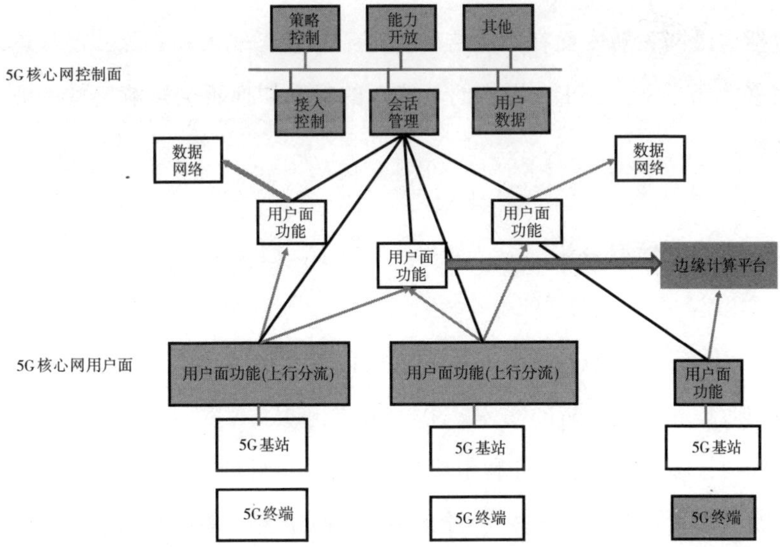

图 6–12　支持“边缘计算”的本地分流架构

5G 支持边缘计算的本地分流能力，有如下几方面。

第一，通过发送的数据包目的 IP（互联网协议）地址进行分流。5G 用户面网关根据网络配置的本地分流策略，通过检查数据包的目的 IP 地址、端口号或 URL，判断数据包是否需要本地转发，此方案主要针对上行业务流。

第二，通过数据包源 IP 地址进行分流。5G 用户面网关根据网络配置的分流策略，通过识别数据包的源 IP 地址、端口号，对需要进行本地卸载的数据包进行本地分流。此方案需要 5G 核心网将数据流识别分类能力配置给终端，即终端通过判断业务类型，选择合适的源 IP 地址。

第三，LADN（本地数据网）管理能力。5G 核心网将边缘计算业务的服务范围配置到终端。当终端到达本地数据网络的覆盖范围时，通过使用 LADN APN（接入点名称），网络可自主发起本地 PDU（协议数据单元）会话，当终端移出本地数据网络的覆盖范围时，网络自动中断其本地会话数据。

这些本地分流能力需要网络对业务数据的转发路径进行动态管理，包括边缘网关转发面在数据传输通道上的动态加入和移除，确保终端在移动场景下，UPF（用户面功能）的频繁切换不会影响终端的业务体验。

5G 网络大数据分析

5G 核心网中首次引入 NWDAF，开启了网络智能化之路。作为网络数据收集和智能分析的实体，NWDAF 能够从 5G 的网络功能层、应用层和网管层获取数据，并利用智能化的算法进行计算、模型训练、推理判断、预测等工作。这些分析的结果能够输出给所有被授权使用的数据消费者，实现网络智能化应用。

基于 NWDAF 的智能化网络新架构实现了数据源、数据分析、数据应用三方面的演进。

- 数据源演进：从数据分散、相互之间无关联、无统一收集接口，到采用标准服务化接口收集数据，所有 5G 系统内的网元，包括终端、接入网、核心网、网管层甚至业务层都可作为数据源；
- 数据分析演进：从单领域简单的数据分析，到跨领域基于 5G 应用场景的用户体验的分析，基于新的能力运营商可按需自定义分析任务；
- 数据应用演进：从封闭的可视系统到智能闭环系统，开放标准服务化 API 查询接口，使 NWDAF 可满足订阅特定分析结果。

NWDAF 的引入，通过对用户签约数据、网络数据、业务数据的全面采集、智能分析和灵活输出，打通了网络中的多个领域。这将有利于实现 5G 网络自优、自治、自愈的智能闭环优化能力，对 5G 网络发展、业务拓展与保障、多样化需求的满足以及运营运维都至关重要。

更全面的 5G 安全能力

移动通信网络是国家重要基础设施，保障网络信息安全是维护国家安全、社会稳定的必要条件，我们在享受信息革命浪潮带来的机遇的同时也必须直面其对网络安全的挑战。5G 通信不仅考虑人与人之间的通信，而且将考虑人与物、物与物之间的通信，世界由此进入万物互联的状态。这种情况下，5G 认证面临着新的安全需求。

5G 在个人信息、网络信息方面进一步加强了安全能力。5G 引入了对用户身份的进一步增强保护，用户的永久身份不在空中接口上进行传输，拜访网络还需要从归属网络获得用户的身份信息。这就导致拜访网络和用户终端之间无法直接对身份信息进行确认。在网络架构上，在运营商网络内传输时，网络的信令可根据运营商网络的情况进行加密。在漫游时，在跨运营商信令传输时，5G 会对跨运营商的网络信令的传输进行安全保障。此外，在用户数据传输上 5G 也可根据安全要求对传输的数据包进行接入网和核心网间的加密。总之，5G 在用户信息、信令控制、数据传输、漫游架构方面都对安全能力进行了增强。

传统认证机制下，拜访地、归属地的两级移动网络架构下的认证机制要求归属网络无条件信任拜访网络的认证结果。随着网络的发展，传统认证机制出现了越来越多的安全隐患，拜访网络和归属网络之间的信任程度在不断降低。5G 认证加强了归属网络对用户终端的认证能力，使其摆脱对拜访网络的依赖，实现用户在归属地和拜访地等不同地点间的认证机制统一。

面向垂直行业的定制化安全要求，5G 网络可以提供专有的更增强的安全服务能力。通过网络切片技术，对其中的行业客户提供更全面的安全能力，比如网络层的二次认证的方式，从而实现为特定的业务提供数据通道建立前的认证机制。在该认证过程中，5G 网络第一次使用了非运营商控制的信任状的要求。

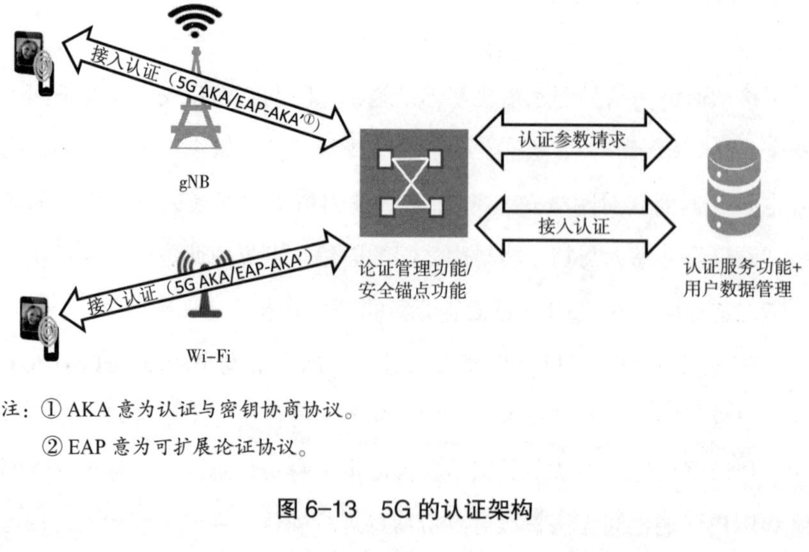

注：① AKA 意为认证与密钥协商协议。

② EAP 意为可扩展论证协议。

图 6-13　5G 的认证架构

总体说来，5G 一方面打造安全的 5G 网络，包括更全面的数据安全保护、更丰富的认证机制支持、更严密的用户隐私保护，以及更灵活的网间信息保护；另一方面针对不同的行业安全策略与安全需求，从组网、隔离性、密码算法、认证机制等方面提供定制化的安全配置。由此，5G 可以实现为各行各业提供有保障的、灵活可定制的安全服务。

传输关键技术

作为无线与核心网的“联络员”，传输网络肩负着高效业务传送的重要使命。5G 多样化的业务应用，无线新空口的引入以及新核心网的部署，对传输网络提出了新的要求。

- 更大网络容量：为了支持持续发展的视频、全息和 VR 等应用，传输网络需提供大带宽，以实现每个用户大于 1Gbps 的吞吐量能力。
- 更低时延：为满足交互式体验和工业控制领域的严格要求，传输网络需实现小于 1 毫秒的端到端时延。
- 灵活连接：5G 连接总量增长数十倍，为了满足多方向的流量调度要求，传输网络需支持灵活连接。
- 管道能力开放：为满足跨多领域端到端业务管控，传输需要将管道能力开放出来，供协同编排层进行调用。
- 管道切片能力：针对多样化的业务，运营商不可能为每种业务都构建单独的网络，未来传输网络需要具备动态切片的能力，为不同业务做不同的网络切片。
- 高可靠性：为满足 AR、工业控制、远程医疗等新业务对超高可靠性的要求，传输网需提供高可靠性连接。
- 智能运维：未来传输网络承载的业务模型会发生根本性的改变，网络切片、灵活连接等新的特征需要传输网络具备更为智能化的网络运维能力，以降低网络运营成本。

切片分组网络的理念及架构

面对5G业务新需求，现有的4G传输设备已然无法满足要求，基于此，中国移动自主创新提出传输新设备SPN以适应5G业务变化。SPN是基于SR–TP（源路由传送子集）、切片以太网和波分的新一代端到端分层交换网络，具备业务灵活调度、高可靠性、超低时延、超高精度时钟、软硬切片、易运维等属性。SPN将统计复用、时分复用、波分复用等技术有机结合在一起，是面向5G的全新传输网技术。SPN基于一系列技术理念实现强大的综合业务承载能力。

- 以太网内核：基于以太网技术（IEEE 802.3[①]以太网、OIF[②]弹性以太网、创新分片以太网）实现，可以共用以太网产业链。
- 多层网络技术融合：基于光层、以太网层、网络层的高效融合，实现从L0~L3的多层次组网。
- 软硬分片：同时提供“高可靠硬隔离的硬分片”和“弹性可扩展的软分片”，具备在一张物理网络进行资源切片隔离，形成多个虚拟网络，为多种业务提供基于差异化的SLA能力。
- SDN集中管控：基于SDN理念，利用集中的控制器实现对传输设备的统一管控。
- 电信级可靠性：基于多层网络的分层OAM（操作维护管理）和保护能力，实现传输网络的全方位监控和业务保障，满足电信级网络要求。
- 高精度同步：基于带内同步传输能力，实现高可靠、高精度、高

① IEEE 802.3，指以太协议族。

② OIF，指光互联网络论坛。

效率的时钟和时间同步传输能力。

SPN 技术总体架构由切片分组层（SPL）、切片通道层（SCL）、切片传送层（STL），以及时钟 / 时间同步功能模块和 SDN 控制功能模块组成（见图 6–14）。

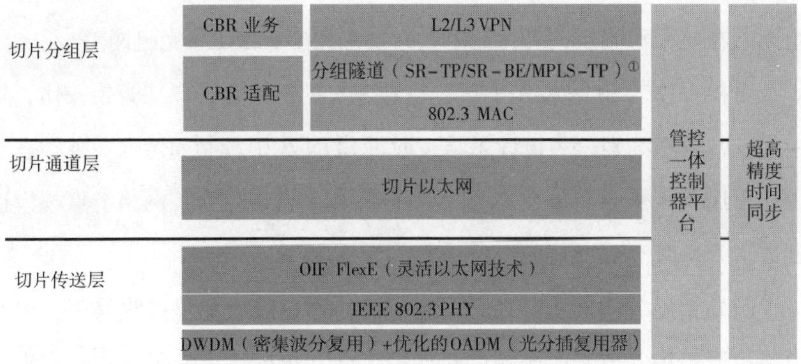

注：① SR–TP，指基于流量工程的段路由传送子集；SR–BE，指基于尽力转发的段路由；MPLS–TP，指 MPLS 传送子集。

图 6–14　SPN 技术架构分层模型

切片分组层：该层实现统计复用，可提供 L2 VPN、L3 VPN、CBR（固定比特速率）透传等多种业务。与现有 PTN（分组传送网）采用 MPLS–TP 隧道不同的是，SPN 采用基于 SR（源路由技术）增强的 SR–TP 隧道。SR 在隧道源节点通过一系列表征拓扑路径的段信息（多协议标签交换）来指示隧道转发路径。相比传统隧道技术，SR 隧道不需要在中间节点上维护隧道路径状态信息，提升隧道路径调整的灵活性和网络可编程能力。SR–TP 隧道是在 SR 技术的基础上进行扩展，增加了端到端标识业务流的标签，实现端到端 OAM 检测，增加了运维能力。

切片通道层：该层实现时分复用。与 OTN（光传送网）设备不同的是，SPN 通过创新的切片以太网技术，基于 66B 码块实现轻量级 TDM（时分复用）交叉，完成时隙化处理，为业务提供端到端的硬管道。基于切片以太网通道提供 OAM 和保护功能，实现端到端的切片通道层的性能检测和故障恢复能力。

切片传送层：该层基于 IEEE 802.3 以太网物理层技术和 OIF FlexE 技术，实现高效的大带宽传送能力。OIF FlexE 技术可以通过端口绑定实现大带宽，也可以通过时隙划分实现灵活带宽。光层可以采用灰光或者 DWDM（密集型光波分复用），在接入层，带宽需求不大时可采用灰光组网，在核心汇聚层，带宽需求大时可采用 DWDM 彩光组网。

管控一体的 SDN 控制平台：将管理与控制结合，以“管控一体，集中为主，分布为辅”为设计思路，通过 SDN 集中控制面增强业务动态能力，采用云化平台构建 SDN 管控一体控制平台，可管控网络节点规模达到数十万量级。

超高精度时间同步：在时间源方面，通过降低卫星接收噪声，提升卫星授时精度，改善时间源的长期稳定性和短期稳定性等方式，实现超高精度时间基准源；在传输节点方面，通过对光模块、芯片等内部时延处理的不断优化，提升单节点的时间误差精度。

SPN 的关键技术

切片以太网

SPN 架构中创新提出切片以太网技术，这一架构基于原生的以太内核扩展以太网切片能力，既完全兼容当前以太网络，又避免报文经过 L2/L3 存储查表，实现轻量级的 TDM，主要包括：

- 基于以太网码块的交叉技术：基于以太网 64/66B 码块的交叉技术，实现极低的转发时延和隔离效果。
- 按需端到端 OAM 技术：基于 IEEE 802.3 码块扩展，采用 IDLE（物理层空闲帧）替换原理，实现切片以太网通道 OAM 和保护功能，支撑端到端的以太网 L1 组网。

- 以太网业务透明映射技术：通过转码机制，实现对各类业务到切片以太网通道的透明映射。

高效大带宽

SPN 网络中，通过 FlexE 技术可以实现多路光接口绑定，可以在低成本、低速率光模块的基础上实现高速率的以太网接口，例如通过 4 个 200 千兆以太网接口的以太接口绑定，实现 800GB 的单端口容量。同时，通过 FlexE 绑定和 DWDM 技术的融合，SPN 系统可实现单纤 TB 级的传输容量。

确定性低时延

在实现业务报文转发时，传统分组设备需要在出口方向进行队列处理，从而导致分组网的时延很高，达到几十微秒的级别。在网络拥塞的情况下，时延更长，甚至可以达到毫秒级别，根本无法满足 5G 时代的低时延业务要求。5G 的 uRLLC 业务需要单节点具备毫秒级别的低转发时延。

分组低时延转发技术主要通过改善转发机制，通过报文的标识，对标识为低时延业务的报文进行快速转发，不进行队列处理，在转发此报文时，如果出方向接口上正在转发其他低优先级报文，系统就可以对其进行抢占，实时快速转发出去，从而实现快速转发。

基于切片以太网的低时延方案通过引入 SPN 通道和 SE–XC（切片以太网交叉）技术，将传统的存储转发方式革新为轻量级的 TDM 方式，用户报文在网络中间节点无须解析，业务流转发过程近乎实时完成，单节点转发时延可以优化到盒式设备 1 微秒级别。

灵活可靠连接

SPN 支持三种隧道技术：MPLS–TP、SRTP–BE、SRTP–TP。MPLS–

TP 作为传统分组网的隧道技术，在点到点连接方面已经非常成熟，是最佳的点到点连接技术；SRTP–BE 随着 IGP（内部网关协议）洪泛自动建立域内全连接，是最佳的 L3 VPN 域内全连接技术；SRTP–TP 适合点到点连接，由于隧道路径选择只在入口节点配置，因此其适合 SDN 方式控制。

超高精度同步

超高精度时间同步需要采用新的时间源技术和时间传送技术。应对新的网络构架，还需要新型接口的同步技术，以及控制层面的同步维护管理技术。

超高精度时间基准源需要达到优于误差 30 纳秒的同步精度，可采用以下技术。

- 新型卫星接收技术：通过共模共视或者双频段接收等降低卫星接收噪声，提升卫星授时的精度。
- 高稳定频率源技术：单一时钟过渡到时钟组，例如铷钟组，提高稳定性，以及丢失卫星的时间保持能力。

为实现超高精度时间同步传送，可采用以下技术。

- 超高精度时间戳技术，使时间戳单元的精度优于误差 1 纳秒。
- 高稳定度和同步精度的时钟模块设计，为系统提供更精确、更稳定时钟，更精确的同步信号输出。
- PHY 延时精确测量和补偿技术。
- 系统延时精确设计和测量技术。
- 链路不对称延时精确测量和控制。利用单纤双向模块解决该问题。
- 更高精度同步测试协议和算法。

位于控制层面的智能时钟技术，能够为超高精度同步网的运行维护提供支撑，其核心功能有同步网自动规划、图形化动态同步状态查询、同步配置和运行状态检测和分析、智能故障定位、实时同步性能监控分析。

网络即服务

从 1G 到 5G，移动通信作为一种服务，其内涵发生了三次重大的跃迁：1G、2G 到 3G，服务内容从话音短信跃迁为基于流量的移动互联；3G 到 4G，服务能力从移动互联跃迁为移动宽带。如果说前两次跃迁是通信行业的内部改变，那么如今 5G 带来的第三次跃迁将是全局性、质变性的，移动通信将从服务大众转变为服务社会，从有限开放转变为内生开放，从标准化、长流程、孤立化服务转变为定制化、快捷化、端到端服务，可以说 5G 时代，网络本身已经成为服务，这就是 NaaS（网络即服务）。

在 5G 时代之前也有 NaaS 的概念，但是直到 5G 时代，NaaS 才真正能够从一个概念成为现实，这是因为 5G 颠覆性的架构、功能、性能能够支撑整个移动通信网络满足多场景、多指标需求，能够与各类新技术融合协同，进而支撑网络成为服务。具体到中国移动的实践角度，我们考虑从 5 个方面出发将 5G 打造成支持 NaaS 的核心基石：一是将实现城市室内外、乡镇农村、高铁沿线的全覆盖场景；二是加速推动 SA 目标方案的成熟与应用，充分发挥 5G 系统的能力；三是提供速率更高、时延更低的领先网络性能；四是充分利用 2.6GHz 和 4.9GHz 频谱资源，以及中国移动的站址资源，提供更优质的、差异化的 5G 服务；五是通过公网频谱局域专用、切片、边缘计算等技术，实现具有等级化隔离、定制化服务、通用化终端的定制化网络能力，这种定制化能力将使我们能够为行业客户提供企业专网服务。

我们可以从服务内容、服务对象和服务体验三个方面去理解5G带来的NaaS为何是一次不同于以往的跃迁。

首先，服务内容从有限通信业务转变为整个网络的资源、功能、服务。5G之前，移动通信网络主要是面向大众提供话音、短信、流量以及基于这些构成的通信业务，这是一种网络的有限开放，根据《通信4.0》提出的新通信马斯洛模型，这些业务主要满足通信需求的三个层次。5G时代，服务内容覆盖了从资源层面、功能层面到服务层面的网络全栈，网络具备了内生的开放性，网络拥有了满足新通信马斯洛模型上层需求的可能。在资源层面，因为NFV、SDN等技术的引入，网络管道资源、计算资源、存储资源可以被开放出来；在功能层面，电信功能成为VNF（虚拟网络功能）形态甚至是微服务的云原生形态，其他非电信功能也随着网络整体云化等成为可被开放的网络服务；在服务层面，网络服务不再限于通信，与5G紧密协同的人工智能、物联网、云计算、大数据、边缘计算等也可以构成网络服务的一部分。此外，5G时代的NaaS不仅扩展了服务内容，而且因为5G切片特性的存在，网络服务的这些内容可以根据不同的SLA需求、隔离需求、性能需求、部署需求等差异化提供，可以说5G NaaS给网络服务提升了一个维度。

其次，服务对象从大众用户扩展到一切。通信网络传统上提供的服务主要是满足大众用户对通信业务的直接使用需求。5G时代，由于网络具备了内生开放性，其服务对象范围大为扩展。一方面，网络资源、功能、服务均可以通过规范化的方式开放出来，并被个人开发者或者业务服务提供商用来构造业务，从而形成共赢发展的产业模式，这突破了传统上服务对象主要是最终用户的限制。另一方面，5G通信能力与人工智能、物联网、云计算、大数据、边缘计算等技术深度融合，提供全方位满足企业和行业客户需求的差异化定制网络与智能服务，并可以以此为根基进一步打造“5G+机器人”“5G+无人机”“5G+VR/AR”“5G+高清视频”等应用通用能力，进而形成繁荣共生的“5G+”生态级服务体系，最终实现多层能力“聚变”反应，赋能各行各业，这突破了传统上服务对象主要是大众用户的限制。

最后，服务体验得到极大提升。传统网络由于缺乏软件化和云化能力，业务从需求到上线需要一个长周期，并且由于缺乏全局协调能力，一个业务往往需要逐段、逐流程打通。此外，从整个网络来看，传统上网络更依赖标准去确保其互通性和一致性，而过于僵化的标准会限制网络的灵活定制能力。5G 时代，依托 NFV/SDN 的软件化和云化，网络服务可以实现根据需求快速上线、扩容、升级；依托统一的管理、协同、编排机制，网络服务能够做到端到端全局跨域的流程自动化；依托切片机制，服务内容可以实现网络能力的定制化提供。

基于 5G 的 NaaS，开启了通信网络对外服务、对外开放的新篇章。

第七章　5G+4G：打造高品质网络能力

在4G时代，中国移动已建设240多万个4G基站，服务了7亿多用户，建立了一张全球网络和客户规模最大、客户体验最佳的4G网络。网络的发展也带动了4G终端产业的同步发展，早在2014年，4G手机厂商数量就达到了50余家，在售机型达到300余款。根据IDC的预测，2019年手机出货总量将达到13.95亿台，其中4G手机仍将拥有约95.4%的市场份额，5G手机出货量仅占出货总量的0.5%；预计三年后手机出货量将增至15.42亿台，4G手机约占整个市场的71.4%，5G手机约占26%。通过以上数据，我们可以看到4G网络和4G终端已经非常成熟和完善，它们将在一定时间内普遍存在。

根据国际电信联盟的愿景，5G面向eMBB、uRLLC、mMTC三大场景，其将全面提升包括峰值速率、移动性、时延、频谱效率、体验速率、连接数密度、流量密度和能效在内的移动通信系统八大关键能力，同时满足“人与人通信”和“物与物连接”的需求，5G还将与超高清视频、VR/AR、车联网、工业物联网等垂直行业相结合，渗透到社会的各个领域。各国已开始对5G通信进行深入研究，组织5G网络和终端的试验验证，积极推动产业链的发展。以中国移动为例，2019 年中国移动将陆续开展小规模的 5G 试商用，2020 年，5G 将大规模商用，惠及更多区域和用户。

当前 4G 方兴未艾，而 5G 已经到来，两网的关系是我们发展 5G 时首先要考虑的问题。如何回答这个问题，我们将从移动网络的演进历史中找寻答案。

我们已经经历了移动通信技术从 1G 到 4G，演进历史为：2G 出现后快速替代了 1G，3G 出现后与 2G 并存了相当长时间，而 4G 出现后快速取代了 3G。我们总结其演进规律在于：在业务能力本质相同时，新一代系统将迅速取代前者，如 2G 提供与 1G 相同的语音业务，4G 提供与 3G 相同的数据业务；而在业务能力有质的差异时，两代系统将长期共存，如 3G 提供比 2G 有质的体验提升的数据业务。

5G 三大场景中，eMBB 与 4G 的 MBB（移动宽带）均为移动数据业务，而 uRLLC 和 mMTC 有着质的差异，基于以上“代际演进规律”，我们预计 5G 和 4G 将长期共存，因此运营商需考虑二者的协同发展思路，在二者共存期间，运营商既要利用 4G 网络现有优势，又要发挥 5G 网络全新能力，让两者发挥更大的合力，创造更多的价值。

5G 与 4G 网络能力协同，两网合一

与 4G 相比，5G 初期即可具备高速率、低时延能力，峰值速率可超 1Gbps，体验速率可达 100Mbps，面向垂直行业空口双向时延可低至 10 毫秒，后期增强后可支持 1 毫秒时延。而 4G 单小区峰值速率为 100Mbps，时延为 20 毫秒，两个网络的设计性能存在代差。目前 4G 经过多年的发展，已形成优秀的覆盖基础，可支持基础的视频浏览、上网等数据业务，这对语音等连续性要求较高的业务至关重要。但 5G 的网络建设、覆盖完善不会一蹴而就，而是需要一个逐步扩展和优化的过

程。因此，5G需与4G网络能力协同，而不是单独作为一张网络承载所有业务运行，两者需统一考虑其网络能力，作为一个整体来提供各类业务服务，一方面提供更好的业务服务质量，另一方面降低网络部署压力。

表7–1　各类业务需求

上行速率	需求（Mbps）	业务
A	＜10	小包
B	10~100	少量视频
C	＞100	多路高清视频

时延	需求（毫秒）	业务
A	＜20	产线监控
B	20~100	远程控制
C	＞100	常规eMBB

覆盖分类	需求	举例
A	常规覆盖	类似公网
B	超远覆盖	30千米以上
C	立体覆盖	100米以内低空
D	高空覆盖	1 000米以上

下行速率	需求（Mbps）	业务
A	＜100	视频交互
B	100~1000	
C	＞1 000	

可靠性	需求	特点
A	有	初传成功率高
B	无	常规eMBB

覆盖能力协同，是指分场景根据业务需求，部署4G/5G覆盖，在垂直行业、高流量、高业务需求区域部署5G网络，一般业务需求利用现有4G网络覆盖。5G上行覆盖受限区域考虑使用4G网络补充5G上行覆盖。

在NSA架构下，可以通过灵活的业务分流策略，实现4G和5G的协同，在不影响4G现网存量用户体验的情况下，充分发挥5G大带宽优势，为用户带来极致体验。以数据业务下行为例，可以采取灵活的分流策略，在充分发挥下行大带宽优势的同时，不影响存量用户体验（见图7–1）。同样地，NSA架构下，语音业务可以通过VoLTE（长期演进语音承载）支持，即语音仍然承载在4G网络下。

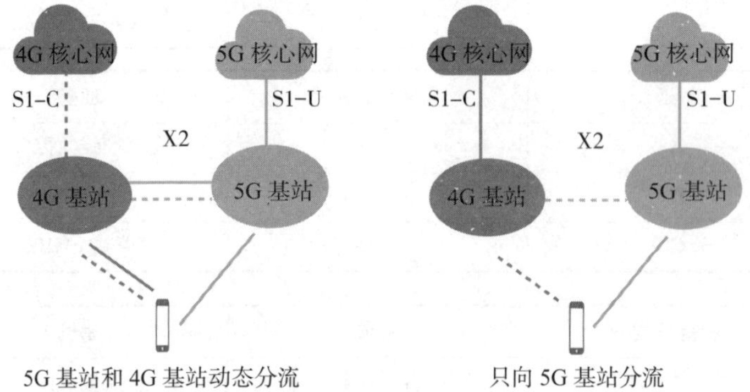

图7–1　数据业务下行灵活分流

业务能力协同是指按照不同的业务承载能力，4G/5G网络协同进行业务承载。比如3GPP R15协议已经明确，5G支持基于IMS（IP多媒体子系统）的VoNR（新空口承载语音）方案，但考虑到5G建网初期产业链准备度不足，也支持语音回落到4G VoLTE。因此，在NSA架构下，5G可以直接利用VoLTE承载语音，继承现网4G VoLTE语音方案（见图7–2）。而在SA架构下，如果5G开通VoNR，则语音优先承载在5G，在移动出5G覆盖区域时，语音则回落到VoLTE（见图7–3）。通过采用这种方案，数据与语音业务均在NR，用户体验更好，享受NR增益。在5G未开通VoNR的情况下，语音则直接回落到VoLTE，此种方案属于初期方案，与VoNR不冲突，但业务建立态直接回落，将增加接入时长，同时数据业务也将跟随切换到4G。

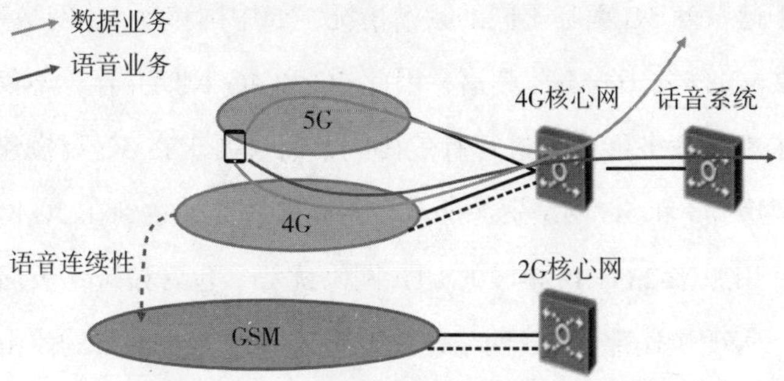

图 7–2　NSA 架构下语音承载在 VoLTE

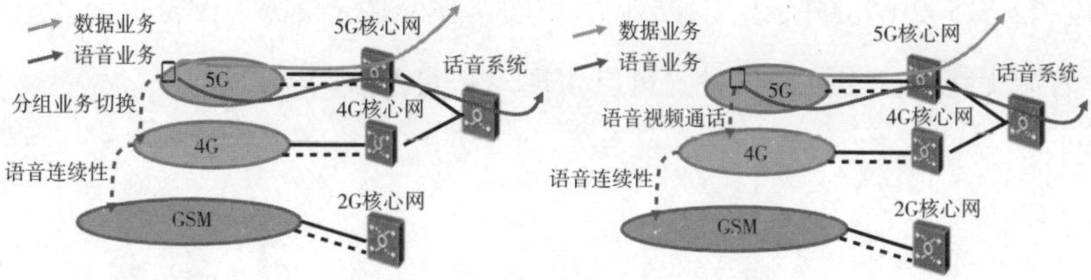

图 7–3　SA 架构下语音业务方案

由此可见，无论 5G 在 NSA 架构还是 SA 架构下，无论 5G 是否开通 VoNR，在 5G 初期，5G 网络尚未具备连续覆盖场景，语音均需要通过 4G VoLTE 承载，因此在语音业务需要 4G/5G 协同场景，要求 4G 网络支持 VoLTE，以保障语音业务体验。而 5G 可优先承载高速率要求的数据类业务。

5G 与 4G 网络资源协同，整体上发挥资源最大效益

5G 网络的能力强大，但在建设初期也要考虑到业务渗透和部署成本问题，在 5G 初期 4G 仍然是主要业务承载网络的形式，要考虑 5G 与 4G 部署资源协同的问题，就要兼顾 5G 与 4G 网络的投资成本，以资源效率最大化为原则，同时将频谱、站点、天面、基站和核心网设备等资源统一考虑。

由于运营商5G面临不同的频谱情况，如中国移动5G网络和4G网络使用2.6GHz共160MHz频谱，因此5G和4G长期并存，不仅要求两张网络未来在业务能力上进行有效协同，而且要求在5G规模建网阶段开始就考虑4G和5G网络资源的联合与高效协同，达到在5G网络建设初期，利用原来2.6GHz频段的LTE网络优势，包含站址、天面和无线设备等，实现快速部署5G网络，发挥整体资源效益的目的。由于频谱十分宝贵，因此运营商可以在现有4G频率上扩展支持5G，此种场景下要求基站硬件资源兼顾新旧网络，即同时支持4G和5G。如2.6GHz频段（2 515~2 675MHz），对产业要求支持160MHz频谱工作带宽的AAU（有源无线单元）硬件设备，可以实现4G/5G AAU共模。

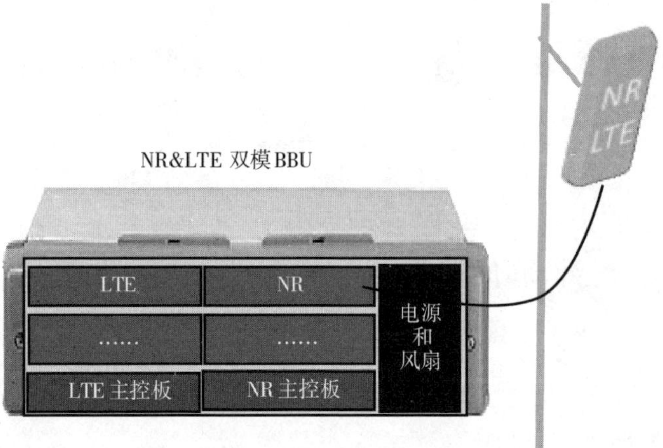

图7–4 “5G+4G”双模基站设备

基于硬件AAU支持160MHz全频谱和软件支持4G/5G共模。基站设备支持4G和5G的协同应首先从硬件的协同开始，为减少AAU数目、减少备件板卡的种类和数量，降低部署要求和成本，设备支持4G、5G同时工作。

频谱资源协同方面，一方面，如中国移动5G网络和4G网络均使用

2.6GHz 共 160MHz 频谱。可分为以下三类场景，兼顾 5G 体验和 4G 网络容量（见图 7–5）。

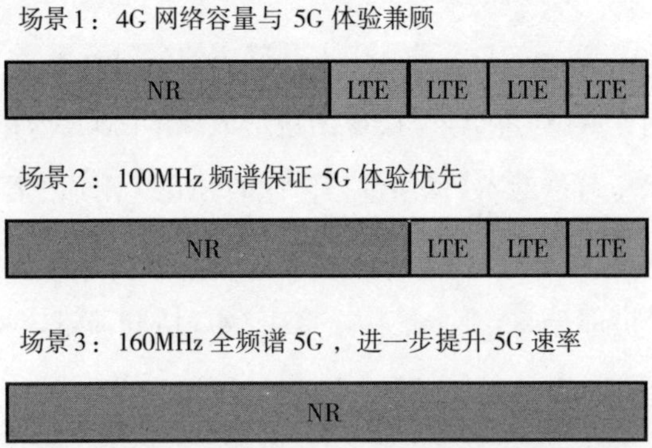

图 7–5　频谱按需配置

另一方面，4G 和 5G 之间可以考虑实现动态频谱共享，即根据 4G 和 5G 的业务特点、用户数及话务负载等条件，结合 4G 载波间话务分配策略，在 4G 进行话务迁移后再进行载波制式 4G/5G 快速切换，从而实现 4G 和 5G 之间频谱资源的动态共享。4G 和 5G 之间频谱共享，实现频谱动态协同，兼顾 4G 容量和 5G 体验，使频谱利用率最大化（见图 7–6）。

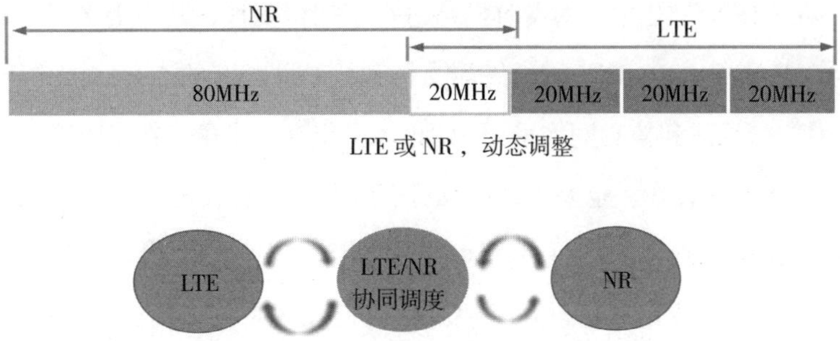

图 7–6　4G/5G 频谱动态共享

5G 与 4G 网络演进协同，降低网络运营压力

在 5G 标准发展过程中，4G 网络也在不断演进发展，如可降低时延的重要技术之一 short TTI、进一步提升速率的多载波聚合、4 × 4 MIMO 等技术。同时，4G 演进也可与 5G 演进形成深度协同，如为提升覆盖能力，部分场景也可借助 4G 网络进行传输的 SUL（附加上层链路）、NSA 技术；如网络架构与 5G 融合，4G 基站可接入 5G 核心网（见图 7–7），为 4G 用户提供部分 5G 业务能力。5G 与 4G 协同演进，将有利于降低网络整体的运营压力。

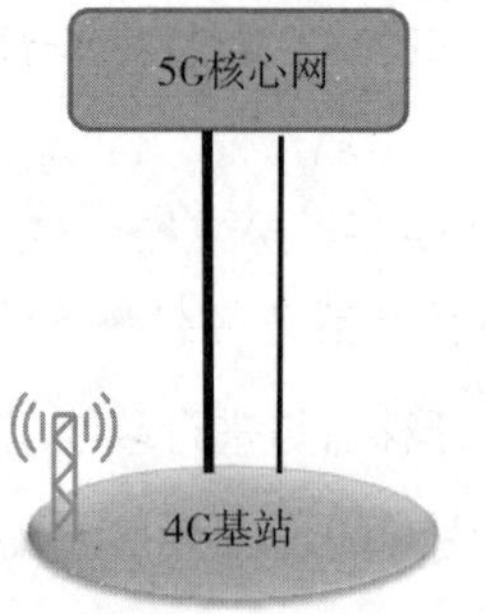

图 7–7　4G 基站接入 5G 核心网架构

在 R15 标准化中，对各种网络进行了架构设计，其中定义了终端通过 4G 基站接入 5G 核心网，终端支持和核心网交互的 5G，而无线侧采用 4G。与无线和核心网均采用 5G 相比，交互技术虽然在峰值速率、时延、容量方面存在一定差距，但其可有效利用现有大规模 LTE 站点网络资源，在接入新的 5G 核心网后可充分享用 5G 的诸如切片、边缘计算等新特性，后行业用户提供短平快且相对低廉的解决方案，由 EPC–5GC（分组核心演进 –5G 核心网）互操作变成同核心网互操作，互操作简化，系统间移动时用户体验（如切片连续性）一致，可考虑应用在局部区域如农村等有 4G 无线但暂时没有 5G 无线覆盖的区域，可减少大量新增

5GNR 基站的部署压力。

“5G+4G”展望

随着 5G 网络规模的增加与 5G 网络建设实践的持续探索和创新，4G/5G 协同必将进一步深入，在建设 5G 网络的同时提升 4G 网络容量，两网共同发展打造 4G/5G 融合的精品网络。

5G 时代，网络建设要高效利用“5G+4G”资源，4G/5G 一网建设，两网受益，有效支撑“5G+”计划的实施，实现“5G+4G”长期并存，协同发展，并成为各行业数字化基础网络平台，推动 5G 与人工智能、物联网、云计算、大数据、边缘计算等新信息技术紧密融合，构建丰富多彩的垂直行业应用。

第八章　5G+AICDE：打造一体化新型服务能力

自从进入以信息化为特征的第三次工业革命以来，人类的生活已经发生了翻天覆地的变化，尤其是以第三产业的变化最为明显，而新一代技术的集中涌现，将有可能全方位地改变人类的生活、生产和社会。在5G出现之前，人工智能、云计算、物联网、大数据、边缘计算等新技术已经出现，从加特纳公司发布的技术成熟度曲线来看，云计算和大数据经历了期望高峰和泡沫破碎，已经进入了稳定发展的阶段，物联网平台刚刚进入泡沫幻灭期，而人工智能和边缘计算则正处在期望膨胀期的顶端。[1]这些技术基本上都是在各自领域相对独立地发展的，如果将各项技术融会贯通、协同发展，将加速催生各个技术的成熟，并产生核聚变一般的威力，进而促成人类生产生活方式的新一次变迁。

我们看到，在算力和算法产生突破性进展之后，人工智能还需要依靠海量的数据和实际的场景去催生其成熟。4G时代，以人人通信为主，很多行业的数字化进程比较缓慢，而5G的核心变化就是对垂直行业的支持，届时将产生海量的数据，大数据和人工智能将成为必不可少的生产工具。从边际成本、边际效益等角度出发，人工智能平台、大数据平台、物联网平台等都倾向于采用云计算的方式实现，而云计算得以普及的关键就是网络带宽，5G 的超宽管道足以支持更高的数据量级和更快的访问速度。除了速度，从架构上来看 5G 与云是天然共生的，5G 网络具备云计算的弹性和灵活性。另外，5G 的超低时延、控制面和用户面的功能分离、边缘分流等能力都是开展边缘计算的重要前提。

在作用于 AICDE 等新技术推进及成熟的同时，5G 也从这些技术中获益。5G 网络在性能提升和应用灵活性上带来改变的同时，其网络运营的复杂度也在显著提高，这给 5G 网络的运营和维护带来前所未有的挑战，而这正是人工智能的用武之地。2019 年在巴塞罗那世界移动通信大会上，智能运维超过人工智能平台和数据变现成为人工智能领域最热点的应用场景。另外，几乎和 5G 同时进行的运营商云化网络转型大潮，也在基础设施层面确保 5G 从一开始就采用云化架构。

5G 和 AICDE 之间分别存在或原生或互促的密切联系，借助这种天然优势和门槛，各技术间形成“1+1>2”的叠加效应，进而打造出 AIaaS（人工智能即服务）、IoTaaS（物联网即服务）、CloudaaS（云计算即服务）、DataaaS（大数据即服务）、MECaaS（边缘计算即服务）等核心能力，这些将是“5G+AICDE”策略的核心基础。

5G+AI

人工智能技术发展历程

人类历史上经历了三次工业技术革命，包括以蒸汽机、内燃机为代表的机器代替手工业的蒸汽时代，以电力、能源为代表的电气时代和以计算机、网络技术为代表的信息时代。如今，第四次工业革命已悄然到来，这是一次以人工智能、新型通信技术、清洁能源、机器人技术、量子信息技术和生物技术等为代表的智能时代。在这个时代，人工智能将作为核心技术驱动，赋能机器和物，使其具有主动学习、自主组织和决策的能力。人工智能是未来 20 年内最主要的技术趋势，它的发展对时代和社会发展具有重要意义。

人工智能是研究、开发用于模拟、延伸和扩展人类智能的理论、方法、技术及应用系统的一门新技术科学。[2] 人工智能的核心问题包括构建与人类相似甚至超越人类的推理、知识、规划、学习、交流、感知、移动和操作物体的能力等。人工智能试图了解智能的本质，研究的目标是使机器能够胜任一些通常需要人类智能才能完成的复杂工作，并生产出一种新的能以人类智能相似的方式做出反应的智能机器，该领域的研究包括机器人、图像识别、智能语音、语言处理和理解、规划与决策等。

人工智能的诞生可以追溯到 1956 年的达特茅斯会议，这一会议由麦卡锡、明斯基、洛切斯特和香农等人发起，其目的是使计算机变得更"聪明"，或者说使计算机具有智能，由此开展会议讨论，经麦卡锡提议正式采用了"人工智能"这一术语。在更早的 1950 年，"计算机科学之父"图灵提出了一个关于思想的操作性定义——图灵测验，如果有机器能够通过图灵测试，那它就是一个完全意义上的智能机，图灵也因此成为人工智能之父。从 20 世纪 50 年代至今，人工智能的发展经历了几次大起大落。从人工智能诞生之际，20 世纪 50 年代到 20 世纪 70 年代初，人工智能研究处于"推理期"，机器定理证明、智能跳棋程序和感知机等工作取得了令人振奋的成果，基于逻辑表示的符号主义学习技术盛行，人们对机器学习怀抱很大希望。但是到了 20 世纪 70 年代初，人工智能定理证明发展表现乏力，曾一度被看好的神经网络技术，由于过分依赖计算力和经验数据量，单层线性神经网络无法解决"异或"等非线性问题，多层网络的训练算法尚看不到希望等原因受到搁置，[3] 各国政府均减少人工智能方面的投入，人工智能进入第一次寒冬。

20 世纪 70 年代中期到 20 世纪 90 年代，人工智能进入"知识期"，大量专家系统问世，在很多应用中取得了丰硕的成果，但是专家系统依旧面临瓶颈，学界认为由人来总结教给机器的知识不是真正的人工智能。同期，“从样例中学习”的思想初显锋芒，基于符号主义的学习依旧占据主流地位，其代表包括决策树和基于逻辑的学习等。20 世纪 90 年代后，统计学习闪亮登场并迅速占据舞台中心，代表性技术是支持向量机方法，而此时具有代表性的事件是 IBM（国际商用机器公司）的“深蓝”战胜国际象棋冠军卡斯帕罗夫。21 世纪初，以 2006 年欣顿在《自然》杂志上发表的论文为起始，神经网络以“深度学习”为名卷土重来，借助云计算、大数据等计算机领域新兴发展技术，计算力的提升使深度学习在图像识别、语音识别等领域取得了瞩目的成就。2016 年谷歌公司的阿尔法围棋机器人横空出世，打败了人类围棋世界冠军，人工智能再次掀起热潮，并迎来了新一轮的发展时机。此时各种语音、图像识别能力发展与相关公司产品的出现，让人工智能走在时代发展的前列。

人工智能的核心技术是机器学习，按学习策略，机器学习可分为监督学习、无监督学习、半监督学习和强化学习。监督学习是指使用有标注的数据集进行学习的方法，由于有标注的先验知识，通常具有较好的准确性表现。无监督学习方法不需要数据标注，从原始数据进行学习，典型的有聚类方法等。无监督学习应用广泛，但是其准确性通常没有监督学习高。半监督学习介于以上两者之间，使用部分的标注数据进行学习。强化学习则是通过“试错”的方式进行学习，与前面三种不同。

人工智能的产业应用随着其算法能力的提升越来越广泛，现有人工智能产业的发展可以细分为 4 次不同的应用浪潮。第一次应用浪潮是互联网智能化，丰富的互联网数据是其发展的能源，为人工智能技术的起飞准备了充足的燃料，但是此时人工智能应用处于初级阶段，成型的人工智能应用并未出现。第二次应用浪潮是商业智能化，非互联网公司借助商业理由积攒数据，并使用人工智能技术在商业流程中产生价值，如智能营销、智能投顾等。第三次应用浪潮是交互入口的智能化，即摄像头、智能音箱等实体世界智能化，具体应用涵盖诸如机场和银行等的人脸识别检测、交通管理中的车牌识别、国际会议和旅游助手的机器同声翻译、苹果手机的智能语音助手 Siri 和小米智能音箱等。第四次应用浪潮即将或者说已经启动的是全面智能化，如机器人技术、自动驾驶技术等。

人工智能可应用的范围很广，但是其在进入生产、生活行业应用时面临诸多问题，最突出的是端侧高成本、质量差、安全控制等，这些问题导致实际真正规模商用的应用很少，给社会带来效率提升的人工智能杀手应用更是凤毛麟角。

5G 引燃人工智能应用爆发式增长，构筑智能社会的核心引擎

10 年前，我们根本想象不到不带钱包出门，出门开车不用提前查地图，通过语音可以直接控制手机、音响、电视等电子设备甚至和它们聊天。而今天这些场景已经成为我们普通老百姓的日常生活状态，这正是 10 年来“4G+”移动互联网应用带来的叠加效应，这一效应在给大家的生活带来前所未有的便利的同时，也让大家的很多生活习惯和行为模式发生了巨变，并由此带来了社会生产效率的提升和生产力的变革。

和 4G 网络催生众多移动互联网应用一样，5G 网络必将催生出更丰富、更加超乎想象的全新应用。5G 网络因其高带宽、低时延、大连接的特点，以及云化、虚拟化技术的广泛应用，将有效帮助人工智能技术解决规模推广中面临的用户端设备成本高、数据获取难度大、质量参差不齐、信息传输安全可控性低等问题，从而促进人工智能技术的大规模、普适性发展及应用落地，全面支撑数字经济社会构建，为人类社会带来全新的智慧生产模式和生活方式。本节以人工智能技术最常见的三大应用（自动驾驶汽车、VR、云服务机器人）为例，阐述 5G 网络如何解决人工智能应用推广中面临的问题及给人类社会带来新的生产生活方式。

自动驾驶汽车是人工智能赋能实体行业的典型应用，人工智能技

术的应用可缓解交通拥堵、降低交通事故率，构建安全、高效的出行模式，对汽车产业变革、城市交通规划具有深远影响。自动驾驶汽车目前在部分特定领域的应用已经从局部走向商用，但其距离真正实现全面的驾驶自动化仍有较大的差距，究其原因主要是自动驾驶需要有足够的冗余性和突发情况应对措施，才能够确保安全，这就对感知能力、决策能力、芯片产业等都提出了很高的要求。同时，即便技术上可行，自动驾驶的成本也是非常高昂的，目前应用在自动驾驶汽车上的激光雷达、芯片等软硬件设施成本都很高，且考虑到单车环境下冗余性，成本会进一步加倍增长。因此，为解决上述问题，目前采用构建车车协同、车网协同、车路协同的方式去实现整个自动驾驶体系，是降低成本、提高安全性的重要措施。而5G网络中的V2X技术，正好针对自动驾驶中的车车协同、车路协同的特殊通信需求，提供了定制化网络链接服务，解决了自动驾驶汽车在商用进程中面临的高成本、环境协同控制等多种问题，加速了自动驾驶的商用进程，引爆其规模增长。

VR/AR是新生代的信息交互技术，近年来发展非常迅速，它将带来各行业交互应用的根本性变革，大大提升用户的知觉体验。VR/AR相关的3D环境理解、3D交互理解、多样化交互体验功能是人工智能技术的典型应用。3D环境理解主要对应的是计算机视觉技术，近年来深度学习在计算机视觉中得到广泛应用；3D交互方面，更趋自然的交互方式如手势和语音在硬件终端的使用，得益于近几年深度学习等人工智能技术在相关领域的突破。由于VR/AR内容的码率很高，一般我们认为其码率将远超现有的4K/8K视频码率，再加上在线的实时交互应用种类繁多，一次VR/AR交互将包含大量的图像数据、语音数据以及基于不同角色和视角的计算数据传输交互，这就意味着VR/AR对运营商网络的带宽需求将呈现爆炸式增长，其需求将远超现有4G网络带宽服务能力。因此，目前受到4G带宽的限制，VR/AR发展缓慢，用户无法仅靠移动终端实现对体育赛事和演唱会等大型场景的全方位沉浸式体验观看。而

5G 对高清视频、VR/AR 沉浸式内容有更好的承载力，相比 4G 网络，5G 网速最快将会有 100 倍的提升，数据传输的延迟将不超过 5 毫秒，而且峰值速率可达 20Gbps，是 4G 的 20 倍，这意味着下载一个 8GB 的 VR/AR 视频只需要 6 秒钟（而同样的视频在 4G 网络下下载的时间是 7~8 分钟）。5G 在传输上具有两个特点——高带宽、高速率，这两点能有效解决 VR/AR 内容传输问题，尤其是 8K 及以上超高清内容的传输，从而避免由于 4G 传输速度慢引起的用户 VR/AR 沉浸式体验眩晕感，促进其商用进程，引爆 VR 应用的规模增长。

机器人的智能水平高低无疑体现了现在的人工智能化水平，它的发展应用是"5G+AI"的又一次典型结合，其发展也无疑会革新人类社会的生产生活方式。家庭清洁机器人、巡逻型机器人、迎宾机器人等垂直功能型机器人由于运行环境、服务内容相对单一或固定，智能化水平有限，因此通常仅依赖单机能力和有限的网络连接即可满足其感知、计算能力要求，实现既定功能。生活服务型机器人由于需要在更多样化的人类日常生活环境中代替或部分代替人类完成琐碎的工作，为人类提供生理活动及心理关怀服务，因此对于其智能化水平在部分领域提出了接近人类的要求。根据斯坦福大学生物工程系波沙教授 2010 年的研究，如果半导体技术要复制人脑相同规模的神经元和连接数，其重量和耗电量将达到人脑的 100 万倍。[4] 即使考虑半导体技术的发展进步，在未来的数十年内，智能服务型机器人也很难依靠单机支撑上述智能化要求，因此，必须把机器人的大脑置于云端，使其成为云服务机器人。而云端大脑加单机感知、执行机构的架构，则意味着每个服务机器人都必须与云端保持高频度、低时延、高可靠及安全的通信网络连接。现有的 4G 网络虽然能在少部分场景下满足云服务机器人的网络连接需求，但其在带宽、时延等方面仍然会给云服务机器人的一些基本应用功能带来较大限制，进而大大影响云服务机器人的产业化和规模化发展。而 5G 网络大带宽、低时延的特性，正好匹配云服务机器人的网络连接需求，因此能够大大促进云服务机器人的商用，在成本可控的前提下，通过优质可靠的通信网络保障云服务机器人的业务质量和用户体验得以不断提升，从而引爆其规模化增长。

综上所述，基于海量数据的人工智能应用，在高速发展的同时也带来了更高的网络需求，主要体现在网络连接数、带宽能力、低时延要求三个方面。第一，自动驾驶类相关应用中，用于大规模数据采集的传感器数量将引发网络连接数需求激增。第二，VR/AR 类相关应用中，海量数据交互、处理等将引发网络带宽需求的激增。第三，人工智能交互应用的实时性对网络低时延的要求更高。各行业领域人工智能应用的大量涌现将对运营商现有 4G 网络能力形成巨大的挑战，而 5G 网络的大连接、大带宽、低时延等关键能力，将支撑人工智能应用的快速发展。总之，在 4G 时代，电信网络曾助力移动互联网业务的繁荣发展，而在即将到来的 5G 时代，大连接、大带宽、低时延的新型电信网络，将助力人工智能业务应用的爆炸性增长，开启智慧生产生活新篇章。

人工智能赋能 5G，构建智能驱动的新一代移动通信网

5G 网络在性能提升和应用灵活性上带来改变的同时，其网络运营的复杂度也在显著提高，这给 5G 网络的运营和维护带来前所未有的挑战。人工智能技术在解决复杂度高、变化频度高、不确定度高等类型问题时显示出的突出优势，能大大帮助 5G 网络在发展过程中应对网络运维复杂度高、网络设备能耗高、业务灵活性需求高、网络状态变化多样等挑战，实现更高效、成本更低的网络运营维护，达到更优质、更加贴近用户需求的业务体验。本节以 5G 网络运营交付中面临的典型问题为例，向各位读者阐明人工智能技术是如何赋能 5G，为各行各业提供智能驱动的网络运营交付能力的。

第一，在 5G 网络灵活交付能力方面，5G 网络切片使得运营商可

以面向各行各业的不同特性实现网络服务按需定制、实时部署、动态保障、提升网络交付的动态性和灵活性。然而，该特性的使用要求运营商根据客户需求选择合适切片和更细粒度的子切片，再将切片指标下发到接入网、传输网和核心网等各领域。在这个过程中网络不仅需要端到端的横向管理，而且需要从物理层、资源层、切片层到应用层的纵向关联。跟传统网络相比，网络切片在网络设计、部署、交付、运维方面带来的复杂性，对运营商是一个极大的挑战，传统运营方式无法满足其需求，这就需要引入人工智能技术解决上述复杂问题。人工智能的回归预测、聚类、优化决策技术，结合对用户需求的监控和拟合以及网络状态数据的实时分析，可形成切片策略。运营商再通过策略下发和自动化执行，实现切片网络灵活快速交付。因此，人工智能的引入能够帮助运营商实现切片灵活性和切片管理复杂度之间的最佳平衡。

第二，在 5G 业务体验保障方面，依托 5G 网络能力和丰富的业务发展，5G 业务体验也将随之呈现出多样化、个性化发展态势，比如沉浸式体验、实时交互、情感和意图精准感知、所想即所得等，5G 网络对于业务体验的支撑保障，将颠覆传统模式，迎来全新挑战。以沉浸式体验感知为例，如何对用户听觉、视觉、交互等多维度体验进行综合评价进而实现网络连接资源的动态保障，变成了一个复杂、不确定性问题，传统的尽力而为的网络资源管理难以满足用户体验要求。因此，5G 网络需要借助人工智能的语音识别、情感分析、图像检测、综合决策等技术，对用户体验进行实时综合评价和感知，并利用人工智能优化控制和智能决策能力，基于用户感知需求实现对网络资源的动态管理和调度。

第三，在 5G 网络自身运营维护方面，以 5G 无线接入网的最具代表性的创新技术 Massive MIMO（大规模天线技术）为例。相对于 4G 网络 3D–MIMO 的单广播波束和插花部署方式，5G 网络中 Massive MIMO 天线优化难度极高。其主要技术难点包括广播波束更多，权值模板选择空间更大。相邻小区的波束时序配置影响干扰协调，配置复杂度进一步提高。连续组网对整体区域的覆盖、干扰、容量联合优化难度极高。基于专家经验的传统天线优化方案将不具备 5G Massive MIMO 现网大规模应用的可实施性。因此，5G 网络需要具备 Massive MIMO 天线的智能优化配置能力，利用机器学习方法，对天线权值模板进行自动化配置，以匹配覆盖区域的传播模型、业务流量、用户分布特征，实现覆盖、干扰、容量等性能的区域最优化。进一步地，随着上述特征变化和性能反馈，网络能够利用强化学习等技术迭代更新算法模型，实现天线配置的动态调整和迭代优化。

构建人工智能原生的 5G 网络，打造 AIaaS 创新能力

人工智能原生愿景

在高速发展的互联网时代，构建人工智能原生的 5G 网络，实现 5G 与人工智能的深度融合，可以大大提升网络效率，降低运营成本，实现网络的智能可视、智能运维、智能规划、智能安全等，从而使 5G 网络变得更加智能、高效、便捷、安全。构建人工智能原生的 5G 网络主要包含如下四大发展愿景。

网随人动

传统的 2G、3G、4G 网络是静态网络，网络容量、网络服务、网络资源、网络参数均基于规划且在较长时间范围内保持不变，面对 5G 垂直行业大量差异化需求和服务的涌入以及边缘多样化应用大量增加等情况，传统的“人适应网”的网络服务模式导致的网络僵化、服务滞后等短板将无法适应新需求的发展。

软件化的 5G 网络结合人工智能技术，基于网络海量数据对网络运行状况、行业和用户行为特征，以及网络内容流向进行深入剖析，精准地为用户提供合理的网络服务，并实现网络闭环自治化，引导 5G 全网资源更合理地布局，提升用户体验和网络整体效率。

私人定制

传统的2G、3G、4G网络向大众用户提供的均是有限的统一资费套餐与标准化的业务和服务，大众用户的可选择性很小。面向部分垂直行业客户提出的专有网络的需求因为网络部署复杂，业务形态僵化无法动态升级等问题导致专有网络发展范围非常受限。

5G定制化的网络服务对满足行业和用户个性化需求具有重要意义。网络数据的海量增长和人工智能的崛起为面向用户的定制业务带来了新的契机，其可运用数据采集和智能机器学习，为用户推荐符合用户意图的网络服务，精准地实现“一人一策”的网络服务定制。在企业和行业方面，运营商同样可运用数据采集和智能机器学习，深度挖掘企业和行业客户的业务特点，综合感知网络能力，提供定制化的网络服务。

智能安全

人工智能和业务、网络安全管理的紧密结合，能够大大提高网络安全技术的应用水平，有效保障业务和网络安全。基于网络海量数据，系统利用人工智能强大的理解和推理能力快速分析并判断潜在安全隐患，提前预警，最终保障网络、业务、社会生产生活安全。

智慧运营

未来5G网络需要根据动态情况对网络进行资源调度、优化以及故障排除，实现网络的智慧运营。利用机器学习技术对用户行为、网络业务及相应资源需求预测和评估，结合网络的动态情况进行主动式运维，保障网络资源动态调整，实现资源最大化利用。通过基于人工智能的网络优化技术，对表征智能网络特性的海量数据加以分析，建立合理的智能量化模型，并基于模型对网络业务进行实时处理，从而保证最佳的网络运行状态。通过基于人工智能的故障排除技术，基于海量历史故障数据和故障解决数据，创建故障事件和特征匹配规则库，针对网络告警数据自动选择最优解决方案，保障和管理好整个通信网络。

依托5G网络的大数据以及运营商内部的人工智能平台，发挥人工智能算力优势，打造连接与智能融合服务能力，赋能外部应用，推动行业发展。重点是面向网络、服务、管理、安全、市场等几大领域，发挥运营商场景优势，提供 AIaaS 能力，加速智慧应用落地。

人工智能原生 5G 架构

为了实现人工智能和 5G 深度融合，真正推动数字经济发展，技术对通信产业的网络架构、技术体系、人才储备、组织架构和运营机制都带来了全新要求。人工智能原生的 5G 网络架构需兼顾人工智能技术和通信技术特点，一方面将人工智能能力融入 5G 网络各个环节，使人工智能成为 5G 网络的重要能力，另一方面面向人工智能技术特点和对网络的新要求，改造网络能力，使得网络服务能够更适合人工智能应用，通过构建人工智能原生的网络技术体系和架构，实现“5G+AI”融合、融智。

人工智能原生的 5G 网络架构要求从终端、网元、网管、人工智能引擎 / 能力等多个层面统一规划，具备更加开放、灵活、动态的控制和管理能力，具备四大核心能力（见图 8–1）。

- 基础网元自优化：网元是承载“5G+AI”能力的基础设备，除了 5G 自身的通信协议处理、信号收发及数据传输外，该网元要求能够基于获得的局部数据实现网元自身的感知，并使用人工智能算法和策略进行自环分析决策，同时能够针对外部跨域的控制决策进行执行，因此在网元层面要求能够尽量将数据和控制能力进行开放。
- 网络管理智能化：智能网管是 5G 智慧网络对内管控的中枢神经和大脑，其旨在实现网络运营维护效率的提升。智慧网管具备统一、全方面的网络大数据的采集、智能化分析决策和集中配置管控能力，并拥有实现智能化的网络编排、规划、优化和维护等功能。

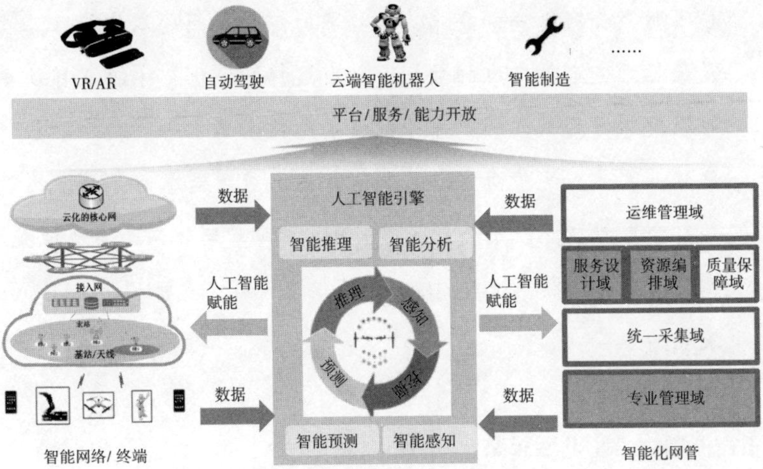

图 8-1　人工智能原生 5G 网络架构

- 人工智能能力平台化：人工智能能力及开放平台是“5G+AI”对内对外提供服务和开放能力的平台，其核心能力更多的是以微服务的形式进行提供，其中主要包括三方面能力：一是人工智能类核心能力，如自然语言、人机对话、图像视频、智能语音、结构化数据、智能搜索、智能推荐、营销智能化、网络智能化等方面；二是人工智能赋能网络类能力，如智能 MEC（多接入边缘计算）、智能切片、智能资源调度、智能 QoS（服务质量）等方面能力；三是通过对问题抽象、数据、环境、计算资源等共享，联合科研院校、各大互联网公司、人工智能技术提供商、电信企业甚至个人开发者，促进多方共同参与，群策群力，共同为“5G+AI”智慧应用贡献力量。通过上述能力的组合和叠加，平台能实现三大价值：一是开放网络能力，赋能千行万业；二是对接网络内外，使能全流程自动化；三是导入外部能力，构建“5G+AI”生态圈。
- 数据管理人工智能化：数据是人工智能技术的燃料，人工智能技术要真正应用于生产生活中，数据是重中之重，谁掌握了数据，谁就掌控了人工智能技术前进和提升的动力。相应地，人工智能技术对数据有很高的要求，数据要能够代表问题本质特性，最好是原始的、未加工过的数据，只有这样的数据，才能够有效发挥以深度学习为代表的新一轮人工智能技术革命中“表示学习”的优势。因此，运营商要以人工智能技术应用需求为导向，构建一套符合人工智能技术特点的5G网络数据管理体系，实现低成本、高效的数据采集、加工、处理、存储全流程，支撑“5G+AI”应用发展。

人工智能原生5G发展思路

要想实现将人工智能技术引入5G各环节中，就需要围绕人工智能技术应用的闭环全流程，即数据采集、存储、人工智能感知分析、人工智能决策、自动执行到效果评价等环节，针对每个环节逐一进行评估，并结合网络不同层面智能化应用的需求和特性，有针对性地部署相应的能力要求。例如，全网资源调度处于5G网络智能化的顶层，应支持跨领域的全局性数据收集、算法设计、模型训练、策略决策和下发执行，并和下层网络的智能化能力形成双向联动。在5G网络智能化的分层架构中，越上层、越集中化，跨领域分析能力越强的部分就越适合对全局性的策略集中进行训练及推理，比如跨域资源调度、端到端编排、跨域故障自愈等，这通常对计算能力要求很高，需要跨领域的海量数据支撑，对实时性要求一般敏感度较低。越下层、越接近端侧，专项分析能力越强的部分对实时性往往有越高的要求，比如5G移动性策略、边缘计算实时控制等，但其对计算能力依赖度不高，一般适合引入嵌入式推理能力，或结合MEC，部署具备一定实时处理能力的轻量级训练引擎。

不管未来描述得多么美好，最后都要回归到商业价值上，只有“5G+AI”真正产生了对企业、对社会有规模价值的应用才有效。我们提出了以价值驱动为核心的推进思路和方法，通过分析应用核心价值，筛选价值高的活动流程，对其率先投入精力研发，并通过以点带面的方式，逐步达到最终目标。价值驱动包括商业价值驱动、技术价值驱动、社会机制驱动和竞争价值驱动，其中商业价值驱动是指通过人工智能技术的高效率运营和规模化部署，5G 生产流程带来大规模降本增效的成果，从而最大限度地产生商业价值。技术价值驱动：以 5G 的特定场景和海量应用数据为依托，推动人工智能技术创新，引领人工智能技术发展方向。社会价值驱动：通过 5G 和人工智能融合，促进多产业互动，推动社会发展前进。竞争价值驱动：对“5G+AI”领域提前布局，从而保持行业竞争优势。

5G 连接无处不在，人工智能应用无处不在。“5G+AI”将让未来的网络从提供管道转变为利用网络本身的智能化能力，为用户提供更丰富、更加智能的业务和服务，让个人用户的工作、生活、娱乐有更加高效、优质的体验，让企业用户在提高生产效率的同时发展出更多的创新产品和业务，让我们的城市管理、公共安全保障、环境治理等方方面面更加高效有序。因此，5G 与人工智能的结合，使得我们的网络更加智能化，二者的结合成为构建整个智能社会的重要基石之一。“5G+AI”能够真正实现 5G 网络信息随心至、万物触手的美好愿景和 5G 改变社会的宏伟目标。

5G+IoT

物联网的发展背景

物联网发展及应用情况

物联网的概念最早在 1999 年由美国麻省理工学院的凯文·阿什顿教授提出，随后引发了继计算机、互联网之后的第三次信息工业革命。随着物联网技术的不断发展和应用，其内涵也在不断演进和拓展。根据中国 2010 年《政府工作报告》中的定义，物联网是通过传感设备，按照约定的协议，把各类物品与互联网连接起来，进行信息交换和通信，以实现智能化识别、跟踪、定位、监控和管理的一种网络。

物联网可应用于智慧城市、智能家居、智慧交通、工业互联网等领域，是建设信息化社会的基石，拥有广阔的市场发展前景。根据2018年全球移动通信系统协会智库发布的预测报告显示，2025年包含连接、应用、服务等在内的全球物联市场价值将达到1.1万亿美元，其中亚太市场占比35%，北美市场占比31%，欧洲市场占比22%，全球连接数将达252亿。

全球各国尤其是美国、欧盟、日本、韩国等发达国家和地区纷纷进行物联网战略布局，抢占发展先机。美国着重构建以工业物联网为基础的先进制造体系，物联网支出将从2016年的2 320亿美元增长到2019年的3 570亿美元；欧盟先后组建了物联网创新联盟（AIOTI）、物联网创新平台（IOT–EPI），构建可持续发展的物联网生态系统，并通过“地平线2020”计划投入近2亿欧元推动物联网平台构建；日本联合2 000多家国内外企业组成“物联网推进联盟”，推动物联网合作和发展；韩国以智慧城市、人工智能等九大国家创新项目作为驱动经济增长的新动力。中国高度重视物联网产业发展，将其列为国家五大新兴战略性产业之一，并陆续出台《“十二五”物联网发展规划》（2012）、《国务院关于推进物联网有序健康发展的指导意见》（2013）、《关于印发10个物联网发展专项行动计划的通知》（2014）、《关于开展2015年智能制造试点示范专项行动的通知》（2015）等政策，保障物联网产业的健康有序发展。

物联网可基于多种方式来实现，依据传播距离，物联网通信技术主要可分为短距离通信技术和广域通信技术。短距离通信技术主要包括蓝牙、ZigBee[①]、Wi–Fi等，广域通信技术主要包含2G、3G、4G等传统蜂窝通信技术，这些技术已经在智能抄表、环境监测、电动车防盗、停

① ZigBee技术是一种近距离、低复杂度、低功耗、低速率、低成本的双向无线通信技术。——编者注

车等多个领域发挥作用。然而，一方面，ZigBee、Wi–Fi 等短距离通信技术在网络覆盖能力、传输可靠性、运营维护、安全保障等方面存在不足；另一方面，尽管已有大量的物联网设备接入传统的蜂窝通信网络之中，由电信运营商提供安全可靠的连接服务，但 2G、3G、4G 等技术主要面向人与人的通信场景进行设计，并未针对"物与物"和"人与物"的通信场景进行专门优化，无法有效承载海量的物联网连接。

通信技术的发展从未停止，5G 需要实现人与人、人与物、物与物互联，实现全连接的服务，2018 年 12 月 10 日，工信部向中国电信、中国移动、中国联通发放了 5G 系统中低频段试验频率使用许可，这标志着 5G 时代的真正来临。物联网市场正处于高速增长状态，预计到 2020 年中国物联网产业规模将达到 1.5 万亿元。2018 年上半年，蜂窝物联网的连接数超过 5 亿，物联网行业花费 10 年时间实现第一个 5 亿的物联网连接数，在未来 2~3 年甚至更短的时间内将达成下一个 5 亿连接数。文化娱乐、智慧交通、智慧城市、智能制造、远程医疗等多元化服务将融入我们的生活，改变整个社会。

移动物联网技术发展及应用情况

随着越来越多远距离低速率终端设备出现联网需求，LPWAN（低功耗广域网）技术逐渐受到关注。LPWAN 具有低速率、低功耗、广覆盖和海量连接等特性，非常适合抄表、资产追踪、环境监控等传输距离远、通信数据量少并且需电池长时间供电的物联网应用。当前，受到广泛应用的 LPWAN 技术主要分为工作于非授权频段和工作于授权频段两类，前者以 LoRa（远距离无线电）为代表，这项技术专利为美国 Semtech 公司独家所有，可供企业进行局域性建网，部署较为自由灵活。后者以窄带物联网和 eMTC（增强的机器类通信）为代表，是 3GPP 专门针对物联网业务设计的窄带移动物联网技术标准，其由运营商进行建设和运维，在传输速率、移动性支持、可靠性等方面优于 LoRa。与现有的传统蜂窝通信网络相比，窄带移动物联网技术支持广深覆盖，可覆盖地下室、地下管网等难以覆盖的场景，单小区单载波可支持5~10万个物联网连接，且在特定业务模型下其低功耗特点可使电池续航时间达10年。同时，窄带物联网和eMTC具有较高的可靠性及安全性，二者已成为全球运营商广泛采纳的移动物联网通信标准。截至2019年4月，沃达丰、德国电信、T-Mobile、法国电信子公司Orange、韩国电信、日本KDDI等48家运营商已在全球范围部署79张窄带物联网商用网络，美国电话电报公司、威瑞森电信、Orange、KDDI等24家运营商已在全球范围内部署31张eMTC商用网络。

物联网的发展离不开通信技术的更新换代，1G在20世纪80年代初提出，仅能满足基本的无线通话功能；到20世纪90年代，2G主要以GSM和CDMA两种制式为主，进而推动了语音和短信的普及，该通信系统可以进行低速率的数据业务，但是不能提供高速数据、慢速图像与电视图像等各种宽带信息业务；到3G时代，智能手机开始出现，网络可以实现高速数据传输和宽带多媒体服务，同时可以进行低质量的视频通话和简单的网络游戏，这时的网络连接主要面向人的连接；到2010年，4G时代的到来才是真正的宽带物联网的开始，在4G网络下用户能够进行在线视频观看，各种App、高清视频回传、智能家居、智能POS（销售终端）机开始流行。除了蜂窝网络的连接，WLAN等非授权频段网络标准在办公、宽带连接等处也发挥了重大的作用。

在应用方面，移动物联网技术进一步推动了传统产业的改造升级和新型产业的培育孵化，低功耗广域网的广深覆盖、低功耗、支持海量连接等技术特性和4G蜂窝网络大带宽等特点可更好地辅助新型信息化社会的构建。移动物联网技术已在市政、交通、物流、能源、金融等重要领域发挥作用。

• 推动智慧城市的信息化进一步纵深发展。市政工程是国家的基础建设，其中包括各种公共交通设施、给水、排水、燃气、城市防洪、环境卫生及照明等基础设施建设，是城市建设中基础且重要的一部分。通过利用先进的信息技术构建城市的基础设施，城市将具有智能协同、资源共享、互联互通、全面感知的特点，城市智慧化服务和管理得到实现，城市发展难题得以解决，城市最终实现可持续发展。“更全面的感知”作为智慧城市的一个特征，要求智慧城市基础设施能够更深入地收集各类数据和信息，以便整合和分析海量跨地域、跨行业的数据和信息，为城市共享服务和运营管理提供基础底层资源。智慧市政已基于物联网技术实现路灯、充电桩、井盖、消防、停车位、环境监测、POS 机、售卖机、广告牌等基础设施的全面数字化，并结合数据库、GPS（全球定位系统）等技术手段，使信息化手段在城市管理领域应用更广泛、更可靠、更全面。

- 提供灵活的数据采集、传输和处理的手段，赋能智能制造。信息技术在现有工业制造领域具有广泛的市场需求：大量已部署的传统制造装备需要升级以具备预测性维护的能力，从而保障生产顺利进行，减少停机维修带来的损失；厂区有环境监控需求，需依靠水电气管理实现工厂节能减排，并通过安检消防保障生产安全；仓储货架、物流跟踪、资产等方面也有智能管理需求，以减少人工投入，提升生产效率。移动物联网技术已引入工厂设备维护、环境监控、物流跟踪、物料及安防监控等领域，这使得制造和管理的效率、成本和质量达到最优效果。
- 低功耗长续航方案促进智能追踪应用普及。生活中，人员及资产的定位追踪需求已经变得日益迫切。针对共享自行车乱停乱放，老人、儿童安全跟踪和报警，宠物失联，旅途中箱包遗失，电瓶车、摩托车等资产偷盗等场景，智能追踪均可提供有效的解决方案。除了和日常生活相关的领域，定位技术在零售、餐饮、物流、医疗等行业领域也可提供辅助解决方案，因此有着广阔的应用前景。随着窄带物联网技术与追踪应用的结合，追踪器的续航能力、信号覆盖性能得到明显提升，用户体验显著提升。

- 智能连接构建便捷家居生活。智能家居系统集智能防盗报警、智能照明、智能电器控制、智能门窗控制、智能影音控制于一体，与配套的软件相结合，人们通过平板电脑、智能手机和笔记本电脑，可以远程实时控制家里的灯光、窗帘、电器等，以构建高效的住宅设施与家庭日常事务管理系统，从而提升家居生活的安全性、舒适性、便利性、高效性和环保性。窄带移动物联网技术应用于智能家居系统，能够有效解决设备节点多、设备覆盖广等问题，保证系统运行的稳定性，提升智能家居的用户体验。

当前，抄表、电瓶车、烟感、家电等应用场景已达百万级部署规模，除了上述领域，还有更多的行业领域在探索与移动物联网技术的结合。

5G 推动物联网纵深发展

物联网市场特点分析

人与人的连接通信需求比较一致，其对移动性和网络覆盖要求更高，通信体验主要由用户所使用的设备产生差异，通信服务本身并没有特别大的差异，物联网的通信需求一般为固定无线接入，对移动性和广域覆盖要求不高，但对通信的可靠性要求较高，另外物联网行业本身千差万别，对通信服务的诉求也不一样。在各类物联网应用百花齐放的同时，物联网市场面临的一些问题也初见端倪。

- 碎片化：不同于消费市场，物联网市场存在大量碎片化应用，这导致行业应用的部署难以实现规模化，因而成本难以降低。当前物联网市场商业模式缺乏创新，传统行业本身利润率低，垂直行业需投入很高的成本进行技术改造，投入与收益反差较大，因此无法获得及时收益最终导致行业投资者信心不足。

- 专业化：隔行如隔山，传统行业长期以来形成自有运营体系，企业信息化也仅限于办公，远未触及生产领域，生产环节缺乏基础的信息化人才和能力。运营商在通信层面很专业，但一旦深入行业现场，就会发现“语言”不通，难以实现有效的对话和沟通。
- 多样化：不同的行业应用有不同的需求，甚至同属一个行业的不同企业，需求也有差异。传统上，我们用技术的思维推动企业采用新型技术，但往往企业的需求五花八门：有窄带的，也有宽带的；有低功耗的，也有低时延的；有的上行带宽要求高，有的下行带宽需求高；有的对可靠性要求极高，有的对数据安全更敏感；有的场景公网和专网需求同在，有的仅有专网需求，如无人工厂；有的场景对定位要求不高，有的要求定位精度达到厘米级。当前基于物联网的技术解决方案同质化较为严重，普遍聚焦于进行设备管理、连接、应用使能和数据分析等，运营商需进一步深挖行业应用需求，针对不同行业客户制订个性化解决方案，更好地服务细分垂直领域。
- 可靠性：SLA 是网络服务供应商与客户间的服务合同，其中定义了服务类型、服务质量和客户付款等内容。对普通手机用户而言，通信故障带来的影响是可控的，影响的范围也有限。但如果通信技术渗透到生产领域，一旦达不到服务质量要求，它带来的后果可能是难以估量的，甚至是灾难性的。因此，对于 SLA 的讨论一直是通信企业为垂直行业服务的热点话题。
- 安全性：大多数企业对生产运营数据是严格保密的，它们非常注重数据安全和数据隔离，把保护用户隐私和运营安全放在了至高无上的地位，除了逻辑隔离，有的行业甚至强制要求生产数据的物理隔离，以确保数据安全。从某种意义上来说，行业数据的安全已经远远超过了普通的用户信息保护范畴。

- 复杂性：企业运营的环境一般比较复杂，大型设备工作时会有超出标准的电磁辐射和干扰，这导致标准化的通信设备无法用于特定的生产环境，因此部分企业对通信设备和终端设备的防爆、防水、抗震等方面有特定的要求。另外，经过多年的积累，企业已经具备了一定规模的基础设施，在引入新技术的过程中，既要考虑新设备，也要考虑存量设备的利旧问题。
- 协同性：万物互联是物联网发展的终极目标，面向多样的业务需求和多网共存的局面，如何针对不同的行业细分领域匹配合适的通信技术，做好多网协同发展，是打通未来“泛在”物联网脉络的关键所在。

5G 物联网发展趋势

相比 4G 主要追求速率，5G 同时关注速率、连接数密度和时延三大关键性能指标，其体验速率更快，连接数密度更高，空口时延更低。5G 为行业应用而生，为了更好地服务物联网行业，5G 不仅考虑人与人的通信，而且要考虑人与物、物与物的通信，其包含了增强移动宽带、海量物联网、低时延高可靠物联网等场景。5G 的宽带物联网具备如下发展趋势。

从窄带到宽带

随着超高清、VR、AR 等技术的发展，物联网行业对于网络带宽的需求越来越高，不同业务对上下行速率的具体需求见表 8–1、表 8–2。

从混用到专属

5G 到来之前，运营商一般通过公网去满足不同行业的物联网需求，随着行业的发展，不同行业的需求越来越多样化，甚至同属一个行业的不同企业，需求也有差异。通过传统的公网去满足行业应用的需求越来越难以实现。通过分析行业应用的需求，按需灵活选择无线专网建网方案、网络架构方案和增强业务方案，推出符合企业需求的定制化、差异化的专属网络服务，可大大满足垂直行业的需求。

表 8–1　不同业务对于网络上行速率的需求

上行速率	业务
100~600Kbps①	控制信令传输、患者定位、生命体征监护和危险报警、远程超声（遥感控制信号、力反馈触觉信号）、人员管理
4~6Mbps	1 080P 数据传输（比如无人机采集视频、医患视频、远程超声 B 超探头影像、远程机器人手术、远程会诊）、无线投屏、高清视频会议、园区视频监控
15Mbps	4K 高清视频
60Mbps	8K 高清视频，VR 4K 视频
120Mbps	轮吊远程操控（按每个小区 3 台，每台轮吊约 10 路视频）

表 8–2　不同业务对于网络下行速率的需求

下行速率	业务
100~600Kbps	控制信令传输
4~6Mbps	1 080P 数据传输（比如医患视频、远程超声 B 超探头影像、远程机器人手术、远程会诊）、无线投屏、高清视频会议
10~15Mbps	4K 高清视频、云办公
60Mbps	8K 高清视频，VR 4K 视频
200~300Mbps	民航客机后舱上网（可能前舱部分飞行数据）

从平面覆盖到立体覆盖

随着 ATG（地空宽带网络）上网需求和无人机应用场景的多样化，蜂窝网络需要全面的空域覆盖，这就对网络的空域覆盖提出了更高的要求。目前 4G 蜂窝小区主要为地面用户提供服务，实测 120 米以上低空空域存在较多盲区，易发生失联。5G 可提供全方位的广度和高度覆盖，通过进行网联配置和低空覆盖优化，进一步满足多样化场景的覆盖

① Kbps 约为 10^3 比特每秒。——编者注

需求。不同业务对于网络高度覆盖和网络广度覆盖的需求分别见表 8–3、表 8–4。

表 8–3　不同业务对于网络高度覆盖的需求

高度覆盖	业务
0~10 米	无人机（植保）、AGV（自动导引运输车）控制
50~100 米	无人机（电力 / 基站勘探、指挥 / 救援、航拍娱乐、空中监控、物流运输）、塔吊远程控制
200~300 米	无人机（农田信息测绘）
3~10 千米	ATG

表 8–4　不同业务对于网络广度覆盖的需求

广度覆盖	业务
特殊场景热点覆盖（室内）	移动办公类（云办公、无线投屏、高清视频会议）、医疗设备接入、移动查房、远程会诊、远程超声、远程手术、视频监控
特殊场景热点覆盖（室外）	无人机（航拍娱乐、农业勘查）、塔吊远程操控、办公园区、应急救援医疗车、视频监控
特殊场景沿线覆盖（室外）	无人机（电力、港口、基站巡检）、AGV 控制、ATG
城市区域覆盖（室外）	无人机（指挥、救援、监控）
郊区、农村（室外）	无人机（物流运输）
海面 30~40 千米覆盖	超远距离海面覆盖

时延、可靠性、安全、定位精度等性能需求提升

不同的行业应用对网络的时延、可靠性、安全和定位精度等性能也提出了更高的需求，对于远程控制类业务需要采用 5G 网络的 uRLLC 特性满足 99.999% 的高可靠需求和低时延需求；无人机、资产追踪需要网络提供亚米级的定位精度；行业对数据安全的要求越来越高，5G 通过采用不同的安全隔离方案全方位满足行业的需求，不同业务的具体性能要求见表 8–5。

表 8–5　不同业务对于网络性能的需求

时延	业务
20 毫秒	轮吊操控、AGV 无人机远程控制
50 毫秒	无人机远程控制、轮吊远程视频回传、远程机器人手术
100 毫秒	远程超声、远程会诊
200 毫秒	无人机图像传输、病人生命体征监护、移动查房、办公人员管理

可靠性	业务
99.9%	上网类业务（移动办公、ATG 等）
99.9~99.99%	图像传输类业务（比如无人机图像采集、医疗视频类传输、电子病历类传）
99.999%	远程控制类业务（比如无人机操控、AGV、远程手术控制）

定位	业务
0.1~0.5 米（室外）	无人机（自动充电、农业测绘）、AGV 控制
1 米（室内）	资产定位、机器人查房
1 米（室外）	资产定位
<5 米（室外）	无人机（飞行控制）
<10 米（室内）	员工定位、病患定位

数据安全性	业务
无须隔离	挂号系统、无人机（娱乐直播）
逻辑隔离	安防监控、巡检、物流采集、远程控制（比如 AGV 远程控制、塔吊远程操控）
物理隔离	本地企业 OA（办公自动化）、ATG

打造 IoTaaS 创新能力

构建 5G 行业专网，打造 IoTaaS

针对 5G 时代物联专网需求，运营商将提供行业领先的端到端行业专网建设和交付能力，打造“网络切片即服务”的经营模式，通过集中一体的网络切片服务平台为垂直行业提供高可靠、强性能、易部署的专网服务，更好地满足行业用户的定制化需求。

在物联网专网的基础上，运营商可通过丰富的物联网终端，物联网管理平台，推进物联网“云－网－边－端”全链条体系建设，构建物联网切片与专网能力，为行业客户提供端到端的物联网服务，打造全新的物联网商业模式。

5G 专网解决方案架构，包含虚拟专网和物理专网服务（见图 8–2）。

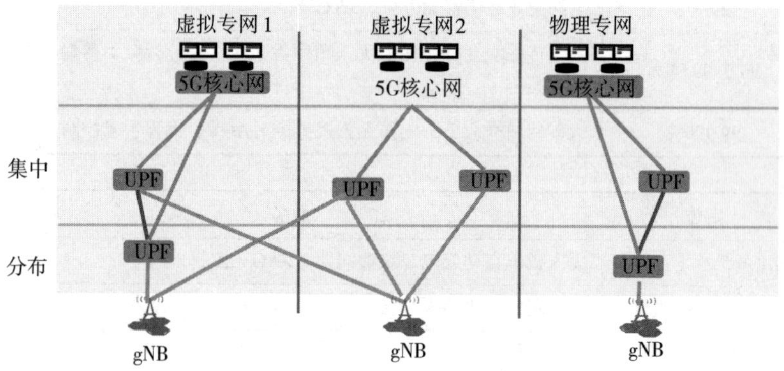

图 8–2　5G 专网解决方案架构

虚拟专网服务

虚拟专网是指与公网共享频率的网络，其通过 5G 切片的方式提供服务。5G 切片将 5G 核心网进行逻辑隔离，为垂直行业提供有一定隔离性的端到端网络服务。

从业务承载性能需求角度，5G 公网 5 毫秒帧结构可以满足园区办公、金融、教育等绝大部分行业应用需求。对于部分上行容量要求较高的行业应用（如多路视频回传），可以通过适当增加 5G 公网基站密度的形式解决，虚拟专网网络架构见图 8–3。

专网用户与公网用户根据业务在核心网出口流向企业数据中心或互联网。在已有公网覆盖条件下，该方案具有网络部署快速、投资小的优势。

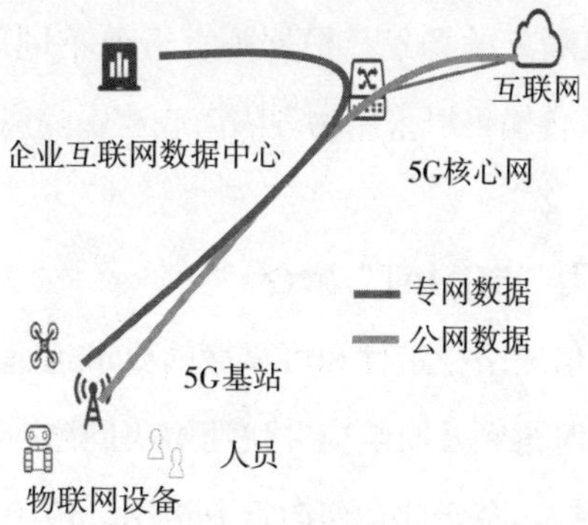

图 8-3　5G 虚拟专网网络架构

物理专网

对于性能要求极高的场景，如单用户上行带宽要求极高或同时要求极高时延及可靠性的应用，需考虑帧结构可灵活调整的独立频段，采用与公网不同的独立频段建设物理专网，可根据专网业务需求，在新增专用站点上定制专网帧结构和参数配置，与公网完全独立（见图 8-4）。此外，部分行业用户存在频率隔离、设备隔离的需求，如监狱、部分工厂车间产线场景等，其可以考虑在公网划分出部分频率资源构建物理专网，专网数据独占部分频率资源，与公网数据载波隔离，保护专网数据不受公网业务干扰。

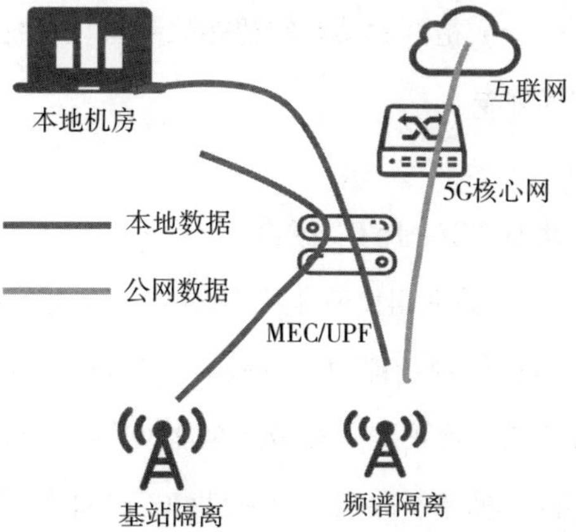

图 8-4　5G 物理专网网络架构

针对无线物理隔离的场景，根据垂直行业不同等级的安全隔离要求，5G 核心网以及传输可以采用物理隔离或逻辑隔离的方案。

物联网智慧网管助力“5G+IoT”融合

行业客户对通信网络稳定性和可靠性的要求远远高于公网用户，需要在网络发生故障时得到及时响应并快速解决问题，行业客户本身希望对本地网络可管可控。基于此，面向行业组网，传统的网管方案已经不能适应灵活的网管需求，新型智慧网管应满足如下条件。

可预测：面向公专融合网络，可构建以区域为粒度的网络资源共享池，实现精细化的自适应动态容量规划，提高网络资源利用率。对网络隐性故障进行预测，在故障发生前就及时预警并进行自动处理或提示人工干预，提高网络运行稳定性。

可交付：可形象化地呈现网元的位置、状态和配置等信息，界面化管理网元，基于用户和业务特征体现出网元的“社群关系”。对于基本的网管参数，客户在不具备专业知识的情况下也可以进行简单操作，实现可管可控。

可扩展：网管平台应与业务平台实现对接，可以综合多维度信息，利用机器学习算法结合专家经验，训练生成故障定位和根因分析模型，并不断迭代更新，形成精准的动态的智能故障管理系统，提高故障定位与排查的效率和准确率。

物联网行业终端助力“5G+IoT”融合

行业终端与智能手机相比有很大的不同，其主要体现在需求差异大，有些仅需要基础的通信能力，有些需要具备运算能力的通信模块，有些需要 dongle（软件保护器）类型的全能型模组。行业终端关注的性能需求也不尽相同，速率、时延、可靠性和安全性等要求各不相同，有些终端则对授时、定位、切片等能力有特殊需求。此外，行业终端还必须满足行业特有的要求，如防水、防爆、抗震动、低功耗等，以适用于不同工况条件。

目前无线通信模组在各个行业的应用场景不断扩大，文化娱乐、智慧交通、智慧城市、智能制造、远程医疗等领域对蜂窝无线通信模组尤其是中高速模组的需求呈现爆炸性的增长。如何快速地将 5G 通信能力集成到行业终端中是亟须解决的问题。

新技术的引入需要终端接入能力的提升，但行业一般对成本比较敏感，行业终端的替换面临着旧投资的浪费和新投资的增加，因此，终端利旧是行业引入新技术要考量的重要因素。CPE（客户终端设备）或 DTU（数据传输单元）为行业终端的利旧提供了技术手段。首先，早期能够接入 Wi-Fi 的终端可以直接接入 5G CPE 或 DTU 实现 5G 能力的引入；其次，对于可靠性要求很高而无法使用 Wi-Fi 接入的设备可以通过 RJ45[①]、USB（通用串行总线）、HDMI（高清多媒体接口）等有线接口与 CPE 或 DTU 实现连接。所以，5G 数据类终端在 5G 商用初期或终端利旧方面将发挥重要作用。

但 CPE 和 DTU 也有其自身存在的弱点，一是这类设备一般需要独立供电，二是设备体积和重量比较大，这导致移动性或外观要求较高的终端无法直接使用这类设备，比如无人机、MR（混合虚拟现实）设备等。

鉴于 CPE 和 DTU 设备存在的不足，行业终端内置通信模组是技术成熟后行业终端发展的必然趋势。在此背景下，5G 通用模组已经成为推动 5G 行业应用的纽带，有助于解决行业碎片化的问题，是行业终端具备 5G 通信能力的关键一环。通过统一封装尺寸、统一接口定义，进一步形成产业标准，可以降低 5G 终端的研发门槛，通过规模经济效应降低行业终端的研发成本，促进垂直行业对 5G 的采用。

不同行业对于 5G 通信模组的要求各不相同，通过对垂直行业的调

---

① RJ45 是标准 8 位模块化接口的俗称。——编者注

查和分析，充分挖掘各行各业对于5G和5G模组的需求与应用场景，我们可以归纳出以下三类模组形态。

基本型：在5G时代，5G模块的基本类型将是大多数场景中使用最广泛的模块，如实时超高清视频监控、联网无人机、联网汽车、ACPC（全互联个人电脑）、8K超高清在线视频和工业路由器等。

智能型：人工智能和VR技术等应用程序需要高性能计算能力来处理实时数据。因此，除了对基本类型的建议外，这类模组还要求包含一个高性能的处理器。

全能型：一体式的5G模块提供内置天线模块，行业终端无须进行相关设计就可直接采用，这降低了设备研发成本。

通过在行业终端上集成5G通信模组可以实现行业终端多样化的需求和定制化要求，行业客户可根据自身需求选择符合要求的5G通信模组，同时可开发定制化的需求，比如授时、精准定位等。对公网内网同时有访问需求的终端，需要研究双SIM（用户识别模块）卡、双注册的工作机制。

由于行业终端的使用场景更加多样，使用环境更加复杂，因此对终端的质量要求更加严格，终端的测试、认证和质量保障体系尤为重要，“芯片–模组–终端”三段式的解决方案可以降低行业终端的测试成本，提升测试效率。

5G+Cloud

云计算技术发展历程

云计算的起源和发展

“云计算”概念从提出到现在历经了15年的飞跃发展，已经成为全社会信息数字化的首要技术，这大大推动了社会经济的发展。当今社会，对普通用户来说，计算、存储已经可以像水电一样去获取和使用了。然而 15 年前，云计算是在什么样的背景下产生的呢？

21 世纪初，在出版社公司奥莱利和灵动媒介国际公司之间的一场头脑风暴论坛上，Web 2.0（第二代互联网）概念首次被提出。Web 2.0 是相对于 Web 1.0（第一代互联网）而言的。在 Web 1.0 时代，网络通常由网站雇员主导，其生成内容供用户浏览，到了 Web 2.0 时代，越来越多的用户在从互联网获得所需应用和服务的同时，也将自己的数据上载到网络上共享与保存，从而催生出博客（Blog）、内容聚合（RSS）、百科全书（Wiki）和社交网络（SNS）等典型的 Web 2.0 应用。[5] 随着 Web 2.0 的产生和流行，那些网站，尤其是视频和图片共享网站每天都要接收处理海量的数据。同时，为了给用户提供新颖而有吸引力的服务，网站软件的开发周期越来越短，新的功能以每月、每周甚至每天的速度被加入进来。网站的拥有者逐渐意识到只有提升网站的处理能力，加快对新业务的响应速度，才能在激烈的竞争中生存。因此，他们需要一个平台，那里能够提供充足的资源、灵活的处理能力来保证其业务增长。然而，基础设施的扩容成本和维护成本对绝大多数网站来说都是一笔不小的投资，而且随着业务量的快速增长，投资要不断追加，这并不是每个网站都能承受的，于是云计算的内在需求就出现了。

当网站拥有者苦于寻求解决方案的时候，另一边，芯片、磁盘等计算存储硬件产品则正按着摩尔定律周期性地增强处理能力，并变得更加廉价。于是拥有大量服务器和存储设备的数据中心逐渐进入大家的视野，它们被认为可以用来处理大量数据和复杂问题。与此同时，借助网格计算、分布式计算和并行计算技术的快速成熟，同时也借助运营商不断建设的健壮的管道资源，人们可以利用在地理上分散于各处的资源来完成大规模、复杂的计算和数据处理，这就是云计算。

所以说云计算的诞生是用户习惯和需求、技术演进带来的自然演变的过程。现今对云计算的定义有多种说法，最广为接受的是美国国家标准与技术研究院（NIST）给出的定义：云计算是一种按使用量付费的模式，这种模式提供可用的、便捷的、按需的网络访问，进入可配置的计算资源共享池（资源包括网络、服务器、存储、应用软件、服务），这些资源能够被快速提供，用户只需投入很少的管理工作，或与服务供应商进行很少的交互。

十几年来，云计算的发展历程就是云计算技术本身不断变革和服务模式不断创新的历程。

- 2006 年，亚马逊第一次把云计算服务进行了商用，发布了两款产品，即 S3（简单存储服务）和 EC2（弹性计算云），这使得企业可以通过“租赁”计算容量和处理能力来运行其企业应用程序。但是，当时外界对于这种商业模式外界并不看好，大家普遍认为云计算投入高、利润薄，并且其存在很大的技术不确定性。直到 AWS（亚马逊云服务）独立发展一年多之后，IBM、甲骨文、惠普等传统软硬件厂商才开始逐渐意识到云计算是新技术浪潮的信号。
- 2007 年，谷歌相继推出了免费网络邮件服务 Gmail、谷歌地球、谷歌地图等产品。在这一年的发布会上，谷歌的首席执行官施密特表示，随着互联网网速的提高和互联网软件的改进，云计算能够完成的任务越来越多，90% 的计算任务都可以通过云计算的方式完成。
- 同年，IBM 推出了“蓝云”计算平台，为客户带来即买即用的云计算平台。它包括一系列的自动化、自我管理和自我修复的虚拟化与云计算软件，这让来自全球的应用可以访问分布式的大型数据中心，从而使得数据中心在类似于互联网的环境下运行计算。
- 2008 年 10 月，微软推出了基于云计算的操作系统 Windows Azure，接着在次年推出 Azure 云服务，Azure 被认为是微软继 Windows（视窗操作系统）取代 DOS（磁盘操作系统）后的又一次颠覆转型——通过在互联网架构上打造新的云计算平台，让 Windows 由个人电脑延伸到云上。

- 2009 年，阿里云成立，至此中国国内才真正开启追赶美国云计算的步伐。两年之后，腾讯云、百度云及三大运营商纷纷开始对外提供云服务。
- 2010 年，美国国家航空航天局和云计算中心 Rackspace 共同发起了云计算管理平台项目 OpenStack。得益于行业众多技术专家的贡献，OpenStack 目前已经成为云平台的首选，在部署 NFV 网络时，为实现对自己的系统和网络的自主掌控，大多数公司（包括运营商在内）选择了 OpenStack 平台。
- 2014 年，在虚拟化的技术发展了几年后，崇尚技术为先的谷歌开始另辟蹊径，为了解决虚拟机资源使用效率低、难以快速启停和调度的问题，其把自研的基于容器的调度管理系统 Borg 开源，并将其命名为 Kubernetes。后来 Kubernetes 和应用容器引擎 Docker 结合，逐渐在 PaaS（平台即服务）领域建立起不可动摇的地位。目前 5G 的网元大多基于容器开发。
- 2015 年开始，各大运营商逐渐预见到了未来业务和网络的发展趋势，同时也看到了传统网络在满足高带宽、大流量业务方面的缺陷和不足，于是大家纷纷引入虚拟化、云计算和 SDN 等信息技术界的技术，探索运营商网络的转型之路。

2017 年，3GPP 发布 5G SA 架构设计，引入 SBA 和云原生等概念，对传统的电信设备进行了根本性的改造，采用容器技术来构造电信网元。至此，5G 和云计算的结合更加紧密。

云计算的类别

云计算有多种不同的分类。主流的分类方法包括按照服务类型分类和按照部署模型分类。

按照服务类型划分，云计算常见的服务类型有三种，从下往上分别是 IaaS（基础设施即服务）、PaaS 和 SaaS（软件即服务）。

- IaaS 是三种服务模式中最接近底层资源的，这种模式下云服务商给客户提供信息技术设施服务，其中包括服务器、网络、存储以及数据中心空间的出租。这是目前最广泛的云计算服务的提供模式。
- PaaS 可以理解为云服务商提供了基于云的运行环境，将应用所需的管理基础软件、数据库服务和网络等资源提供给客户，客户可以专注于应用的开发和部署。
- SaaS 则指的是客户通过互联网和浏览器使用云服务商提供的软件，最常见的 SaaS 是基于 Web 的电子邮件。客户在使用 SaaS 服务时，服务的维护和底层基础设施的管理都不需要操心，统一由云服务提供商来负责。

按照部署方式划分，云计算常见的部署模型有公有云、私有云和混合云三种。

- 公有云：指的是由一些公司运营和拥有，部署在互联网上，通过网络为其他组织或个人提供价格合理的计算、存储和网络资源的快速访问。公有云的优势显而易见，企业可以在不投入新的硬件和软件的情况下，获得最新和最可靠的服务。底层资源和能力的维护由云服务提供商负责。这也是云计算起源的初衷。近年来，公有云受到攻击或因为故障导致服务中断的新闻时有报道，所以在考虑是否适用公有云服务时，企业在安全保障和持续服务提供方面会特别关注。

- 私有云：私有云是由公司自己拥有和运营的云基础设施，出于对资源的专用和安全考虑，私有云通常部署在公司内部，其上部署的应用一般是企业内部的核心应用程序和业务数据。基于威睿（VMware）的私有云服务和软件因其产品的可靠性和稳定性曾是最受企业欢迎的私有云部署选择，但考虑到持续的高成本支出，目前大部分企业开始尝试基于开源的 OpenStack 构建自己的私有云系统。
- 混合云：顾名思义是私有云和公有云的混合，同时具有“公共云”和“私有云”的特征及功能。一般企业考虑安全性的需求会构建私有的云计算基础设施，但同时也希望可以突破私有云的硬件限制，使用公有云丰富的资源。因此，混合云正逐渐成为近年来云计算的发展方向，这既节省了成本，又获得了一定的扩展性。

5G 与云计算的结合

5G 诞生于互联网和信息技术高度发展的时代，云计算这一在互联网和信息技术领域生根发芽的理念已经写入了 5G 的基因。同时，5G 作为拥有大宽带、低延时和海量数据处理等特征的基础通信技术，也使得对通信能力十分依赖的云计算本身得到了更加多样化的发展空间。

5G 基于云计算构建，催生高效敏捷的软件化网络

在 5G 之前，运营商在打造通信网络时已经开始考虑采用 SDX（软件定义）的设计理念，结合云计算的实现方式，突破传统通信网络架构不够灵活和敏捷的限制，然而改造现有网络面临着大量的改造和投资利旧等问题，进展缓慢。从设计时运营商就考虑了 5G 与云计算的天然共生问题，5G 既能够作为一个应用构建在云上，又进一步能采用云原生的理念重构自身，并且能够充分发挥云网联动的优势。可以说，从诞生之

初，5G 身体里就流淌着云计算的血液。

5G 网络在云上构建

运营商的网络由大量的通信设备组成，传统上这些通信设备的功能软件和硬件设备是紧密绑定的，这就导致通信设备根据其功能需求的不同而表现为形态各异的硬件。当需要部署新的业务功能时，就需要新的网络设备逐步替换旧设备，新增一个功能软件一般意味着新增一个硬件设备。硬件设备的不断替换一方面带来了较高的成本投入，另一方面导致运营商对新业务的响应迟缓，因为专有的硬件设备开发周期较软件长。传统的软硬一体的通信设备已经不能满足运营商的需求。

随着通信网络改造需求的增大以及业务创新迭代速度的加快，运营商所面临的成本压力越来越大，业务创新需求也越来越多。云计算技术的成功引起了通信技术产业的重视。云计算、虚拟化技术所提供的低成本、高灵活性的信息技术基础设施（包括虚拟资源池）成为运营商解决其传统网络痛点的希望。于是 2012 年开始，云计算首次走进电信领域，全球包括美国电话电报公司、中国移动在内的 12 个主流运营商在欧洲电信标准协会提出的 NFV 概念，其核心理念是运用虚拟化和云计算技术将传统电信设备软硬件解耦，采用通用服务器代替原有的 ATCA（先进电信运算架构）专用硬件，将 VNF 以软件的形式运行在通用信息技术云环境中，以降低网络成本，同时实现敏捷运营，缩短业务上线时间，以应对来自互联网巨头的竞争。NFV 的引入使得各大运营商开始大规模构建数据中心来承载电信网元，从核心网设备到接入设备，从电信网元到管理支撑系统，各大运营商纷纷迈出了“上云”的步伐。

NFV 的逻辑架构可简单划分为以下几个部分：用于整体编排、控制管理的 MANO（虚拟网元管理编排组件），网元赖以部署的 NFVI（虚拟网元基础设施），VNF 和 OSS/BSS（运营支持系统 / 业务支持系统）。NFVI 包括 NFV 的硬件设施和虚拟设施，其中 NFV 硬件设施指 NFV 软件赖以运行的通用硬件，包括服务器、存储设备和网络设备；NFV 虚拟设施指运行在这些通用硬件之上的宿主操作系统、虚机或容器等。NFVI正是借鉴了云计算的核心技术要素形成的。

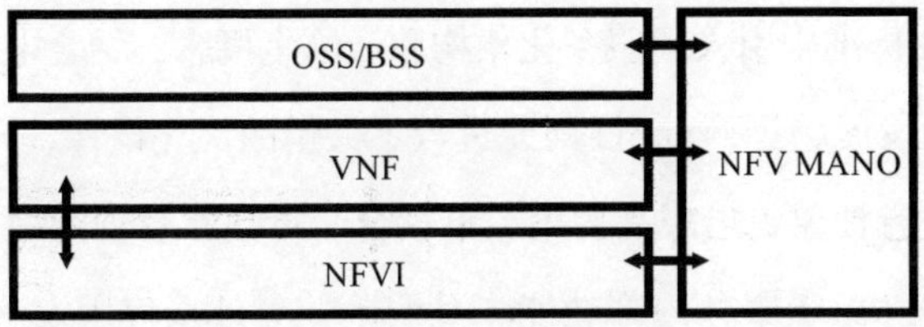

图 8–5　NFV 的逻辑架构简图

5G 在定义之初，业界就达成了一种共识，5G 必须是基于 NFV 构建的，也就是说从一开始 5G 就必须是基于 NFV 技术的软件化网络。此外，NFV 技术也是构建 5G 切片的关键使能技术。基于 NFV 构建的 5G 网络、5G 切片网络，使得运营商在增加 5G 业务功能、动态生成新的 5G 切片的时候，不需要涉及通信硬件的升级替换，这避免了网络设备的无限制膨胀，有利于实现敏捷化的网络部署。此外，基于 NFV 构建的 5G 软件化网络，使得通信业务的创新和上线速度大大加快，由传统的硬件开发集成变成软件开发，开发人员的门槛大大降低，开发集成和部署的速度明显加快，提高了创新能力。

5G 网元按照云原生设计

经过多年的发展，云计算开始从应用外部环境的云化转向关注应用内部架构的云化，云原生的概念正是在这样的背景下被提出来的。云原生的概念最初由来自大数据公司 Pivotal 的马特 · 西内于 2013 年首次提出。这个概念是马特 · 西内根据其多年的架构与咨询经验总结出来的一个技术体系和方法论，包含的内容非常多，其中包括持续交付、微服务、敏捷基础设施和 12 要素等几大主题，甚至还包含根据业务能力对公司进行文化、组织架构的重组与建设，方法论与原则以及具体的操作工具。近年来，云原生已经成为云计算的重点发展方向。

云原生最大的特点就是可以迅速部署新业务，运营商也正是看中了其这一特点，在5G标准制定时明确引入云原生概念，云原生的引入进一步提升了5G快速响应个人用户和垂直行业客户提出的新需求的速度。3GPP在5G标准中引入了服务化架构和云原生概念，结合电信网络的现状、特点和发展趋势，对5G网元进行了大量的优化设计，同时，将5G网络功能进行抽象，形成高内聚、低耦合、可独立管理的原子化功能单元，即服务。由于服务内部功能小且明确、对外接口固定且协议一致，因此运营商对特定服务的升级不会影响到其他服务，云原生成就了5G服务快速部署和弹性扩缩容能力。

5G网络基于云网联动

5G网元可以构建在云上，但要将网元组成网络会涉及网元、云资源、网络资源的协同和联动，传统采用手工部署的方式时间长、效率低而且容易出错，5G的云化优势会大打折扣。以在数据中心内部部署一套“IMS+EPC”的系统为例，系统中共有21个VNF，传统部署方式共耗时约一个多月。引入编排器与SDN控制器，实现云网联动，实现网络的自动化配置和部署，将大幅提高业务部署上线效率，原先以月为单位的部署周期将缩短到天甚至小时。

除了数据中心内部的云网联动，在统一编排下，依托NFV和SDN技术实现的跨数据中心云网联动，使网络具备了NaaS能力，从而使5G网络切片成为可能。

5G网络能力和特性催生云计算更为丰富的应用场景

云计算作为一种按需使用、按量计费的服务模式，对于可用的、便捷的、按需的网络访问具有严重的依赖。事实上，在20世纪70年代就有了云计算的雏形，云计算经历了期望高峰和泡沫幻灭，直到2000年之后互联网开始普及才逐渐产生了实际的应用场景，并随着4G这一真正意义上的移动宽带的实现开始兴盛。5G的到来，不但使得通信带宽产生了数量级的跃升，而且带来了低时延、本地分流、网络切片等新的特性，云计算所依赖的网络能力大为增强，网络特性大为丰富，这直接催生了云计算本身产生出更为丰富多彩的应用场景。

5G的超高带宽促使更多应用、更多企业上云

对普通用户而言，5G带来的最直观的改变还是快，想象一下如果一部高清电影几秒钟就下载完了，想象一下在手机上浏览本地照片视频和浏览云盘中的体验是一样的，想象一下不需要本地安装就可以顺畅地玩《王者荣耀》甚至是VR/AR游戏，那么在资费合理设置的情况下，本地存储甚至是计算都将被云端取代，手机终端将成为云的入口，5G将直接催生云端生态的极大丰富以及终端形态的一次新的变迁。

对企业而言，云计算已经作为一种重要的生产工具在影响着经济的运行和企业的发展。管理学大师彼得·德鲁克有句名言：重要的不是趋势，而是趋势的转变。把握趋势的转变才是一个企业成败的关键。对于当前的数字化转型趋势，“上云”是一个重要的转变。当前越来越多的企业通过采用第三方云服务商提供的云平台和服务，受益于上云的业务敏捷性和成本节约，而阿里巴巴、华为、腾讯、百度、亚马逊等都已在这一趋势中成长为云计算领域的大玩家。从政策上看，工信部印发的《推动企业上云实施指南（2018—2020年）》指出，云计算是信息技术发展和服务模式创新的集中体现，是信息化发展的重大变革和必然趋势。支持企业上云，有利于推动企业加快数字化、网络化、智能化转型。到2019年，中国云计算产业规模将达到4 300亿元。预计到2020年，中国将新增上云企业100万家，形成典型标杆应用案例100个以上，形成一批有影响力的云平台和企业上云体验中心。5G的超宽管道给云计算插上了飞翔的翅膀，将直接拉动企业上云的速度和规模，从而推动数字化经济转型。

5G 的低时延、本地分流与控制面和用户面的功能分离特性促使云计算向网络边缘延伸

传统的云计算架构下，数据处理都需要传给远端集中部署的数据中心，然而随着自动驾驶、智能工厂、物联网等业务的兴起，数据量以及数据处理实时性要求显著提升，传统集中式云数据中心的模式将面临挑战。为了解决这个问题，数据的处理必须下移，将云计算向靠近用户的网络边缘延伸。

早在 2003 年，与云计算有密切联系的 CDN（内容分发网络）作为一种将集中化内容推送到网络边缘的技术已经为大众所了解，但云计算本身的边缘延伸并未实现，这与当时通信网络的能力有很大关系。4G 时代，虽然国际标准也开始支持 SAE–GW（核心网的架构演进网关）的本地部署与控制面和用户面的功能分离架构，但由于错过了 4G 大规模部署的时间窗口以及 4G 网络本身并非采用 NFV 而不易进行架构升级，4G 时代没有给出解决云计算向边缘延伸问题的方案。从通信能力上，5G 显著提升了通信带宽，更为重要的是引入了低时延的特性，使得数据实时处理的需求可以被满足；从网络架构上,5G 的用户面和控制面天然分离，与云计算边缘延伸密切相关的用户面网元可以独立部署在网络边缘；从网元功能上，5G 用户面网元可基于识别目的 IP、源 IP 及 APN 实现本地分流，可以区分业务进行不同方向的分流处理；从网元部署上，依靠 NFV 可实现 5G 用户面网元在网络边缘的灵活部署，突破了 4G 时代的部署困境。可以说，依靠 5G 的能力和特性，云计算可以做到真正意义上的边缘延伸。

同时，我们需要认识到，云计算的集中模式和边缘模式并不是互相替代的关系，在 5G 业务场景下云计算在边缘侧和集中侧的能力协同尤为重要，让集中侧聚焦于海量数据分析以及处理，对外输出智能化的决策和控制指令；同时让边缘侧成为执行单元，为集中侧提供数据采集和初步处理的支撑，才能形成相互协同、优势互补的发展态势。

5G 局域网和切片特性可以更好地满足云的隔离需求

在不同企业或者业务上云之后，其存在根据可靠性、安全、SLA、业务属性等差异的隔离需求，云计算本身可以提供按租户进行物理或者逻辑隔离的能力，但是在通往云的管道上也需要解决隔离问题。我们知道可以采用 SD-WAN（软件定义广域网）或者专线的方式实现部分场景的隔离，但对于用户不在确定位置访问云的情况，5G 给出了 5G 局域网的方案，即通过 5G 核心网用户签约与云租户进行映射，让用户不论在哪里访问都能进入确定的 SD–WAN 或专线隧道，从而访问确定的云租户（专有云）。

另外，5G 还具备网络切片的特性，即可以让运营商在一个硬件基础设施中切分出多个虚拟的端到端网络（逻辑隔离），并通过 MANO 编排能力，进一步按照业务需求（如高带宽、超高实时性等）、服务提供商、用户等维度对业务进行精细化区分和资源配置，从而在通往云的网络管道中实现对各种不同类型垂直行业的差异化服务。

构建 CloudaaS 的 5G 网络，打造一站式的云网融合服务能力

5G 时代，云计算将成为服务的主入口，运营商为了提升服务能力和信息化水平，应加快网络设备云化改造步伐，构建以云为核心的新型网络架构，实现网络资源按需供给和网络能力开放共享，打造面向社会生产生活的一站式基础设施服务，为提供云网融合化的服务奠定基础。此外，5G 高带宽、低时延的特性将大大促进公有云和私有云的发展，公有云、私有云、运营商的网络设备云在资源规划、容量部署上需考虑协调发展。

图 8–6 给出了 5G 规模部署后多云协调共存的示意图。未来多云协调共存的架构以集中和边缘两层架构为主。集中层面包含面向用户提供基础通信服务的电信云，面向企业客户助力产业转型升级的公有云和私

有云。边缘层面由于受制于机房条件和资源规模，其更有可能将不同类型的云资源整合在一起，为垂直行业提供差异化服务。

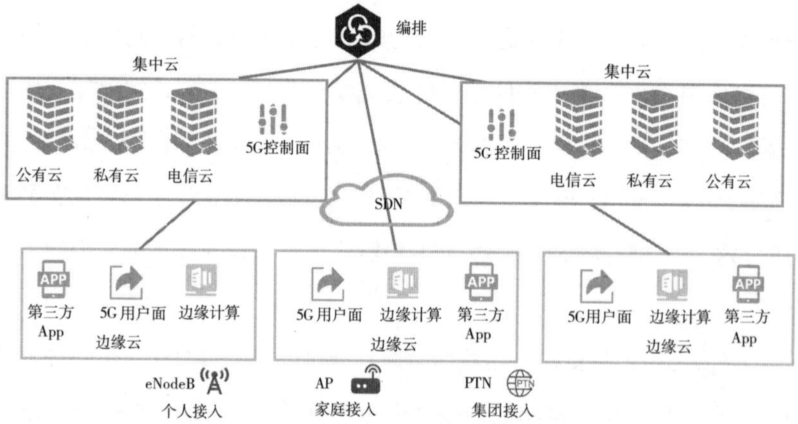

图 8–6　未来多云协调共存示意图

为打造一站式云网融合服务能力，运营商应有效协同云计算、SDN技术，构建灵活的基础设施、引入智能调度和编排能力，实现云服务能力和5G网络能力的无缝衔接与深度融合。在基础设施构建方面，根据客户在集中和边缘侧不同的计算需求，打造灵活的基础设施，并实现“云”和“边”的能力、资源协同。在智能调度方面，通过在数据中心内和数据中心间部署SDN技术，并在企业侧和数据中心部署SD–WAN来满足企业用户云网一体化的需求。目前云网一体化有云互联、云专线和云宽带等业务场景，主要是面向大中型企业客户，实现企业混合云部署、跨资源池的容灾备份、数据迁移，以及中小企业的宽带接入互联网等需求。此外，在智能编排方面，在两级组网架构和云网融合的趋势下，云和边、云和网如何无缝对接，如何实现业务随选是实现云化一站式服务的关键。所以运营商需要打造一套懂业务的“云”和“网”，使得云资源和网络资源都能够感知到业务的变化，通过云边协同和智能编排实现整体服务质量的提升，实现业务、资源和网络的协同管理和端到端编排调度，最终实现云网融合的目标。

5G+Data

大数据的提出背景与发展历程

自 2012 年以来，“大数据”一词越来越多地被提及，人们用它来描述和定义信息爆炸时代产生的海量数据，并以之命名相关的技术发展与创新。最早提出“大数据”时代到来的是全球知名咨询公司麦肯锡，麦肯锡称：“数据，已经渗透到当今每一个行业和业务职能领域，成为重要的生产因素。人们对于海量数据的挖掘和运用，预示着新一波生产率增长和消费者盈余浪潮的到来。”

对于“大数据”，麦肯锡给出的定义是：一种规模大到在获取、存储、管理、分析方面远远超出了传统数据库软件工具能力范围的数据集合，具有海量的数据规模、快速的数据流转、多样的数据类型和价值密度低等特征。研究机构加特纳则将“大数据”定义为一种需要新处理模式才能具有更强的决策力、洞察发现力和流程优化能力来适应海量、高增长率、多样化的信息资产。在维克托·迈尔－舍恩伯格及肯尼斯·库克耶编写的《大数据时代》一书中，他们提出大数据最大的特点是不用随机分析法（抽样调查）这样的捷径，而采用全量数据进行分析处理。

在各方定义的大数据所具有的不同特征中，“多样性”和“价值”最受人们关注。“多样性”之所以最受关注，是因为数据的多样性使得其存储、应用等各个方面都发生了变化，针对多样化数据的处理需求也成为技术重点攻关方向。而“价值”则不言而喻，不论是数据本身的价值还是其中蕴含的价值都是企业、部门、政府机关所最希望得到的。因此，如何将如此多样化的数据资源转化为有价值的数据资产，是大数据技术所要解决的重要问题。

大数据作为一场技术革命，已经在深刻地改变着我们的生活、工作和思维方式，继移动互联网、云计算后，大数据逐渐成为对于 ICT 产业具有深远影响的技术变革。大数据技术的发展与应用，对社会的组织结构、国家的治理模式、企业的决策架构、商业的业务策略以及个人的生活方式都产生了深刻影响。为此，各国纷纷提出了大数据的规划、计划、政策以及项目，推动大数据为其国民经济和社会发展服务。

2011 年，韩国提出打造“首尔开放数据广场”；2012 年，美国启动“大数据研究和发展计划”，联合国推出“数据脉动”计划；2013 年，日本正式公布以大数据为核心的新信息技术国家战略；2015 年，中国国务院正式印发《促进大数据发展行动纲要》，提出到 2020 年，中国将形成一批具有国际竞争力的大数据处理、分析、可视化软件和硬件支撑平台等产品，并且培育 10 家国际领先的大数据核心龙头企业，500 家大数据应用、服务和产品制造企业；2016 年，中国工信部印发《大数据产业发展规划（2016—2020 年）》，提出全面推进大数据发展，加快建设数据强国。

5G 与大数据相互促进

随着 5G 时代的到来，5G 通信网络具备的技术特征与大数据产业必将相辅相成、相互促进和协同发展。

5G 网络 eMBB、uRLLC、mMTC 三大技术的引入，进一步增强了大数据的 4V[①] 特性，5G 开始进入社会各行业应用，则进一步拓展了大数据的价值。

5G 通信网络的 eMBB 功能特性将大大增强大数据的 Volume 特性

从表 8–6 中可以看出，自中国移动 4G 商用以来，每个用户的平均

① 4V 指 Volume（海量数据规模）、Velocity（高速数据处理）、Variety（多样数据类型）和 Value（应用价值）。——编者注

上网流量每年成倍增长，4G促进了流量类业务的高速发展，手机游戏、手机视频、短视频等业务迅猛增长，在国家“提速降费”的政策推动下，手机以及各类流量应用日益成为人们生活不可或缺的一部分。

表8-6　中国移动2013—2018年每月每个用户手机上网流量增长值

年份	平均流量（MB[①]）	增长率
2013	72	—
2014	155	15.28%
2015	339	118.50%
2016	697	105.70%
2017	1 399	100.90%
2018	3 600	166.20%

来源：中国移动年报。

随着5G通信网络eMBB能力的增强，未来用户在手机上可以观看高清实时直播，采用VR/AR技术进行沉浸式的游戏，这将进一步推高每个用户的平均上网流量。伴随着上网流量的提升，大数据系统需要采集的数据源将大大增加，其需要处理的数据量也将成倍增长。

5G通信网络的uRLLC功能特性将大幅增强大数据的Velocity特性

传统的大数据采集多以离线方式为主，数据存储在数据仓库中，之后进行统计分析、汇总处理，分析出的结果用来辅助网络优化、市场营销、客户服务等业务应用。随着5G通信网络uRLLC能力的引入，大数据采集能力将进一步得到增强，终端与云端应用之间的数据交互时延进一步缩短，数据传输得到更有效的保障，云端应用对于终端的实时控制能力进一步增强。

5G时代，云端应用也将具备更加高速的数据处理能力，支持云端的大数据应用实时从终端采集数据、处理数据并反馈给终端，以控制终端

① $1MB \approx 10^6B$。——编者注

的行为，例如车联网、云端机器人等应用场景。

5G 通信网络的 mMTC 功能特性将成倍扩展大数据的 Variety 特性

如表 8–7 所示，随着共享自行车、智能家居等新业态的迅猛发展，近年来物联网连接数成倍增长，5G 通信网络 mMTC 大连接技术的引入，将支持每平方公里百万级的连接数，能够为各类物联网应用带来更多的适用场景，诸如智能家居、穿戴设备、工业控制、环境监测、社会治理等物联网应用领域将支持更多的连接，这些不同应用情景下的物联网连接会给大数据平台引入更加多样化的数据类型，基于多种类型大数据开展关联分析，必将进一步促进大数据应用百花齐放。

表 8–7　中国移动 2015—2018 年物联网连接数情况

年份	连接数（万）	增长率
2015	6 500	
2016	10 300	57.00%
2017	22 900	122.00%
2018	55 100	140.70%

来源：中国移动年报。

5G 通信网络的“产业联合创新”特性将深入挖掘大数据的 Value 特性

5G 通信网络的“产业联合创新”特性使得其在垂直行业能够发挥更大的作用，在 5G 研究阶段，运营商就纷纷联合产业合作伙伴开展跨行业的联合创新，将 5G 终端和模组应用到各行各业，云端系统可以获取各行业的大数据，并将这些数据进行关联聚合，催生更有价值的大数据应用，更好地服务于跨行业数据分析。

同时，大数据也能进一步提升 5G 通信网络的运营、运维工作的自动化、智能化水平，5G 网络架构采用 SBA 架构模式，在基础设施层面采用云化技术，从而让 5G 网络与传统网络相比，更具动态性，更加适合于软件控制与调整。利用大数据平台能力，自动采集网络运行的告警及各类指标数据，开展数据分析工作，洞察网络运行状况，能够进一步帮助网络管理人员调整网络运行策略，降低网络运维成本，增强网络运行控制的自动化水平。在此基础之上，更进一步通过引入人工智能能力，提升网络运行智能化控制水平。

依托 5G 大数据平台，构建 DataaaS 能力

5G 时代的大数据平台架构

5G 通信网络中有数量众多的终端及传感器，以及边缘计算技术的引入，导致端点和边缘承担的作用愈加关键，数据在这些位置交付，为实时决策、个性化服务或延迟敏感的行动提供参考。

IDC 发布的《数据时代 2025 白皮书》对于 5G 时代数据可能产生的位置进行了说明，其中包括核心、边缘和端点三种。核心，包括企业和云提供商专门的计算数据中心，其中涵盖了所有种类的云计算，包括公有云、私有云和混合云，此外还包括企业运营数据中心，如运行电网和电话网络的数据中心。边缘，指不位于核心数据中心的服务器和设备，包括服务器机房、位于一线的服务器、基站以及为了加快响应时间而分布在各个区域和偏远位置的较小的数据中心。端点，包括网络边缘中的所有设备，如电脑、电话、工业传感器、联网汽车和可穿戴设备等。

5G 时代，端点和边缘承担的作用愈加关键，所有数据都在这些位置实时交付，这些数据用来为数据消费者提供实时决策、个性化服务或为其他对延迟敏感的行动提供信息参考。从端点收集的数据是在边缘采集的，边缘是实现智能和分析的重要位置，而基于数据的情报和分析，对于加快业务响应、改进用户体验，以及提升企业运营效率是必不可少的。

边缘和端点之间越来越关键的一种互动就是联网汽车，据 IDC 估算，由于在行驶中高度依赖集成在车身的大量摄像头采集和分析的视

频，一辆自主式汽车每小时可产生超过 3TB 的数据，这还不包括资讯娱乐数据。随着车与车之间的通信逐渐普及，以及机器学习和人工智能技术不断革新车载智能驾驶算法，产生的数据将会继续增多。

为实现数据的及时服务、高效采集和减少交互，5G 时代大数据平台的系统设计原则采用就近采集、分布存储以及整体向上汇聚的方式，实时数据可直接对接到应用系统，实现实时业务展现。采用批量数据分层存储方式，开发者可在每一层按需得到数据，边缘托管租户既能使用平台全网数据，又能在区域分布节点上实时管理和使用自己的个性化数据。

随着移动互联网的发展，任何 OTT 的业务面向的客户均为全网客户，不再有地域间区隔，因此，外部大数据客户对于大数据平台的需求也是全网的，不再限于单省内的客户群体（见图 8–7）。而诸如车联网、5G 切片等业务类型，由于其终端用户会在全国范围移动的同时要求使用相同的网络环境、业务体验，这就要求无论从核心节点、分布节点还是边缘节点接入大数据平台，都能有权限访问全网业务及客户数据。

因此,5G 时代，企业大数据平台向外部大数据客户提供“一点接入、全网服务”的能力显得尤其重要。大数据平台通过连通核心主控节点、核心分布节点和边缘分布节点，将为所有在各层节点接入的外部大数据客户提供统一、无差别的大数据访问环境。

5G 时代大数据的数据源

随着中国 5G 通信网络的建设步伐加快，国家大数据战略逐步推进，大数据产业发展必将提速。是否拥有数据源，以及大数据保有量、数据应用水平，将成为决定大数据企业增强市场竞争力的关键。5G 时代，eMBB、uRLLC、mMTC 三大技术的引入，以及 5G 通信网络在社会各行业的广泛应用，将进一步拓展大数据的数据源。

5G 网络商用部署及万物智联加速发展，将催生大数据在各领域应用的需求快速增长。5G 时代的典型应用包括超高清视频、VR 直播、V2X、

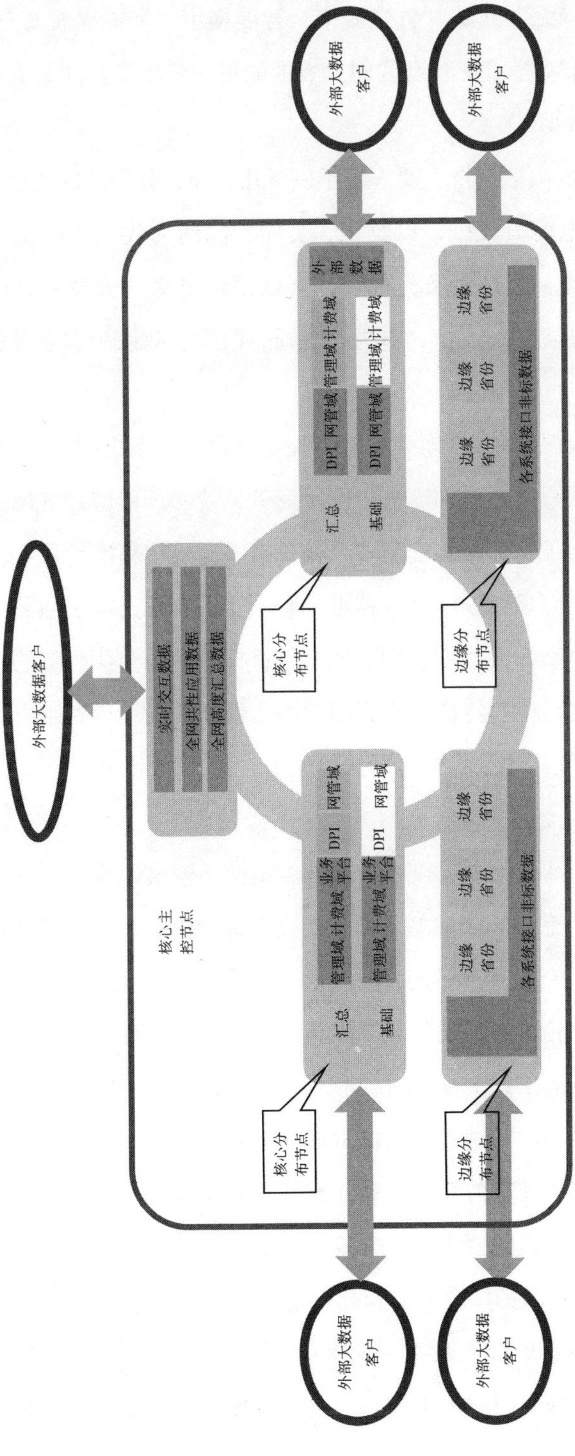

图 8-7　5G 时代大数据平台架构

工业物联网、无人驾驶、智慧城市、智能楼宇、智能穿戴等，因此5G时代的大数据将是对现有互联网大数据的进一步丰富，同时完善了各个垂直行业的数据。

5G时代的大数据将主要来源于以下几方面，分别是以阿里巴巴、京东为代表的电商大数据，以腾讯、美团、滴滴为代表的社交及生活大数据，以百度、今日头条为代表的互联网信息聚合大数据，以及各个垂直行业包括金融、通信、电力、交通、医疗、政府、农业等的行业大数据。

电商大数据：在5G时代，电商业务将进一步下沉到三、四线城市，这些地区的用户群体更加庞大，电子商务系统必须能够处理海量的电商销售数据。为了更好地匹配用户个性化需求，实现精准销售，需要借助大数据技术在海量数据中提取精准信息。营销推荐是电子商务交易类互联网应用中典型的大数据应用实例，其目标是使用企业收集的用户购物数据，挖掘用户行为特征，找到用户的个性化需求，预测用户可能喜欢的商品，再将预测结果数据推送给用户，从而刺激用户产生新的购买行为。

社交及生活大数据：以社交网站、微博、微信、共享自行车、生活服务类应用（美团、58同城、携程、高德地图等）为用户提供便利的平台，每天都在产生大量的用户社交和生活大数据。借助5G便利的通信网络，与用户相关的其他信息（如地理位置、交通行为、医疗信息、与智能家居交互的信息）也同时被收集、整合，成为用户社交及生活大数据的一部分。通过对这类大数据进行深入分析，各行业可以了解用户的思维、生活习惯及其对社会的认知，这些数据能够进一步及时反映经济社会动态与情绪，预警重大、突发和敏感事件，协助提高社会公共服务的应对能力，对维护国家安全和社会稳定具有重大意义。

互联网信息聚合大数据：搜索引擎是最主要的互联网信息获取和聚合类应用，搜索引擎天生就是一个大数据系统，互联网产生了海量数据，如何从中精确找到需要的信息是互联网大数据应用的重要方向。借助5G高速通信网络，搜索引擎索引的网页数量将大幅增加，利用大数据技术对网民搜索内容、习惯、爱好、行为、关键词等进行深入分析，可为社会热点事件（如流行疾病暴发、群体异常行为等）跟踪、社会舆情感知、公共政策制定等提供依据。

金融大数据：5G时代的网络延迟将缩短至毫秒级，加之边缘计算的应用，现有金融服务流程间的网络卡顿将不会再被用户感知，移动端金融服务的速度和质量都将超乎用户想象。因此可以采集的金融大数据将更为全面，金融大数据强调运用大数据资产和大数据思维经营金融业务，基于数据进行投资决策。在金融市场交易中，每个交易者都希望在市场上找到能让他们低买高卖的模式，大的金融机构更是花费重金，使用大数据技术针对海量金融交易数据做深度的分析挖掘，打造自己的量化交易系统，以期能在变幻莫测的市场风云中更早一步识别潜在的风险和机会。

通信大数据：电信运营商为了提供更好的网络通信质量和更灵活的计费方式而建设了一系列的信息技术系统，比如网络管理系统、深度报文检测（DPI）系统、信令分析系统、计费系统、客户关系管理系统等。这些系统原本设计的目的是用于内部的管理，但是其长期累积下来的海量数据被发现可以用于其他业务方向，例如可用于增强电信运营商本身的商业模式，或者让其他行业或企业的商业模式更具竞争力。5G时代的通信大数据无论是在质还是量上都将进一步得到完善，此外电信运营商在提供固话、移动通信、宽带等基础电信服务的基础上，也提供一系列增值业务，如音乐、图书、下载、动漫、支付等，这些互联网和移动互联网的应用在为用户提供服务的同时也积累了大量的数据。

电力大数据：电力大数据是大数据理念、技术和方法在电力行业的实践，是大数据应用的重点领域之一，其涵盖了从数据采集、存储、处理、分析到提供预测、评估等数据价值挖掘服务的全过程。智能电网的理念，是通过获取更多有关我们如何用电、怎样用电的信息，优化电的生产、分配以及消耗。5G 智能电网成为 5G 网络与电力行业相融合的典型案例之一，采用 5G 网络切片技术为电网业务提供高质量可保障的网络通信服务，能有效支撑电力行业智能化、能源互联网的业务发展。

交通大数据：目前，大数据技术在交通运行管理优化、面向车辆和出行者的智能化服务、交通应急和安全保障等方面都有着重大发展，未来基于大数据技术的智慧交通建设将会成为中国交通的发展方向。自动驾驶作为 C–V2X（车与万物互联）技术应用范畴中的重要一环，高度依赖 5G 网络的高带宽和低延迟的特性。车辆在自动行驶的过程中会通过大量的摄像头和传感器收集到海量的数据，同时需要与交通设施和其他交通参与者进行交互，而这些数据的通信需要一个足够宽广的通道来运行，这就是 5G 网络能够辅助自动驾驶的基础。

医疗大数据：随着计算机网络和信息技术的发展以及现代医学技术的不断进步，医学与健康相关数据正在急速增长。5G 时代，对于远程监测类、远程会诊和指导类医疗场景，5G 网络将为其带来高带宽和高可靠性体验，而对于移动急救和远程操控类医疗场景，5G 网络能带来超低时延和超大连接数的通信效果。这些医疗场景都会产生大量的医疗数据，如何高效收集、处理、存储、交换和挖掘海量的医疗与健康相关的大数据，从而为医护人员的及时和正确诊断、个人健康的监测护理与诊疗建议、医疗相关机构的管理与决策提供大数据分析和系统支持，已经成为跨医学和计算机科学领域一个重要的研究和产业发展方向。

政府大数据：政府数据是一笔巨大的财富，也是开启智慧政府的钥匙。智慧政府离不开政府开放数据，而政府开放数据形成的生态圈将有力推动智慧政府又好又快的发展。政府数据总量以及种类庞大繁多，与民众生活密切相关。虽然政府拥有这些高价值数据，但是其数据资产的利用和运营仍处于较为原始的阶段。5G 网络带来的高带宽将有利于提升政府大数据的共享程度，能够容纳百倍于目前的数据共享量级，为促进城市、行业与上下级部门之间的数据共享和协同带来质的跨越，而5G环境下的云存储、云计算能力大幅提升，建设云上智慧城市的梦想也变得有路径可循。

农业大数据：农业大数据作为大数据的重要分支，是大数据理论、技术、方法在农业领域中的专业化实践和应用。5G网络的发展将为农民和农业企业提供智慧农业所需要的基础设施，农业大数据应用依托部署在农业生产现场的各种传感节点（收集环境温湿度、土壤水分、二氧化碳、农作物图像等信息）和5G通信网络，完成农业大数据采集、传输、存储、处理等全流程各环节的数据管理，结合大数据分析挖掘技术，最终实现农业生产环境的智能感知、智能预警、智能决策、智能分析和专家在线指导，为农业生产提供精准化种植、可视化管理和智能化决策服务。

5G时代的大数据应用场景

运营商内部大数据应用

随着5G时代的来临，流量资费越来越低，依托于流量数据的内容价值则越来越高。电信运营商需要形成以大数据为中心的运营机制，以支撑新形势下的市场营销工作，把内容推荐给最合适的人群。同时，运营商还要开发各类网络大数据分析应用，提升通信网络的自动化、智能化水平，彰显大数据的价值。

目前运营商内部大数据应用场景主要有以下两类。一是市场类大数据应用场景，包括客户画像分析、客户离网分析、业务价值分析、营销渠道分析、流量发展分析、业务标签分析、业务推荐分析、营销方案分析、资费管理分析等。二是网络类大数据应用场景，包括移动互联网质量分析、高流量用户迁移、语音质量分析、网络健康度分析、网络流量自动调优、客户感知溯源分析、网络性能监控、基站规划选址支撑、终端投放支撑等。

赋能外部大数据行业应用

5G时代，大数据作为一种赋能性技术，将如同人类社会的基础资源水和电一样，作用于经济社会的各个层面。围绕大数据产业链，互联网、金融、通信等领域的大数据技术产品发展较快，创新此起彼伏，应用广度不断拓宽，深度不断加强。同时，电力、交通、医疗、政府、农业领域的大数据应用也明显提速。以下简单介绍一些5G时代背景下，大数据赋能通信行业以外行业应用的实践案例。

智能营销推荐：营销推荐作为最常见的大数据应用之一，5G时代必将再次大展身手。它以用户购物行为大数据为基础，通过连接更多数据来源，创建海量用户标签，生成精准的用户画像，为企业开展实时营销、智能营销提供支撑。智能营销推荐常见的使用场景包括根据物品推荐物品，典型的例子是在电商网站上推荐已购买过的商品。为用户推荐物品，最典型的是个性化邮件过滤和基于浏览历史的推荐。为用户推荐用户，像社交网站上的好友推荐和电商网站上的“跟您相似的顾客”等都属于此类。

社会舆情分析：舆情分析是社交网络中典型的大数据应用场景，指对热点事件在网络上的传播过程加以监测，了解人们对舆情的态度，从而在必要的时候加以干预和引导。5G时代，信息发布的门槛更低，信息传播速度更快，各种真实和不真实的信息在社交网络上随时都可能得到爆炸式的传播。利用大数据技术收集和分析社交网络上传播的数据内容，分析其背后隐含的意义，能够对特定的事件进行预测。

互联网信息搜索：为了进一步提高搜索效果，搜索引擎越来越多地引入大数据处理技术，为搜索系统提供更高的计算能力。抓取并索引的网页数量就是衡量搜索引擎质量的重要因素之一，如今，百度、必应、谷歌等主流的搜索引擎都要抓取数以千亿计的网页，同时索引数百亿的网页，以提供良好的搜索服务。借助5G高速、高带宽通信网络，搜索引擎公司就能高效处理如此巨量的数据以及计算网页的各项特征，为索引数十亿计的网页打下基础。

个人征信评估：征信行业的产品除了信用服务咨询外，主要组成部分是信用报告，所以个人信用信息数据的获得与分析处理对征信行业来说至关重要。5G 凭借高速通信网络和大数据技术，可以将用户的信用交易记录同步转化为信用记录，一方面实现了个人信用信息快速收集及查询与存储的自动化、智能化，另一方面大大节约了数据传递和整合的时间，降低了数据处理的成本。

智能投资顾问：一直以来人们都希望在纷繁复杂的金融市场上找到规律，数以亿计的股民是二级市场的终端消费者，他们的市场判断与投资情绪对整个股市产生着不可忽视的影响。然而在人们的情绪信息不可见也无法收集的时代，人们无法通过这种路径对股市进行判断。直到社交网络的兴起，自媒体成为人们表达个人观点的重要平台。5G 时代，海量的社交网络信息可以很方便地收集和加工，并以可理解的数据形式储存，为个人或投资机构利用金融大数据开展情感分析，进而为预测金融市场走向提供了可能。

交通事件预警：近年来，随着经济的快速发展，机动车持有量迅速增加，交通管理现状和需求的矛盾进一步加剧。借助 5G 通信网络高带宽特性，交通大数据处理系统对所拍摄的图像进行分析提取号牌号码、号牌颜色、车身颜色、车标、车辆品牌等数据，并将获取到的车辆信息连同车辆的通过时间、地点、行驶方向等信息进行数据存储、查询、比对等处理，当发现肇事逃逸、违规或可疑车辆时，系统会自动向拦截系统及相关人员发出告警信号，为交通违章查纠、交通事故逃逸、盗抢机动车辆等案件的及时侦破提供重要的信息和证据。

电力负荷预测：近年来，国内电网负荷峰谷差不断增大，为满足尖峰负荷需要，发电侧、电网侧都投入了大量资金，这就造成社会资源浪费。电力负荷预测是电力调度、用电、规划等部门的重要工作之一，实质是对电力市场需求的预测，提高负荷预测技术水平，有利于电力调度管理，合理安排电网规划建设，能进一步提高电力系统的经济效益和社会效益。利用 5G 通信网络高带宽、低延时、大连接特性，通过推广应用智能电表及建设用电信息采集系统，可以有效采集海量的用户负荷曲线数据，为电力负荷预测分析奠定扎实基础。

流行疾病预测：谷歌 2009 年对甲型 H1N1 流感暴发的预测比美国疾病控制与预防中心（CDC）提早 1~2 周，当时震惊整个医学界和信息技术领域科学家，研究报告发表在《自然》杂志上。国内百度公司 2014 年 7 月上线了“百度疾病预测”，其借助最新大数据技术，为用户呈现身边的疾病信息，通过这些信息不仅可以了解当前流行病态势，而且可以看到疾病未来 7 天的变化趋势，提前做好预防措施。5G 时代，通过互联网收集到的更多的流行疾病数据，有助于构建更科学、全面的流感预测模型，为流行疾病预测和防治起到积极的作用。

企业经营行为监测：5G 通信网络的加速建设，有助于提升政府治理水平。政府掌握着全社会最大量、最核心的数据，依托 5G 高速通信网络和其拥有的大数据资源，可以将市场主体精确定位到电子地图的监管网格上，并集成企业的基本信息、监管信息和信用信息，对内提供企业经营行为监测服务，对外提供数据查询、分发和分析服务。基于工商大数据，政府可以为中小型企业提供产业动态、供需情报、行业龙头、投资情报、专利情报、海关情报、招投标情报、行业数据等基础情报信息，为中小企业全面提升竞争力提供数据信息支持。

农业精准种植：5G 通信网络的广泛应用，结合物联网技术，将为农民和农业企业提供智慧农业所需要的基础设施，其对农业大数据的挖掘和应用，有助于增强农业活动跟踪、监测、自动化和分析能力。在农业大数据应用方面，通过在田间对土壤进行采样，使用配置的 GPS 接收机把样品采集点的位置精确地测定出来并输入计算机，计算机依据地理信息系统将采样点标定，并绘出一幅土壤样品点位分布图，由分布图来自动控制田间各点的施肥种类和施肥量，这能够为合理施肥和田间管理提供科学依据。

5G 时代的大数据安全管理与隐私保护

5G 通信网络的安全隔离特性能够进一步强化大数据安全管理能力，基于 5G 切片业务可以构建从无线网到传输网、核心网逻辑层面相互隔离的子网，为不同的大数据应用采集、传输和使用数据提供安全保障，避免数据泄露。但在同时，5G 时代的大数据在安全管理与隐私保护方面也面临着新的挑战。

5G 时代，有关用户生活行为的大数据更为全面、多样和容易获得，这些数据在存储、处理和传输等过程中面临更多安全风险，因此，大数据具有安全管理与隐私保护的需求。而实现大数据安全管理与隐私保护，较以往其他数据安全问题更为棘手，因为大数据运营商往往既是数据的生产者，又是数据的存储者、管理者和使用者，单纯通过技术手段限制商家对用户信息的使用，以实现用户数据安全管理和隐私保护是极其困难的。

5G 时代的大数据来源更加广泛，其中汇集了各种来源、各种类型的数据，包含了很多和用户隐私相关的信息。大量事实表明，大数据如未能妥善处理将会对用户的隐私造成极大的侵害。很多时候人们有意识地将自己的行为隐藏起来，试图达到隐私保护的目的，但是，在大数据环境下，当大数据企业通过用户零散数据之间的关联属性，将某个人的很多行为数据聚集在一起时，用户的隐私就很可能会暴露，因为有关他的信息已经足够多，这种隐性的数据暴露往往是个人无法预知和控制的。

在 5G 时代大数据背景下，人们面临的威胁并不仅限于个人隐私泄露，还在于基于大数据对人们状态和行为的预测。例如零售商可以通过历史记录分析，得到顾客在衣食住行等方面的爱好、倾向等；社交网络分析研究也表明，可以通过其中的群组特性发现用户的属性，例如通过分析用户的微博信息，可以发现用户的政治倾向、消费习惯和其他爱好等。

5G时代，如果想更好地使用大数据，发挥大数据价值，就必须解决好用户数据安全管理和隐私保护的需求。如果仅仅因担心数据安全和隐私问题而不公开数据，那么大数据的价值将无法体现，因此，对于5G时代的大数据，数据安全管理和隐私要求主要体现在，对用户数据做好安全防护的基础上，在不暴露用户敏感信息的前提下进行有效的数据挖掘，这有别于传统的信息安全领域更加关注文件的私密性等的安全属性。

根据需要保护的内容不同，隐私保护又可以细分为位置隐私保护、标识符匿名保护和连接关系匿名保护等。但大数据时代快速变化的数据给隐私保护带来了新的挑战，因为现有隐私保护技术主要基于静态数据集，我们必须考虑如何在这种复杂环境下实现对动态数据的利用和隐私保护。

为了应对大数据背景下给个人信息保护工作带来的巨大挑战，当前世界各国正试图通过修订或增加法律法规，扩大关于个人信息的保护范围，以及强化保护力度。欧盟于2016年出台了GDPR（《一般数据保护条例》），增加了数据主体的被遗忘权和删除权，引入强制数据泄露通告、专设数据保护官员等条款，同时其中包含了更严厉的违规处罚。非欧盟成员国的公司（包括免费服务）只要满足下列两个条件之一，就受到GDPR的管辖：一是为了向欧盟境内可识别的自然人提供商品和服务而收集、处理他们的信息，二是为了监控欧盟境内可识别的自然人的活动而收集、处理他们的信息。这些条例将对中国企业的移动应用安全以及数据收集、处理和交易产生重大影响。

中国个人信息保护以分散立法为主，尚未制定专门统一的个人信息保护法。个人信息保护立法体系由法律、行政法规、部门规章、地方性法规和规章、各类规范性文件等共同组成，这就形成了多层次、多领域、内容分散、体系庞杂的个人信息保护法律体系。中国个人信息保护法律体系框架基本形成，已经初步建立起了以《网络安全法》《关于加强网络信息保护的决定》为核心，包括《刑法》《征信业管理条例》《电信和互联网用户个人信息保护规定》等法律、行政法规和部门规章在内的个人信息保护立法体系。

5G+Edge Computing

边缘计算基本概念

边缘计算的发展历史

边缘计算指在靠近数据源或用户的地方提供计算、存储等基础设施，并为边缘应用提供云服务和信息技术环境服务，意在用户近端实现更安全、实时的智能化业务。相比集中部署的云计算服务，边缘计算解决了时延过长、汇聚流量过大等问题，为实时性和带宽密集型业务提供更好的支持。

边缘计算的起源可以追溯到20世纪90年代，阿卡迈率先推出了CDN，该网络在接近终端用户的地方设立了传输节点。这些节点能够存储缓存的静态内容，比如图像和视频等。到了2003年，阿卡迈又与IBM合作“边缘计算”。当时阿卡迈承担了全球15%~30%的网络流量，通过CDN的形式包装成“分布式计算”或“边缘计算”的概念为客户提供以内容分发为中心的云服务。

近些年来，围绕边缘计算展开的标准化项目和产业联盟快速发展。国际上，欧洲电信标准协会自2014年开始研究移动边缘计算，迄今为止，该协会共发布10多本白皮书。2017年，欧洲电信标准协会将“移动边缘计算”更名为“多接入边缘计算”，将应用范围扩大至包含固网接入的各类网络场景。

在国内，边缘计算产业联盟于2016年11月成立，该联盟先后发布了《边缘计算参考架构2.0》《边缘计算产业联盟》等白皮书，进而发布了一系列应用边缘计算技术的测试床，推动了国内边缘计算产业的发展。2018年4月，SDN/NFV产业联盟成立“MEC应用推进工作组”，并由中国移动担任组长。该组织将推动NFV、SDN、边缘云、云管理编排等多个领域的联动发展，促进相关技术成熟，培育商业案例落地，进一步做强边缘计算产业。

边缘计算技术的发展现状

迄今为止，边缘计算已经形成了一个OICT（运行与网络信息技术）产业融合的泛生态环境。在运营技术（OT）、信息技术与通信技术融合发展的大背景下，计算、存储、连接资源需要有机地结合在一起，为各行业应用提供端到端的网络和业务承载能力。

在运营技术领域，工业界各大公司对于现场数据采集、业务流程处理有着深厚的积累。运营技术领域对边缘计算的研究一般是从现场业务实时性和智能化的需求出发，自下而上地向万物互联和泛在智能的工业互联网演进。这其中较为典型的先驱者是通用电气的Predix边缘系统和西门子的Simatic IOT2000。

Predix发展至今已经远远不只是一个工业互联网平台，它包括了边缘、平台和应用三个主体，其中Predix边缘系统为边缘设备提供了一个网关框架Predix Machine。基于该框架，合作伙伴可以开发各类现场接入协议，实现边缘设备的连接和数据的采集。与通用电气不同，西门子依托自己强大的硬件设计能力打造了一款边缘计算智能网关Simatic IOT2000。该智能网关可以实现对异构传感器系统的数据采集，并在本地将数据进行预处理并按需转发给云平台。不难看出，运营技术领域涉足边缘计算的研究主要着力于对现场级设备具体业务能力的深耕。

在信息技术领域，边缘计算将原有的云计算模型的部分或全部计算任务迁移到网络边缘设备上，这样可以降低云计算中心的计算负载，减小网络带宽的压力，提高万物互联时代数据的处理效率。随着工业互联网的持续发展，各大互联网云计算巨头纷纷意识到边缘计算在提高用户实时性体验、提供差异性服务等多个方面具备的先天优势，并发布了一系列边缘计算解决方案。其中较为典型的是亚马逊发布的 GreenGrass 服务以及微软发布的 Azure IoT Edge 套件。

2016 年 AWS 推出 GreenGrass 边缘计算套件，它能够以安全方式在互联设备上运行本地计算、消息收发、数据缓存、同步和 ML Inference（机器学习推理）功能的软件。类似 AWS Greegrass，微软在边缘计算领域的解决方案是基于 Azure 云服务的物联网网关 SDK，它提供了一个可以配置边缘设备并进行业务部署的软件框架。通过亚马逊和微软在边缘计算领域的实践，我们可以看出互联网公司在该领域的探索主要依托云计算能力向工业现场设备的扩展和渗透。

运营技术领域的玩法是立足优势的现场设备向上生长出平台级边缘计算能力，信息技术领域的玩法是立足优势的云计算能力向下生长出现场级边缘计算能力，而通信技术领域应当如何参与这场盛宴呢？运营商的优势不在于现场级，而在于位置稍高一点儿的网络边缘。以中国为例，中国铁塔具备约 200 万的基站基础设施，三大运营商具备数以万计的区县级汇聚机房和数以千计的地市级核心机房，并且运营商拥有服务于广大用户的高质量网络接入。因此，通信技术领域应立足优势的网络接入和边缘机房优势，与信息技术和运营技术领域协同合作，壮大边缘计算的应用场景和解决方案，走出一条具备 OICT 特色的边缘计算发展道路。

边缘计算技术体系架构

边缘计算技术体系涉及多个专业领域，具体来看可以分为行业应用 SaaS、PaaS 能力、IaaS 设施、硬件设备、机房和承载等几个重要领域（见图 8–8）。

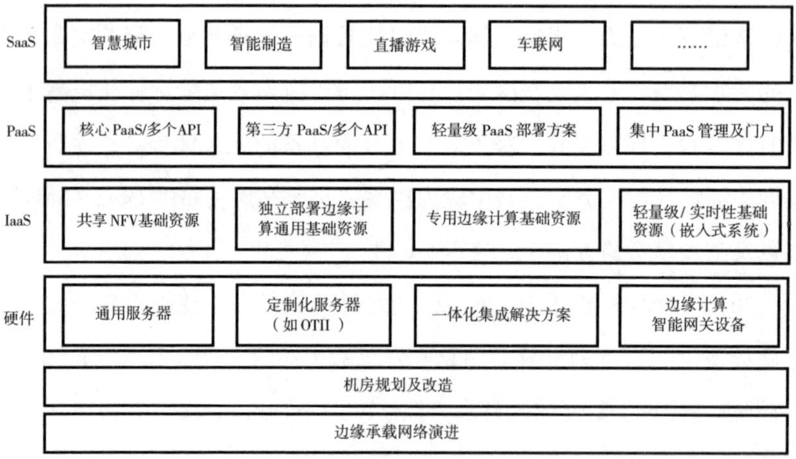

图 8–8　边缘计算技术体系架构

边缘计算 SaaS 层包含了各垂直行业通过网络部署在靠近用户侧的边缘计算平台上的应用。PaaS、IaaS 和硬件平台是边缘计算技术体系中的关键赋能模块。在 PaaS 方面，运营商利用自身网络资源的独特优势，可以通过基础 PaaS 平台为上层应用提供各类特色网络能力。第三方 PaaS 平台也同样重要，因为往往在一些特定的垂直行业中，第三方的合作伙伴对行业逻辑有着更加深刻的理解，它们可以快速地在边缘计算生态中提供解决行业痛点问题的 PaaS 能力。在 IaaS 方面，基于运营商在 NFV 领域的探索，边缘计算需要考虑基础设施层面与云化网络的共享和融合，同时也要兼顾独立部署的能力。在硬件方面，考虑到边缘计算节点机房的条件，运营商需要对服务器外观和功率进行重新设计与定制。对于不同的垂直行业应用场景，还要考虑一体化集成交付能力以及各类现场智能化接入设备的丰富生态。

5G 与边缘计算的化学作用

边缘计算概念的提出和实践是早于 5G 网络架构的设计与标准化完

成的，虽然受到各领域的认可和重视，但是其并没有很好地得到大规模的应用和部署，也没有杀手级的应用场景出现，大多数边缘计算的实践仍是小范围、小规模或短时间的试验和应用。伴随着5G架构的提出，边缘计算再一次受到各领域的关注，并被认为是5G时代网络发展的重要方向之一。这一切正是得益于5G网络的本地分流能力。5G核心网架构设计中提出的数据面网元UPF，将本地流量卸载纳入了5G标准流程，使得边缘计算的引入从前5G阶段的局部改造变为“5G+”阶段的原生支持。可以说，低时延、大带宽、大连接的5G特征赋予边缘计算更为强健的能力，这些特征将边缘计算由“不可能”变为“可能”，由“局部实现”变为“全网推广”。

全新的边缘业务形态在带给用户更好的体验的同时，也对网络的带宽、时延及安全性等方面提出了更高的要求。4K/8K视频、VR/AR等生活娱乐为用户提供了身临其境的极致体验，以及丰富的人机交互体验模式，这些需要网络能够提供更大的带宽以及更低的时延；以车联网和智慧城市为代表的典型应用场景与移动通信网络深度融合，海量终端设备接入5G网络，同时还需要网络保障数据传输的可靠性；以现场级边缘计算为核心的工业互联网带来了现代工业的革新，这使得工业通过5G网络实现实时自动化管理，在实现低时延的工业协同控制和运动控制的同时还要保障数据的安全性。

图8-9　边缘计算的几大场景

低时延

用户访问时延主要由传输时延和处理时延两部分组成。在处理时延方面，硬件成本的下降、尺寸的缩小及性能的提升，使得数据分析处理能力可以下沉到网络边缘，计算能力边缘化可以减轻中心数据处理的负载，并且分散到边缘的数据量相对中心集中处理来说也是显著减少的，在考虑边缘服务器能力有限的前提下，边缘的处理效率仍与中心处理不相上下。在传输时延方面，将计算能力下沉到网络边缘即更靠近用户的位置，一方面可以缩短终端到服务器端的传输距离，对移动通信网络来说，5G 网络之前，移动终端都需通过部署在省核心机房的网关后连接互联网，对视频业务占据了绝大部分的移动流量来说，当全部终端都集中到省核心机房的位置时，大流量、多并发会给核心机房造成沉重负担，且传输时延及带宽问题也给用户体验带来不良影响。结合 5G 的本地分流能力，边缘计算应用可按需灵活部署，最低可部署基站的位置，提供毫秒级的用户体验。另一方面，计算能力下沉在拉近终端与服务器的距离的同时，也减少了数据在传输过程中中转的次数，这样还可以降低长距离传输中链路不稳定对时延造成的影响。

大带宽、大连接

5G 时代，以 8K 视频、VR/AR 为代表的视频业务将对网络带宽产生每秒数百吉比特的超高需求，同时 5G 还要支持每平方公里 100 万的超高连接数密度。大连接和大带宽均会对回传网络造成巨大的传输压力，单方面扩容汇聚与城域网络的解决方案将大幅提高单位媒体流的传输成本，无法实现投资收益。引入边缘计算，可以根据业务指标需求，将边缘计算平台灵活部署在网络各个层级，进而可以实现流量的本地卸载、用户的本地疏导。将部分流量和用户在本地分流，可以在保障正常服务的同时，将云端集中处理的模式变为边缘分布处理的模式，这将有效减轻上层的压力。因此，边缘计算的引入可以支撑 5G 网络下的大带宽、大连接等新型业务的开展。

安全性

在 5G 的某些应用场景中，数据的安全性是首要考虑的因素，比如在物联网和工业互联网场景中，终端采集的数据都具有一定的隐私性，这就对网络的安全性保障提出了更高的要求。一方面，边缘计算为这些终端提供边缘的连接和保护。另一方面，可以直接在边缘完成数据清洗的工作，提取高危特征，并反馈到网络中，实现有效的安防保障。若采用传统的云端集中处理模式，海量的数据处理会给服务器造成很大的负担，因此数据的边缘清洗可以显著提高系统工作效率。

“5G+ 边缘计算”的关键技术组合将打造“连接 + 计算”的新型基础设施平面，网络能力与计算能力的融合可以更好地对各类创新业务提供支持，促进 5G 网络与各领域新技术的融合发展，发挥 5G 网络的巨大潜力。对较为成熟的业务应用如 CDN、视频监控、人脸识别等来说，“5G+ 边缘计算”可以大幅提升用户的体验；对新型业务应用例如 8K/VR/AR 视频、车联网、智慧工厂等来说，“5G+ 边缘计算”将实现业务由“不可能”走向“可能”的跨代式发展。“5G+ 边缘计算”使得人与物、物与物的全面连接成为可能，在车联网、智慧工业、新媒体娱乐等行业应用全面引入 5G 提供的基础信息服务，颠覆传统产业，重构业态，促进社会经济的可持续发展。

构建电信级边缘基础设施服务，打造 MECaaS 能力

随着边缘计算应用场景在 5G 引入后逐渐丰富和成熟，边缘计算将广泛分布在网络边缘的多个位置层级，因此其必须结合边缘计算的特点，前瞻性地在网络边缘提前规划承载边缘计算业务的基础设施，使其能够满足现阶段以及未来相当长时间内边缘计算的需求。运营商应通过

打造“连接+计算”融合基础设施，提供电信级、可定制化的边缘云服务。

在之前边缘计算技术体系架构的阐述中，我们说到边缘计算也存在SaaS、PaaS和IaaS三种服务模式，PaaS、IaaS是边缘计算技术体系中的关键平台级基础设施，也是运营商拓展边缘计算的核心抓手。

边缘计算IaaS

边缘计算的业务需要部署在靠近用户和终端设备的网络边缘，部署形式可以根据商务模式、资源条件、业务需要、运维需求等因素，采用软硬一体的物理形态或承载在云资源池之上的云化形态。采用云化形态在部署、运维、计费方面更加灵活，其将是边缘计算IaaS的优选解决方案，该形态下边缘业务提供者可按需使用运营商提供的资源，避免重资产、重运维。边缘计算IaaS服务于云化形态的边缘应用，是用来部署和运行边缘计算业务和相关网元功能的云化基础设施，是云计算技术与边缘计算场景的结合。

边缘计算需要部署的业务或应用类型主要包括MEC App、MEC PaaS平台等，此外边缘计算还涉及网关类设备（如5G UPF）、无线设备（如5G CU）、CDN设备等电信网元，边缘计算IaaS要能够为上述业务和应用提供云化基础设施，满足不同业务和应用的需求。

边缘计算IaaS架构设计需要考虑如下几方面的核心理念。

管理方面，要兼顾统一运维、统一管理和轻量化、自治的要求

边缘计算的IaaS平台在地理上广泛分散，但在管理上应考虑将这些平台相对集中起来，以便降低运维管理成本和难度。运维方面，采用边缘计算IaaS云管理平台作为统一运维入口（省级或地市级），对辖区内所有边缘节点的IaaS进行运维管理，实现无人值守边缘节点的远程运维，并对NFVO（网络功能虚拟化编排器）等管理编排组件收敛北向接口以节省网络开销。管理方面，管理编排器（如NFVO）应具备边缘计

算 IaaS 资源的统一视图，以便对资源进行一致性的管理，并对边缘计算 PaaS 平台或业务申请 IaaS 资源进行授权。同时，区县以及接入等位置的边缘节点资源受限，可采用融合节点、压缩管理组件资源占用等将管理开销轻量化的方式，使得业务可用资源最大化。另外，边缘节点存在地市、区县、接入等多个位置，但每个位置的边缘计算 IaaS 都是可自治的云，不依赖其他边缘计算相关资源。IaaS 应在考虑自治需求的前提下尽可能地减少占用资源。

平台特征方面，考虑充分异构和灵活性

边缘计算的 IaaS 平台需要承载多种多样的业务，因此在平台特征上要充分考虑能力的异构，比如，边缘计算应用和相关电信网元可能采用了不同的设计与承载方式，从云的角度需要支持虚拟机和容器两种资源，因此边缘计算 IaaS 需要支持 OpenStack 云和 Kubernetes。又如，UPF 等用户面网元以及计算密度较高的边缘计算应用等对 CPU（中央处理器）的压力较大，需要支持将加速功能卸载到硬件实现。另外，考虑到边缘计算业务对网络灵活性的要求，区县以及接入等位置的边缘节点内组网需要扁平化设计且需支持 SDN，以及基于 SDN 的切片能力。

边缘计算 PaaS

边缘计算提供 PaaS 层服务，既能作为增值服务为平台创收，又能降低应用上线的难度。边缘计算的 PaaS 平台与公有云 / 私有云的 PaaS 平台有所区别。边缘计算数据中心的规模不大，将所有 PaaS 平台能力部署在边缘数据中心，是不明智的选择。边缘计算的 PaaS 能力，应按需部署。

PaaS 平台主要分为两部分。一是边缘计算 PaaS 管理平台。其为管理数千计的边缘数据中心以及数万的边缘网关平台，为用户和管理者提供统一的门户，能够展现边缘数据中心情况、资源使用情况、业务运行状态面板等。二是边缘计算 PaaS 运行平台。其提供应用的运维环境和运维工具，北向是统一的部署入口，优化面向垂直行业 SDK 和能力开放的引入，上报相应的资源状态信息和业务信息给管理平台。

引入 5G 后，PaaS 平台主要需解决以下问题。

充分暴露 5G 网络丰富能力，赋能边缘计算应用

边缘计算应用开发过程中，需充分使用 5G 网络提供的无线能力和核心网能力，这些能力是运营商独有的，如位置服务、带宽管理服务、无线网络时延信息服务等。这些能力可以在无线侧或者核心网侧提供 RESTful 接口给边缘计算，丰富边缘计算的生态。

边缘业务开通与 5G 网络分流息息相关，应紧密结合，打通流程

边缘业务部署完毕后，业务并不能够直接开通运行。边缘计算与公有云的环境是有明显差异的，其在访问业务时需要经过分流设备（如 5G UPF）。该分流设备属于电信网元，用户需向边缘计算平台提出需求，平台侧与网元管理侧再进行沟通和协商，以确保安全和不引入网络的抖动，然后对分流设备进行配置下发。

边缘计算 SaaS

如果说边缘计算 IaaS 和 PaaS 面向的是边缘计算应用与平台的开发商、服务商，那么边缘计算 SaaS 面向的就是真正使用边缘计算业务的客户，其提供的是面向各类行业的边缘计算业务。在众多垂直行业新兴业务中，对边缘计算的需求主要体现在时延、带宽和安全三个方面。目前智能制造、智慧城市、直播游戏和车联网 4 个垂直领域对边缘计算业务的需求最为明确。

在智能制造领域，工厂利用边缘计算智能网关进行本地数据采集，并进行数据过滤、清洗等实时处理。同时，边缘计算还可以提供跨层协议转换的能力，实现碎片化工业网络的统一接入。一些工厂还在尝试利用虚拟化技术软件实现工业控制器，对产线机械臂进行集中协同控制，这是一种类似于通信领域 SDN 中实现转控分离的机制，通过软件定义机械的方式实现了机控分离。

在智慧城市领域，应用主要集中在智慧楼宇、物流和视频监控几个场景。边缘计算可以实现对楼宇各项运行参数的现场采集分析，并提供预测性维护的能力；对冷链运输的车辆和货物进行监控和预警；利用本地部署的 GPU（图形处理器）服务器，实现毫秒级的人脸识别、物体识别等智能图像分析。

在直播游戏领域，边缘计算可以为 CDN 提供丰富的存储资源，并在更加靠近用户的位置提供音频和视频的渲染能力，让云桌面、云游戏等新型业务模式成为可能。特别是在 VR/AR 场景中，边缘计算的引入可以大幅降低 VR/AR 终端设备的复杂度，从而降低成本，促进整体产业的高速发展。

在车联网领域，业务对时延的需求非常苛刻，边缘计算可以为防碰撞、编队等自动 / 辅助驾驶业务提供毫秒级的时延保证，同时可以在基站本地提供算力，支撑高精度地图的相关数据处理和分析，更好地支持视线盲区的预警业务。

第九章 5G+Ecology：构建 5G 开放型生态体系

纵观人类社会发展史，科技的创新和突破不仅带来了社会生产效率的大幅提高，而且推动了产业生态的发展和演变。回顾信息通信业的发展历程，就是一部科技不断创新、生态不断跃迁的历史。从 20 世纪 80 年代以来，移动通信技术逐步实现从固定到移动、从模拟到数字、从电路交换到云网融合、从窄带到宽带、从人人互联到万物智联的演进，为社会、经济的发展不断注入新的动力，它们带动了整个产业生态发展，同时也提出了更高的生态系统的要求。“5G+”的到来，促使 5G 与人工智能、云计算、大数据、物联网、边缘计算融合交织，在各行业产生“聚变”反应，这将会对生态带来怎样的变化？这个生态会有什么样的新特点？如何打造良好的新生态？以上都是“5G+Ecology”需要回答的问题。

从 1G 到 5G，技术创新同时带来生态跃迁

“生态”（ecology）一词源于希腊文，[1] 最早用来描述生物种群以及

其与所处的环境之间的相互作用、相互关系。随着人类对于自然生态研究的不断深入，1935 年英国生态学家 A. G. 坦斯利首先提出了生态系统的概念，他指出生态系统是在一定地域中生物与生物之间、生物与环境之间总是通过能量、物质和信息相互联系、相互作用，构成一个整体，其中物种、能量、物质、信息是组成自然生态的 4 个最基本要素。

基于自然生态的原理，1977 年社会科学家汉南和弗里曼提出了“种群生态学”的概念，他们把自然生态系统中的种群及其关系类比到社会中的组织和组织间关系，形成了社会组织生态理论，并在 1989 年发表的《组织生态学》中系统性地总结了相关的理论、研究方法和经验。[2] 事实上，社会生态系统是由若干个产业生态系统组成的，包括第一产业的农业生态系统、第二产业的工业生态系统和第三产业的服务业生态系统等。进一步说，产业生态就是一定时间和空间范围内，某产业内的企业之间、产业与其外部环境之间通过相互作用、相互影响而形成的相互依存的动态平衡系统。[3] 与自然生物生态的“物竞天择，适者生存”类似，产业生态中的组织或企业也会通过变异、选择、协同进化、消亡而不断演化。[4] 组织种群对于环境的适应性则决定了组织的成立和消亡，不能适应的将消失，取而代之的是有更好适应能力的新兴组织或企业。随着生态系统的不断演进、变化，整个社会也在各个企业的此消彼长中不断发展。类比自然生态系统中的物种、能量流、信息流、物质流 4 个基本要素，产业生态系统也有 4 个非常重要的要素，即“物种”（企业、用户等）、价值流、信息流以及产品与服务流。

现代移动通信以 1986 年第一代移动通信技术发明为标志，经过 30 多年的爆发式增长，对人们的生活和经济的发展产生了重要的影响。信息通信产业生态系统包含各种各样的“物种”，如用户、电信运营商、网络设备供应商、终端设备供应商、应用服务提供商、系统集成商、内容服务提供商等。它们都生存在一定的政治经济环境下，通过能量、物质和信息相互连接形成独具特色的生态结构，发挥着各自的作用。

从 1G 到 5G，生态系统产生了三次重要跃迁，每次跃迁都引入了新的“物种”，并且在相互的竞争与合作中构建了新的生态运行架构，价值流、信息流、产品与服务流也发生了相应的变化，进而深刻影响着社会生态系统的发展。这不仅实现了技术的进步，而且推动了信息通信技术逐渐成为经济、社会发展的核心驱动力量（见图 9–1）。

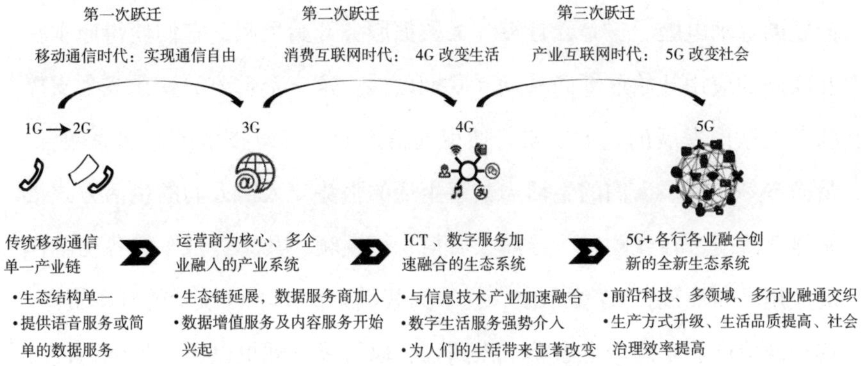

图 9–1　移动通信产业生态的三次跃迁

第一次跃迁：1G 是模拟移动网，采用模拟信号传输，容量非常有限，一般只能传输语音信号，因此彼时的移动通信服务并不是很普及。到了 2G 时代，数字移动通信标准 GSM 在通信市场上很快得到了普及，人们可以利用手机打电话和发送简单的文字信息，提供的是语音服务或简单数据服务。在 1G 和 2G 时代，移动通信产业生态系统主要聚焦解决通信本身的问题，产业链主体较少，生态结构较为单一，“物种”只包含网络设备供应商、电信运营商、用户等，产业链上主体之间的关系也非常简单。而 3G 移动通信技术开始支持每秒几百千比特至每秒兆比特级的数据速率，该技术能够传送图像、语音、音乐及低质量的视频等多媒体信息。移动通信产业生态产生了第一次跃迁，整个生态不再只关注移动通信本身问题的解决，还开始关注如何做好数据增值服务及内容服务。传统产业生态开始延展，多媒体服务企业、增值业务提供商等新

“物种”出现在整个生态中。

第二次跃迁：4G 移动通信技术让移动互联网快速普及，主要源自三个方面的重要变化。一是相比 3G，4G 的网络能力有显著提升，下载速率达每秒百兆比特级，该速率能够支持高质量音频、视频和图像的传输。二是以苹果手机为代表的智能手机成熟并快速普及，至此移动通信的终端不再是一个简单的解决语音交互的电话，而是一部能够解决许多问题的移动电脑。三是云计算、大数据服务开始兴起，它们使得原本在互联网的应用开始逐渐向移动互联网延展。这三个重要的变化成为支撑移动互联网发展的三大要素，使得通信产业与信息技术产业加速融合，从而深刻改变了人们的生活。数字生活的强势介入给人们的生活方式带来显著改变，在线购物、导航、微信、短视频、共享自行车等各种各样的应用不断涌现，4G 像水电一样成为我们生活中不可缺少的基本资源。移动通信产业生态产生了第二次跃迁，以百度、阿里巴巴、腾讯为代表的互联网企业成为这个生态中的重要“物种”，它们共同构建起一个以移动消费互联为核心的产业生态。

第三次跃迁：不同于传统的几代移动通信技术，5G 不再由某项业务能力或者某个典型技术特征定义，它不仅代表着更高速率、更大带宽、更强能力的技术，而且是一个多业务多技术融合的网络，更是面向各行各业的智能网络。因此，5G 作为一项重大的革命性技术，有两个最重要的意义：一是 5G 的能力为人与人、人与物、物与物之间的永续互联打下基础，是移动通信技术统一各类接入技术的开端，将开启统一的无线公网逐步取代离散的有线私网的进程；二是 5G 是比肩蒸汽机、电力的具有通用目的的技术，其蕴藏着对经济社会发展起到放大、叠加、倍增作用的巨大能量，这些能量将会渗透到人类生活、生产以及社会治理的方方面面。因此，移动通信产业生态将迎来第三次跃迁，这次跃迁将带来 5G 与各行各业融合发展的全新生态，将全方位、深层次地创新、变革、颠覆传统社会生产、人民生活和社会治理模式，开启泛在智能的产业互联网新时代。正因如此，将会有更多更加广泛的“物种”加入这个全新的移动通信产业生态，其中包括涉及人类生活衣、食、住、行、医疗、娱乐等方面的行业，还有包括生产领域的工业、农业、服务业，以及涉及社会治理的政务、治安、环保等行业。不仅如此，生态中的价值流、信息流、产品与服务流也将呈现出全新的特征，这些生态的核心要素将共同作用，打造一个全新的“5G+”的生态。

什么是“5G+Ecology”

在描述“5G+Ecology”之前，让我们先看看“5G+”全景的样子。图9–2以一棵大树的形象向我们展示了“5G+”的全景。其中，5G与4G作为移动通信基础设施协同发展，实现人与人、人与物、物与物的强连接，连接了社会运行的方方面面，同时5G与人工智能、物联网、云计算、大数据、边缘计算融合交织，构成新一代泛在智能信息基础设

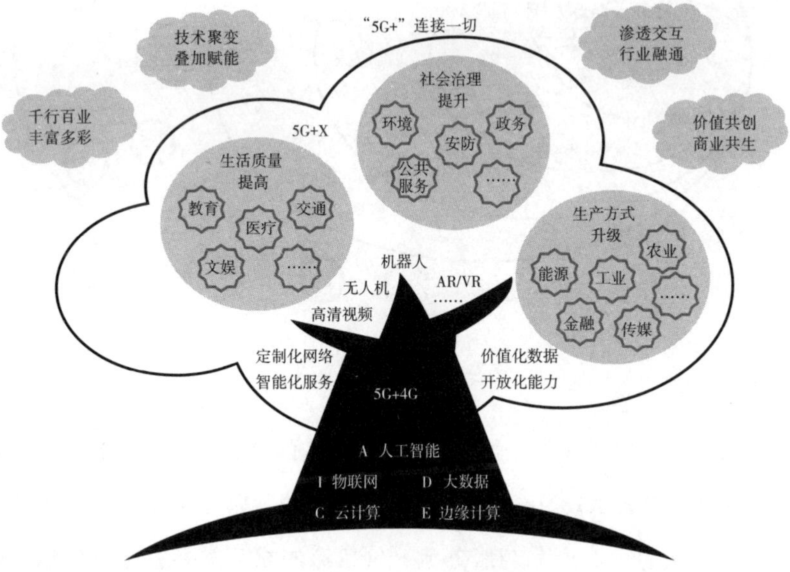

图9–2 “5G+”全景

施，这些基础设施成为整棵大树的树根与树干；“5G+AICDE”与机器人、高清视频、无人机、VR/AR 等技术相结合将为社会运行各行业的应用提供应用通用能力，成为整棵大树靠近树叶的树枝；大树的三大枝叶群则代表了人类生活、生产以及社会治理所涉及的各行各业，其中包括生活涉及的教育、医疗、文娱、交通等，生产涉及的工业、农业、能源、金融等，以及社会治理涉及的政务、安防、环保等。可以看出，“5G+AICDE”以及 5G 与机器人、无人机等结合的应用通用能力，共同支撑以 5G 为代表的信息技术向社会的各个领域不断渗透，形成“5G+X”应用延展，不断推出新产品、新服务、新模式、新业态，加速推动各行业质量变革、效率变革、动力变革（见图 9–3）。

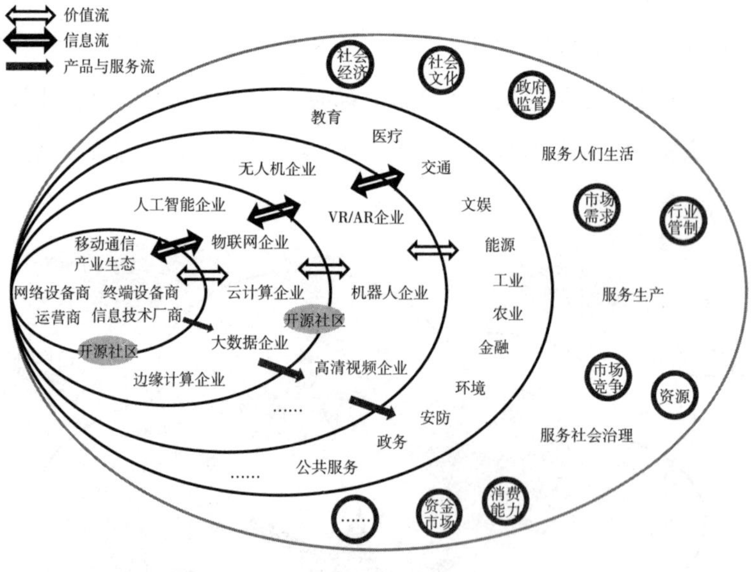

图 9–3 “5G+”的生态

因此，支撑“5G+”全景不断成为现实的必将是一个全新的生态系统，相比 1G 到 4G，新生态中存在的“物种”以及生态体系内各“物种”之间信息流、产品与服务流、价值流的相互关系将会产生显著的变化。

“5G+”的生态可概括为一个核心基础、四大全新特点。

连接一切是“5G+Ecology”的核心基础。正如前文所述，5G将是移动通信技术统一各类接入技术的开端，开启万物智联时代的钥匙，同时5G是比肩蒸汽机、电力的通用目的技术，它将会渗透到生活、生产、社会治理的方方面面。因此，5G的大带宽、低时延、大连接等能力将让服务于人与人之间的连接向新兴连接场景、延展连接场景、增强连接场景三个维度拓展，带来万物互联。

新兴连接场景，主要是指以前很多没有被连接起来的信息孤岛将会被连接在一起。比如工厂里面的机械臂、机床以前都是孤立的，因为从1G到4G无法提供可以满足机器控制的高可靠低时延需求，而5G的到来将会让工厂成为一个全连接的场景。延展连接场景，是针对一个已经被连接的场景，5G能力的增强将对所有的连接进行扩展。比如4G时代的智能家居是用一个网关连接家庭里的所有智能设备，但这种解决方案往往会因网关故障而导致家庭智能设备失联，且设备配置与修复对于普通用户门槛较高，恢复连接的成本较大。而5G的到来将会让家庭里的每一个智能设备都直接连接到统一的5G网络，这使得智能家居更加安全、便捷。增强连接场景，是指随着5G能力的提升，原来已经使用移动通信技术承载的业务实现了连接升级，带来了更好的用户体验或业务能力。比如4G时代只能实现1 080P~2K画质的视频传输，而5G则能带来4K、8K以及VR的视频传输。

未来，连接将是无处不在的。日本软银集团创始人、国际知名投资人孙正义先生曾说过：“不久的将来，无论是手提电脑或者手持的仪器，还是电脑、眼镜、衣服、鞋子、墙等所有的事物，甚至是一头牛都有可能被联系起来。今天每个人大概会有两部移动设备，未来每个人被连接的设备数量会达到1 000部，所有的人和事都会被连接起来。而到2035年，全世界将会有1万亿个物联网连接。”[5]

因此，就像自然生态中最基础的阳光、空气和水，是它们支撑起自然生态系统的正常运行；而在“5G+Ecology”中，就是连接将各个“物种”联系起来，从设备制造商、运营商到信息技术厂商，再到智能硬件，进而到社会运行涉及的方方面面，这也就是“5G+”生态赖以存在的基础。

特点一：千行百业，丰富多彩。5G 的强连接特性不仅把万事万物连接起来，而且大大丰富了“5G+”生态的“物种”，这里所说的“丰富”主要包含两层含义。

一是“物种”迁移。由于 5G 能够渗透到各行业的生产环节，以前许多先进移动通信技术利用率较低的行业将会在 5G 时代加速进入“5G+”生态体系，这也符合行业数字化发展的总体趋势。根据中国信通院《中国数字经济发展与就业白皮书 2019》的统计，2018 年服务业、工业、农业中数字经济占行业增加值的比重分别为 35.9%、18.3% 和 7.3%，这表明第三产业的数字化程度最高，而第二、第一产业数字化程度相对滞后。[6] 4G 时代，随着移动互联网的发展，第三产业已经逐渐加入信息通信产业生态体系，社交、银行、旅游、交通等各种服务行业的手机应用纷纷出现在人们手机里。而在 5G 时代，我们将看到第一、第二产业也快速加入“5G+”生态体系。事实上这个趋势已经逐步显现了，例如第二产业中汽车、航空等领域的领军企业通过融入信息通信产业生态，构建信息化平台，一方面整合全球设计、制造、服务等资源，大幅缩短产品研制周期；另一方面建立智能工厂，提高生产柔性化水平和生产效率。再比如第一产业中也出现了基于窄带物联网的牛联网，在奶牛脖子上拴个智能项圈，其数据可直接通过窄带物联网传输到信息管理云平台，这样奶牛场管理层、饲养员、配种员、兽医等通过网页或手机客户端，就可以实时获取奶牛健康、生理周期、位置等信息，从而科学地缩短胎间距，提升繁殖效率，进而提高牛奶产品生产的效率和品质。

二是“物种”新生。英国演化经济学家卡萝塔·佩蕾丝认为，每一次大的技术革命都形成了与其相适应的技术、经济范式。而技术经济范式的变化会让许多新企业被创造出来。这个过程会经历两个阶段：第一阶段是随着新技术的兴起及发展，与之直接相关的企业会快速出现并成长；第二阶段是随着新技术在各行各业的应用普及，新技术能够与传统行业融合在一起，提供跨行业服务的企业逐渐涌现。例如，随着以互联网为代表的信息技术不断成熟，经济性、便利性和性价比越来越高，谷歌、雅虎、腾讯、百度等互联网企业被创造出来并成为行业巨头。而随着互联网技术逐渐向人们的交通出行领域渗透，提供互联网出行服务的优步、滴滴、摩拜等企业快速涌现出来。在“5G+”生态中，5G 将逐渐成熟并进入各行各业，将会有更多新生的企业被创造出来。例如，随着 5G 服务型机器人的广泛应用，未来可能会有专门运营机器人的企业产生，将千家万户中的机器人通过 5G 连接到一个云平台，为用户提供智能管理及服务。而当 5G 深入采矿业，可能也会产生为采矿行业专门提供智慧矿井服务的 5G 智能系统建设及服务企业。

特点二：技术聚变，叠加赋能。信息技术产业已进入新技术交织并进、融合创新发展的新阶段，5G 与人工智能、物联网、云计算、大数据和边缘计算等新技术将催生融合创新的“核聚变”，释放出巨大的创新能量，叠加赋能各行各业。如果从“产品与服务”流的维度看 5G 生态，行业会呈现出一个技术聚变，叠加赋能的逻辑，分层汇聚不同领域的企业，形成创新的产品及服务，推动 5G 生态发展壮大。图 9–4 形象化地展现了这个逻辑。“5G+”硬核能力体系的三层能力，层层传导，聚变反应，实现对行业数字化转型与升级发展的赋能。其中，内层为 5G 内生能力，第二层是 5G 融合 AICDE 的外延能力，第三层是 5G 应用通用能力。

最内层的 5G 内生能力，是指传统移动通信技术提供的速率、时延、连接等基本要素。与 1G 到 4G 相比，这些基本要素在 5G 中得到了显著的提升，具体内容及提升的程度已经在前文稿进行了描述。

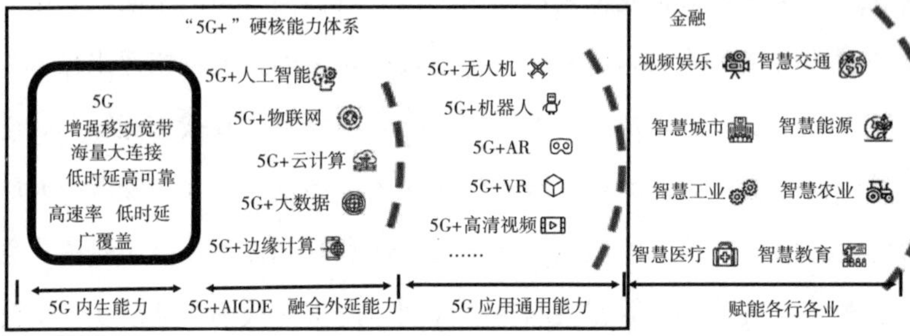

图 9–4 "5G+"硬核能力体系驱动 5G+ 生态运行

在内生能力基础上，在系统设计时 5G 就天然地能够与 AICDE 交织融合，这种交融会带来两方面的"聚变"增益，一是从根本上增强 5G 系统能力，这会对网络架构改造、运营机制和能力的提升等方面产生深远影响，事实上全球领先的运营商及通信设备制造商已经在这个方向上开始了实践，其中包括推动网络云化、虚拟化发展，利用人工智能技术进行网络编排运营等；二是催生"5G+"服务模式的变革，通过融合 AICDE 对更多的行业提供定制化的网络、开放化的能力、价值化的数据分析以及智能化的云网融合服务。其中，定制化的网络是根据各行业用户对于覆盖区域、安全隔离度、网络指标、边缘计算存储资源等特定需求，提供定制化的终端、无线空口接入、传输网、核心网、智能运营等端到端网络解决方案。开放化的能力则是把 5G 网络云、管、边、端各个领域的连接能力（如连接管理、网络位置等）、信息技术能力（人工智能能力、边缘云基础设施等）、业务能力（统一认证、语音、短彩等）等开放出来，可供用户按需调用。价值化的数据分析则是将 5G 系统产生的大数据价值进一步挖掘，在确保合规管理、隐私保护的前提下，提供智能的大数据分析服务。智能化的云网融合服务是以云产品为载体，实现云服务能力和 5G 网络能力的无缝衔接和深度融合，打造一站式智能化服务。

在前面两层能力的基础上，"5G+ 无人机""5G+VR/AR""5G+ 高清视频”“5G+ 机器人”等构成了 5G 行业应用通用能力。之所以能够成为行业应用通用能力，主要出于两方面原因：一是 5G 内生能力及“5G+AICDE”融合外延能力对于无人机、机器人、高清视频、VR/AR 等新技术产生了非常重要的叠加赋能效果。事实上，在没有 5G 之前，这些新技术已经产生并且有了自身完整的上下游产业链，而 5G 的出现使得这些技术整体的体验效果得到显著提升。例如，4K、8K 超高清视频、VR/AR 等业务对于网络带宽、时延有非常刚性的要求，只有 5G 的能力才能在确保业务体验的同时推动这些技术快速普及。二是“5G+ 无人机”“5G+VR/AR”“5G+ 高清视频”“5G+ 机器人”已经逐渐成为行业共性需求，具备通用性。例如，医疗行业需要使用“5G+ 高清视频”来服务远程手术，工业行业也需要“5G+ 高清视频”监控生产线的运行状态，城市安防也要高清的图像实现人脸识别或危险物品监控。同样，无人机的应用也已经在巡检、安防、农业植保、测绘等多个行业落地。而机器人的需求就更为普遍，各行业的自动化业务均有需求。

因此，正是上述的三层技术层层融合、聚变反应、叠加赋能带来了创新的产品与服务，进而能够满足工业、交通、农业、医疗、教育等更多行业、更多场景的需求，推动着“5G+”生态圈的不断运行与发展。

特点三：渗透交互，融通发展。5G 的普及和应用使得跨行业信息孤岛被连接起来，5G 生态的“信息流”四通八达，渗透交互。在信息渗透的基础上，“5G+”硬核能力与传统行业不断融合，形成跨界创新合作，催生出提高传统行业效率，拓展新商业价值的创新产品和服务。而这种渗透与融通将造就一个开放、包容、生机勃勃的全新生态。

一是信息的渗透与交互将更加普遍。如前文所述，5G 作为通用技术，将会成为泛在基础设施并在各行各业得以应用，行业的数字化水平将得到快速提升。在这个过程中，信息通信产业与传统行业实现了信息的交互与行业间融通。例如传统的商业在信息技术的支撑下数字化水平迅速提升，商家、产品、交易、消费者等商业链条的各种信息被记录、整理、分析、利用，传统商业企业与信息技术企业交互融通，共同推动了商业运行模式的变化，进而形成了电子商务这一信息产业与传统商业融合的产物。

二是跨行业的融合创新将成为必然趋势。信息交互、行业渗透使得传统行业利用新一代信息通信技术提高生产效率，拓展新商业价值的需求被充分挖掘出来。满足上述需求，则需要充分利用“5G+”硬核能力，赋能各行各业。这项工作不可能由信息通信行业或单一的传统行业独立完成，跨行业融合创新成为5G生态的必然趋势。事实上，在中国移动开展5G应用创新探索的过程中，这个趋势非常明显。例如，便捷、安全的无人机电力塔巡检是电力行业近年来的一个重要需求，但每架飞机都需要一个飞手去控制，且巡检的视频信息不能及时传递到远端进行处理，这会提升巡检的成本且降低作业效率。有了“5G+”硬核能力的加持，无人机实现网联可以通过5G网络远程控制，且相关的巡检视频内容可及时传递到服务器端进行分析处理，这将大大提升工作的效率，并且降低人工成本。然而，这个5G巡检无人机不是一个单独的行业能够独立完成的，需要多方合作，通信模组企业提供能够适配无人机的模组，无人机企业需要做好集成和视频传输对接，电力行业需要提供电力塔重点巡检部位及标准，人工智能的企业提供视频识别算法，等等。此外，在与医疗、文娱、交通等许多行业交流中我们都发现5G的应用需要多个行业融合，协作，具体会在后文中详细介绍。

因此，渗透交互、融通发展将会是5G生态的显著特点之一。无论是信息还是创新产品与服务的交互融通，都注定了5G生态是一个各行各业共同参与的、开放的、协作的、共赢的生态。

特点四：价值共创，商业共生。与传统互联网行业扮演的“颠覆者”不同，“5G+”硬核能力所涉及的信息通信产业与传统行业之间是价值共创、商业共生的，这也是5G生态的又一重要特点。所以，“5G+”天生就不是为了颠覆哪个行业而生，它的出现固然是技术进步的产物，更重要的是它是行业数字化发展的必然要求。只有以这样一个强有力的能力体系为支撑，各行各业才能实现转型升级。在能力体系与传统行业融合的过程中，大家共同创造出新的价值，在商业中取得新的发展。

一是来自不同行业企业的碰撞，往往会创造出全新的价值。例如，华为与徕卡的碰撞，一个是顶尖的信息通信巨头，一个是相机界的排头兵，两个来自不同行业的企业开展的合作，共同创造出享誉全球的配置高端摄像功能的手机终端，而华为借助徕卡在摄影界的名望为自己打造了忠实的消费群体，徕卡借此大大提高了其在非摄影爱好者中的知名度，并且获得了新的赢利增长点。再如，海尔与软银机器人的碰撞，一个是全球最大的家电公司、一个是先进的机器人公司，它们跨行业联手进军服务机器人领域，从软银的人形机器人Pepper切入，打造海尔智慧家庭、智慧门店，为消费者带来全新体验的同时，也为企业彼此创造商业价值。而德国汽车制造商大众与美国科技巨头谷歌的碰撞，为大众推出了一项很棒的智能搜索服务，为用户创造出更好的出行体验。我们可以预见，千行百业在“5G+”生态中将产生更多的碰撞，5G与AICDE、应用通用能力的相关企业融合在一起，本身就会创造出新的价值。而聚变形成的“5G+”硬核能力与各行各业结合，跨行业企业间的碰撞，也必然会共同创造出新的价值，并且让参与的各方都获得新的商业收益。

二是信息通信行业与各行各业的结合，是合作，是共生，不是颠覆。“5G+”硬核能力不断发展，给行业带来的不是威胁，更不是颠覆。因为“5G+”能力不能代替应用它的行业，而会像蒸汽机、电能等通用技术一样，成为服务于各行业发展的工具，帮助提高效率、降本增收，创造更多新的商业价值。例如，许多先进的工业制造企业正是看到了新的信息技术能够显著提升生产的效率，近年来积极拥抱新技术，大力推动工业4.0发展。制造领域的领袖企业西门子公司，通过互联网、工业总线、工业Wi–Fi、移动通信等信息技术实现了虚拟生产规划，这一规划可以降低生产线上机器人50%的能耗。而随着“5G+”硬核能力的加入，西门子的智能化生产将会再次升级，进而能够把生产所需的原料加工情况，原材料物流信息，工厂内包括工业机器人、工具、物料管理等，产品库存，出厂产品物流，分销商信息，甚至用户的使用信息等全部连接起来，通过统一的信息管理平台进行集中的智能化分析和处理，并根据需要智能实时地反馈各种有效信息，进行柔性的、智能化的生产，进一步提高整个工厂的生产效率。更重要的是，通过市场用户数据的分析，企业可以不断调整产品的功能和性能，制造出更加满足用户需求的产品，拓展新的市场空间。从这个例子可以看出，“5G+”能力并不会颠覆西门子这样的制造企业，而是更好地服务生产，实现新的商业价值。与此同时，提供“5G+”服务的企业也在这个过程中获得了商业收益，实现了商业共赢。

顺势而为，融入“5G+Ecology”

顺势而为，何为势

这个势就是5G必将改变社会，各行各业都将融入5G生态。通过“5G+”硬核能力与生产制造深度融合，加速新旧动能转化，助力经济高质量发展；通过“5G+”硬核能力与衣食住行等方方面面深度融合，带来更优的品质生活，提升人们的获得感、幸福感、安全感；通过“5G+”硬核能力与政务、安防、环境、公共服务等方方面面融合，加速城市的数字化、智能化发展，构建新型智慧城市。总之，5G通过改变生产、生活、城市治理实现改变社会，而在这个过程中，各行各业都将与5G深度融合，共同组成“5G+”全新生态。

这个势也是全球化发展之势，“5G+Ecology”也将是全球化生态。当今世界各国相互依存、休戚与共，没有哪个国家可以独自应对人类面临的各种挑战，也没有哪个国家可以退回到自我封闭的孤岛。只有开展全球性协作，才能构建人类命运共同体，实现共同繁荣。同样地，在我们身处的信息通信行业里，也没有哪一家企业可以独自推动某项技术的发展、产业的成熟和商业的成功。随着 5G 时代的到来，信息通信技术将在社会经济发展中发挥更为重要的作用，其正在从助力经济发展的基础动力向引领经济发展的核心引擎加速转变。这既为产业带来重大发展契机，也对如何开展更加广泛、深入、高效务实的国际产业合作提出了新的挑战，而这也是能否成功构建和融入 5G+ 全球化生态的关键。

融入生态，怎样融

任何生态的形成、发展和成熟都不是一蹴而就、一帆风顺的。各行业融入“5G+”全新生态的进程也面临一些挑战。

一是需要跨行业深度认知能力。通信行业与垂直行业相互认知、理解、接受需要一个长期过程，其中需要共同投入时间、资源、专家和领域知识以实现深度融通。二是需要定义新的标准和新产品。各行业与通信终端对接存在通信协议多样化、信息化要求和标准不统一、数据接口众多、行业内特殊设备规定和要求碎片化等现象。三是需要 5G 与人工智能、云计算等新技术深度融合。各行业的转型升级不仅需要 5G 提供的强大连接能力，而且需要构建强大的数字化平台，通过应用大数据、人工智能等技术带来生产方式的数字化、智能化转型升级。四是需要强大的商业示范效应带来升级改造的动力。一方面，5G 行业应用需要各行业开放生产及业务流程，进行额外信息化改造，且行业设备存在固有生命周期，改造升级和更新换代成本高。另一方面，各行业数字化转型需求多样，专业化、定制化方案成本高。在投入产出存在不确定性且商业模式没有被验证的情况下，企业短期效益影响较大，意愿度较低。五是需要推动相关行业政策法规的支持与配套。例如，现在国际公认 5G 的低时延特性可大大提升智慧电网的效能，但目前电力行业标准要求该能力必须采用光纤接入，不得采用无线技术接入。

面对5G必将改变社会的大趋势，各行业的企业需从自身的理念、技术与业务、经营与管理模式、文化、人才培养等方面不断优化调整，以适应5G时代的要求，积极融入“5G+”全新生态。

一是要坚持开放合作、融通共创、敢为天下先的理念。战略层面上的思维和理念转变是企业融入5G生态，获得新增长的关键。企业需要从管理层自上而下树立新的发展理念，以开放的心态推动“5G+”硬核能力与自身业务相结合，推动行业间的融通发展与价值共创。

二是要加大融合创新的投入，并对创新失败予以适度包容。面对已经到来的“5G+”时代，各行各业的企业必须不断思考如何利用“5G+”硬核能力赋能本行业，鼓励跨行业融合创新。一方面，需要切实投入人、财、物等资源，开放自身业务流程，探索并孵化“5G+”与自身业务结合的创新应用；另一方面，通过参与或构建联盟、孵化器、开放实验室等跨行业生态合作，推动融合创新。另外，创新有成功也有失败，需要对探索阶段的失败多包容，以此鼓励更多的创新。

三是要改善企业管理及经营模式。“5G+”硬核能力带来效率的提升，这必然要求企业内部的管理及经营模式进行优化调整。一方面，要注重组织优化甚至变革，推动企业管理与“5G+”相适应的转型，比如更加扁平化的管理模式等；另一方面，要注重基于新技术的经营模式调整，将泛在连接、大数据、人工智能等新技术真正应用在企业的业务流程及管理经营中，不断提升企业的运行效率。此外，还要特别注重企业文化的塑造，强调拥抱新技术、鼓励跨界创新的企业文化，让“5G+”思维深入企业运行的方方面面，激发企业的活力和创造力。

四是探索创新商业模式。“5G+”硬核能力不仅会带来效率的提升，而且会带来新的价值增长点。而新的价值增长需要与之相适应的商业模式，信息通信行业与传统行业可采取更加积极的跨界股权合作、合资公司、共享商业渠道等手段，构建新型商业合作伙伴关系。

五是注重跨界人才的培养。随着“5G+”生态的发展壮大，行业会大量需要既懂“5G+”，又对行业深入了解的人才。技术创新、业务研发、市场拓展等各个关键环节都需要跨界人才，每个企业都要加强对“5G+”基础知识的培训，注重跨界技能的培养，并且通过更好的人才引进、流动政策吸引人才。

六是加强国际合作。应该以更开放的心态、全球化的视野与全球的产业（包括移动通信产业、AICDE 产业、垂直行业）开展合作，在不断交流与合作的过程中拓展新的市场，实现融合、融通、融智发展，共同构建合作共赢的“5G+”全球创新生态。

总之，各行各业的企业都应该看到“5G+”的大趋势，主动拥抱“5G+”硬核能力，开放创新、融通合作、共创价值，融入 5G 生态，从而在即将到来的 5G 时代实现新的发展。

第十章　5G+X：超越连接，改变社会

通过“5G+4G”协同发展，“5G+AICDE”融合创新，“5G+Ecology”生态共建，就能够打造形成“5G+”硬核能力体系，并与各行各业形成一个融合、融通、融智的全新生态。在此基础上，“5G+”将真正实现最广泛的“5G+X”，这个 X 就代表各行各业的应用，如“5G+ 教育”“5G+ 医疗”“5G+ 智慧城市”等。可以说，“5G+X”将为人们的生活、社会的生产、城市的治理带来前所未有的改变。“5G+X”，超越连接，改变社会。

5G 带来美好生活新体验

5G 超高带宽、超低时延，支持超高清视频、VR/AR、超高精度定位，推动以 5G 为核心的泛在智能基础设施与人们的娱乐深度融合。5G 将逐步渗透到人们生活的方方面面，并提升用户的娱乐生活体验，推动生活方式跨越发展。

“5G+ 超高清视频直播”，娱乐内容会更具互动性、更有沉浸感、更

加清晰。用户可以实现随时随地、多种视角观看超高清大型演出和赛事，更具临场感和沉浸感；5G 加持下视频剪辑和后期制作将越发便捷和智能，全民皆可以成为视频的创作者。

“5G+VR/AR 娱乐”，利用 5G 网络特性为玩家打造一个逼真的“世界”，带来全新的连接方式和革命性的沉浸式体验，人们体验娱乐内容的方式不仅仅是通过双手和双眼，还将带来触觉、嗅觉等体感回馈，其将成为新兴的娱乐方式。

“5G+ 高清快游戏”，游戏在云端的服务器运算和渲染，用户终端只负责显示和接收指令，游戏设备也不需要高端的显卡和处理器，这让游戏摆脱终端的束缚，彻底降低了顶级游戏的门槛，给用户带来更高清晰度、更高帧率的游戏画面，多屏互动随意切换，精准流畅随点随玩。

“5G+ 智慧出行”，让你的出行零负担，出行时间自由支配。民航将向旅客提供 5G 航天网联通信服务，乘坐飞机也可享受互联网的体验，进行办公、娱乐。5G 让车看得远、听得懂、跑得稳，辅助驾驶可以赋予汽车“千里眼”。车路信息全网联动更能降低事故发生率、减少拥堵，提供智能化的道路交通环境。

“5G+ 智慧养老”，为老人提供精准服务、智慧安全、温馨幸福的老年生活。超高清视频实时连线子女亲人，意外跌倒智能检测，智能机器人提供送餐、洗衣、取药等便捷的生活服务，远程问诊及时得到名医诊断，使得养老方式更加贴心、形式更加高效。

“5G+ 智慧教育”，将颠覆传统教育方式，开启互联互通的教育新时代。VR/AR 等技术将让教学内容更生动、更易懂，让学生从被动学习转变为主动学习。远程教育的普及将逐步改善教育资源不公平的问题，山里的孩子与重点学校的孩子同师同课。多样化的 5G 教学终端，让师生互动更智能、更便捷。

“5G+ 智慧物流”，解决“最后一公里”的配送难题，实现安全可靠的无人物流全链条保障。5G 时代让你购买的物品从出库开始实时追踪状态信息，结合智能识别、自主避障导航等技术，让无人机、自动导引运输车、机器人实现“最后一公里”的无人配送，配送效率也将大大提升。

“5G+智慧就诊”，促进医疗资源流动，缓解患者看病难的问题。智能导诊、5G远程超声机器人，有效解决挂号难排队难的问题，为患者省力。影像云存储、人工智能智慧阅片，精简就医程序，为患者省时。5G远程会诊、远程手术，让病人在基层就能得到更专业的治疗，为患者省心。

“5G+智慧旅游”，让游客无论何时何地都可以沉浸式地感受美景和文化。5G和AR结合，让每位游客了解旅游的文化背景和内涵，更进一步看懂景区。5G和人工智能技术可以为游客一键快速生成一份包含图片、文字和视频的游记用于社交分享。

“5G+智慧购物”，5G将为消费者提供优质和独特的购物体验。5G智能机器人不仅提供导购、送货、目的地指引等服务，而且能提供人脸识别、室内精准导航服务。5G和AR试装能够真正实现“所见即所得”，减少试衣成本，提高购物效率和体验。

5G赋能生产方式新升级

5G高带宽、低时延的特性，将使得5G承载各种控制信息，推动以5G为核心的泛在智能基础设施与实体经济深度融合。5G将逐步进入各行业的生产环节，从资源配置、产品结构、生产效益甚至运营模式等方面带来改变，加速数字化转型，助力生产方式高质量发展。

“5G+智能电网”，5G为电力通信网“最后一公里”的无线通信接入提供了更优的解决方案，提供定制化、安全可靠的“行业专网”服务，实现智能电网低成本、灵活高效、安全可靠的无线通信接入承载以及更加自主可控的网络管理，推动电力通信网络的智能化升级发展。

“5G+ 智慧工业控制”，替代了传统连接机械设备与 PLC（可编程控制器）间的现场工业总线，解决了固定线路阻碍灵活编排、机器人移动、大规模设备并发通信需求等问题，使得固定产线生产模式被逐渐解构，灵活可重新编排的制造单元、移动化机器人越来越多地进入厂房，为生产制造灵活性、柔性化奠定了基础。

“5G+ 智慧农业”，实现各类传感器的广泛深入部署，并利用网联无人机开展航拍和植保，发展新型化、无人化和网联化农机，提升农村精细化种植和精细化养殖水平，解决人力劳动强度大、劳动力短缺等问题。

“5G+ 智慧金融”，促进银行智能化网点的数字化转型，突破物理网点的地域限制，让更多老百姓获得普惠金融和沉浸式服务体验，并为银行的智能营销、服务和风控提供强劲动力，推动银行业的数字化和智能化转型。

“5G+ 智慧港口”，提升装备智能化自动化水平，推进全自动集装箱码头系统建设。5G 高清视频实时回传，在高空作业的港口装卸环节实现远程控制。在港口装卸环节实现智能理货，减少人为误差。在运输环节实现港口无人运输系统，降低成本。

“5G+ 智慧航运”，加快航运信息化建设，有效提升管理部门监管效率，提高航运运输能力。基于 5G 的海事监管，通过实时视频回传、人工智能图像识别，提升监管效率，降低监管人工成本。通过高清视频监控、高精定位平台，实时精准地传输被测船舶信息。通过 5G 大带宽、广覆盖能力，提供航运全程实时定位及通信服务。

“5G+ 智慧物料管理”，赋能工厂内物料供应运输设备（如 AGV）的自控制、自排障和自决策，实现货架与运输设备间智能化互动，打通物料供应全流程，实现自动化物料供应处理。

“5G+ 智慧管廊”，促进城市地下管廊的全面信息化监测和智能化管理，加快对管廊各类信息进行收集和处理，实现各类故障的早发现、早处理和早预防，提升城市管廊运维效率。

5G 促进社会治理新提升

5G 广泛多样的连接能力，通过结合人工智能技术，并应用无人机、高清摄像、传感器等手段，将推动以 5G 为核心的泛在智能基础设施与城市治理深度融合。5G 将逐步渗透到城市的每一个细胞，包括水、电、气、道路、航道等各个方面，助力城市治理水平提升。

“5G+ 无人船河道清理”，可以替代人工实现河道信息高清视频回传、远程驾驶及自动河道清理，并辅以遍布河道的水质监测传感器以及基于 5G 超低时延的远程控制机械臂污水取样设备，实现驾驶和清理人员远程控制和检测和清理，其具有安全方便、精度高、成本低等优点，将大大缩短工作时间、提高工作效率。

“5G+ 人群聚集管理”，可以为商业区、景区、大型活动场馆等各类人员密集场所提供人群密集风险识别与评估控制、区域承载量核定、危险预警、疏散仿真与预案编制等服务，全面提升管理效率及危险防控能力。

“5G+ 无人机应急救援”，开启应急救援新模式。当遇到地震、火灾、洪水等灾难时，搭载高清摄像头的 5G 无人机将第一时间飞往现场，将现场情况实时传送至指挥中心，救援队即时响应，并将应急救援包投递至受灾现场，全力拯救每一个生命。

“5G+ 无人机安防”，全面保障智能化的 5G 网联无人机安防应用，实现可移动、高效率和立体式的安防监控体系。通过搭载高清摄像机、照相机和定位系统，甚至空中喊话、投放催泪瓦斯等不同设备，无人机既可作为“常规部队”，又可作为“先遣部队”，在警情出现时被派遣飞出，占领制高点，迅速帮助相关部门第一时间全方位获取现场信息，为后续执法人员提供有力帮助，大大提升社会安防管理效率。

“5G+ 智慧基础设施”，通过 5G 全面的连接能力与基础设施结合，包括“5G+ 智慧灯杆”“5G+ 智慧井盖”“5G+ 智慧楼宇”等，全面提升智慧社会治理效率及市民便利度。例如，“5G+ 智慧灯杆”可以根据日照时间及环境智能调整照明光源，同时具备天气环境监测、视频监控、智能充电桩、城市信息发布与交互、一键报警等功能，提升城市治理效率及市民便利度；“5G+ 智慧井盖”可以集监测、管理于一身，对井盖下水位信息和井盖状态信息进行实时监控并回传入云平台，并针对异常状态自动报警，同时管理人员可通过后台或者移动端设备随时随地查看，减少管理者和维护人员的工作量，更能精准地做到提前预防、实时监测、定期维护等。

“5G+ 空气治理”，基于“5G+”智能技术群的全面、精准和实时的环境监测体系可以协助政府和企业开展精准全面的环境污染治理和合理城市规划，帮助居民获得定制化环境信息、提升生活质量，并为产业链相关方提供实时、精准全面的环境数据，赋能实时环境状况查询、出行绿色路径规划、工业污染监控和环境预测及改善等创新业务应用，更为面向未来的精细化环保管理模式提供基础保障。

“5G+ 政务服务”，通过“5G+ 传感器”“5G+ 无人机”“5G+ 物联网”等设备和网络的应用，包括利用城市仿真技术对目标区域的动态进行还原与观测，在审批现场即可身临其境地对目标区域进行勘察，从线上智能化到线下智能化，重新定义“智能便携审批”，真正实现行政审批事项的“秒批”，并且助力群众从“少跑路”到“不跑路”。

“5G+ 智慧城管”，实现市政设施的智能管理和远程调度，助力形成全方位覆盖、高效率运行的新型城市管理模式。城市管理人员利用城管智能终端设备，将城管巡逻、侦查取证、处置突发事件等各种现场获取的视频、图片、语音、数据等信息传输到城管系统中进行分析处理。城市管理部门可以实时连接，多方协作，从而进行远程操作，有助于管理主体从全局角度分析并实时解决问题，大大提高了城市管理的效率以及跨部门、跨领域的协同治理能力。

上面对“5G+X”的描述是否给你带来了无限遐想？你对未来的5G时代是否也有了自己的期盼？接下来的三章，让我们选取一些典型的行业和应用场景，一起看看“5G+X”是如何从理论走向实践的。

第三篇

“5G+”：新体验、新动能、新模式

第十一章 “5G+”打造生活新体验

4G时代的一天

现在是2019年，我是北京一名普通的上班族，在西二环上班，家住东五环。

早高峰，在历经排队10分钟进站以及三趟挤不上的地铁之后，我终于挤上地铁打开手机开始与一车厢内的上百人抢手机信号，看看周围：用抖音刷短视频的，用斗鱼看直播的，用咪咕视频、爱奇艺、腾讯视频追剧的，用学习强国、喜马拉雅、得到、今日头条学习的，玩《王者荣耀》的……不光是拥挤的车厢限制了我操控手机的双手，高密度的连接也限制了我的网速。

到了办公室，我打开电脑，电脑提示我存储空间不足。上班6年，我已经用了两个500G的硬盘归档工作邮件及各类文件，当然我也是百度网盘的会员，可这样同步的速率仍然无法满足我，硬盘双备份还是必要的选择，于是我默默打开第三个硬盘开始我的文件备份之旅。

午饭后，我抓紧奔去医院，为了看病我三周之前挂了号、两周之前约了B超检查，在医院挂号、取号、缴费、预约、赴诊都要排队，这耗去了我大部分精力，然而相比许多外地来京就医的人来说我还是有得天独厚的优势的。

回家后，因为没时间买菜，我提早订了外卖，7点开始陪女儿到不同的培训中心上奥数课、学钢琴，辅导女儿的功课，手写试卷，做好老师的小秘书，开始“复读”之旅。伴随着女儿的入睡，我迎来属于自己的黄金一小时。半小时的阅读——从大量的无用信息中提取为我所用的精华。这样的信息读取已远不如学生时代的勾股定理来得直接高效。半小时的游戏时间——下载最新的游戏更新、道具包，组队唤友，关键时刻掉线。这些事情彻底打乱了我12点前睡觉的计划。

5G时代的一天

现在是2022年，我是北京一名普通的上班族，在西二环上班，家住东五环。

早上，家庭服务机器人叫醒了我，在我洗漱、吃早餐的同时，它根据我的个人喜好向我播报了我感兴趣的新闻，并告诉我今日的重要待办事项。

7点我开车上班，把车调整到自动驾驶模式，汽车通过智能系统选择最优路线，并根据路况进行实时调整，我可以选择在车里办公或者再睡个回笼觉。此时的地铁也井然有序，有人看4K高清赛事直播，有人通过VR眼镜学习感兴趣的课程，有人通过VR眼镜穿越亚马孙攀登珠穆朗玛峰。而我通过5G高清远程会诊连线了我的私人医生，做了全面的诊前沟通，确定了挂号的科目，并约了离公司最近的小医院为我做5G远程B超诊断。

8点我来到公司，通过5G高清远程会议连线高铁上、飞机上的同事，同步最新工作进展。人工智能会议助手将会议要点即时形成会议纪要并同步到同事的云办公终端上。摆脱了硬盘、投影线，我的办公设备已实现5G无线连接，文件实时上传云端，5G的高速率让我感受不到云端下载的时延。

午饭后，我呼叫好友来场游戏缓解工作压力，300M 的游戏一秒更新完成，4K 高清画质的云游戏让我玩得酣畅淋漓，以更好的状态迎接下午全新的工作挑战。

晚上到家，5G 无人机快递已给我送来新鲜的晚餐食材，女儿正在通过 VR 创新教育上兴趣课，我开启 5G 超高清 VR 家庭影院享受沉浸式的视听体验。

这就是4G时代与5G时代个人生活的掠影。下面我们将分别从娱乐、出行、医疗、教育来看看 5G 将带给我们的全新体验。

“5G+”与娱乐

5G 将开启一个全新的影像时代，5G 视频娱乐内容互动性更强、更令人沉浸、更清晰。一是 5G 与 VR/AR 技术的结合通过虚拟物品、虚拟人物、虚拟情境给人们带来与世界全新的连接方式和革命性的沉浸式体验。二是 5G 将实现大小屏幕、VR/AR 的多屏随时随地互动切换。三是 5G 边缘云能够让游戏摆脱终端的束缚，通过轻量级便携式终端实现完全精准流畅、随点随玩的体验。据研究预测，到 2025 年，全球无线媒体收入的 57% 将通过使用 5G 网络的超高带宽功能和 5G 运行的设备实现。5G 带来的不仅仅是“速度”，还有全新的商业模式和沉浸式互动体验——视频、游戏、音乐、广告、VR/AR 等产业都将发生根本性变革，内容与受众的距离将被大大缩短。最终，5G 将给人们的娱乐方式增添全新且可触知的维度。[1]

5G 高清视频——超高品质的视听盛宴

近年来，伴随着消费者对于视频清晰度的需求不断提高，视频影像行业正在发生着巨大的变化。当前，视频技术正在经历从高清向超高清的演进（超高清视频演进路线见表 11–1）。超高清视频的高分辨率、高帧率和高动态范围让画质更精细、更流畅、更真实，宽色域、高色深和三维全景声让色彩更丰富、更精准，声音更具空间感和方位感，这将颠覆性地革新视听产业，激发商业模式创新。

表 11–1　超高清视频演进路线

	阶　段	准 4K	全 4K	8K
基本参数要求	成熟时间	2015—2016 年	2017—2020 年	2020—
	分辨率	2 840 × 2 160	3 840 × 2 160	7 680 × 4 320
	帧率	每秒 30 帧	每秒 60 帧	每秒 120 帧
	位深	8 位	10 位	10/12 位
	色域	BT.709	BT.2 020	BT.2 020
	动态范围	标准动态范围	高动态范围	高动态范围

高分辨率技术为影像提供了更丰富的画面层次和更精致的画面细节，使之呈现出场景的立体感和空间感。从全高清到 4K 超高清、8K 超高清，画面每帧分辨率从 1 920 × 1 080（约 207 万像素）提升到 3 840 × 2 160（约 829 万像素）、7 680 × 4 320（约 3 300 万像素）。高帧率技术能够进一步提升影像的细腻度和流畅感，为观众带来更加舒适的观看体验。当帧率达到每秒 120 帧时，高帧率技术可以改善运动镜头的画面跳停现象和模糊现象，完全消除高亮度、宽视角情况下的临界闪烁现象。三维声技术决定声音的立体真实感。三维声是具有三维空间感、方位感的声音，它能使听众在观看场景中获得与真实世界中临场相似的听觉感受，能给观众带来身临其境的沉浸感。[2]

超高清视频的优点是其具有非常强的临场感和实物感，对现实场景有最为细腻逼真的还原，尤其是对要求极高的体育赛事转播来说，超高清显示可实现极为真切的视感。随着视频分辨率和帧率的提高，4K/8K 视频文件的大小和码率大大增加。根据中国通信标准化协会发布的《4K 视频传送需求研究报告》，超高清视频带宽要求最高的 8K 视频需要

135Mbps 的带宽，带宽要求最低的入门级 4K 也需要 18~24Mbps 的带宽。而当前 4G 和 Wi–Fi 的带宽有限，不能很好地支持超高清视频的传输和在线播放，难以实现超高清直播的普及。[3]

5G 网络对于 4K 乃至 8K 超高清视频有着良好的承载能力。基于 5G 网络的超高清视频有广泛的应用场景，如大型赛事直播、大型演出直播、重要事件直播等，结合 5G 切片网络能力和人工智能技术，其将为超高清视频娱乐体验带来更大的想象空间。目前，产业针对 5G 多样化视频制作以及 5G 保障沉浸式视频的分发做了大量的探索和实践，以 5G+4K 超高清直播为例，端到端业务解决方案如图 11–1 所示。

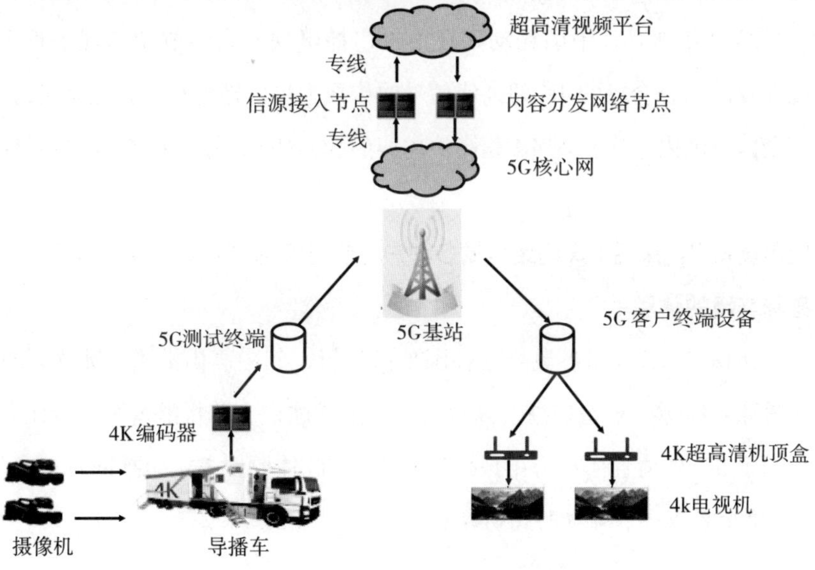

图 11–1 超高清视频直播解决方案

超高清摄像机通过编码推流设备，将原始视频流转换成 IP 数据流，先将数据流通过 Wi–Fi 或网线发到 5G 客户终端设备上，再转给 5G 基站（5G 芯片和模组成熟后，5G 模组集成于编码设备中，可直接发送到 5G 基站）。基站再通过 5G 传输及核心网络，把视频数据流传送到视频播放、存储及分发端，通过 5G 网络下发给超高清视频显示终端。5G 能够提供数百 Mbps 的速率以保证超高清视频流无卡顿的传输和播放，并且 5G 网络切片功能还可以为超高清视频提供专用通道，进一步保障业务质量和用户体验。

应用场景 1：采用 5G 网络传输各种大型演出活动的超高清视频会成功吸引大批观众，成功扩大活动的影响力和增加受众数量

基于移动场景下的挑战，5G 可以应用于超高清视频的采集、传输、分发及播放，实现端到端网络保障，有效弥补现有带宽不足及专线成本过高的现状，同时端到端网络切片技术可以为制作传输和用户观看提供有效的 QoE（体验质量）保障，提升用户体验。同时，5G 的低时延可以满足用户在观看综艺与现场演出时的个性化互动需求。

2019 年 2 月，中国移动联合中央广播电视总台，成功实现了将央视春晚深圳分会场的 4K 超高清信号回传至中央广播电视总台北京机房，在全国范围内首次实现 4K 超高清内容的 5G 网络传输，让 5G 的场景应用备受关注。

应用场景 2：采用 5G 网络传输各种户外超高清体育赛事，给观众带来身临其境的体验

2018 年第 23 届冬奥会在韩国平昌举行，其中高山滑雪、冰壶、花式滑冰、冰球、短道速滑、高台滑雪、俯式冰橇、单板滑雪等大量比赛采用了 5G 高清直播，为用户提供沉浸式 5G 体验服务，包括同步观赛、360 度全景直播、互动时间切片等。

- 同步观赛：在运动器材上和运动员身上安装传感器、高清摄像头并配置 5G 通信模块，通过 5G 网络将数据实时传送至观众的手机或电视等终端，让观众以运动员的第一视角来观看赛事直播。
- 360 度全景直播：在赛场内不同的角落安装 360 度全景摄像机，再通过 5G 网络将高清视频信号实时传送到观众席的 VR 区域。观众可以沉浸式体验赛场的每一个角落，还可以将视角切换到运动员的休息室、等待区等。

- 互动时间切片：在赛场周围安装多达100个摄像头，以获取不同角度的视频信息。在通过5G网络观看比赛时，用户不仅可以选择从不同的角度观看比赛，而且可以随意回看比赛的精彩瞬间。

应用场景3：重要事件直播，提升全民参与感

利用5G网络切片技术提供的专用“媒体切片”，可以实现具备上下行超大带宽、超低时延等网络特征的“重要事件专用直播通道”。2019年全国两会期间已经应用5G进行4K超高清直播。两会会场和会议代表驻地实现了5G信号全覆盖，央视、新华社和《人民日报》等媒体的记者通过中国移动的5G信号可以实时进行两会的4K超高清视频直播。得益于5G，本次会议形成了全员、全新、全效的媒体格局，参与民众仿佛置身人民大会堂，足不出户便可全方位获得第一手惠民政策解读。

应用场景4：Vlog时代，全民皆为创作者

抖音、微视等短视频平台的发展得益于全民创作的热情，但是制作优质创意内容依然有较高门槛。有了5G加持，用户可以随时随地捕捉精彩瞬间，利用5G网络将记录的内容传输到云端进行云剪辑，再利用人工智能技术进行视频剪辑与后期制作，这些曾经烦琐的制作过程如今变得越发便捷和智能，如智能变脸、智能场景加载等让普通用户也能充分释放其创意和才华。

5G云VR/AR——革命性交互方式和全沉浸式体验

随着计算能力的不断提升，移动终端更加小型化、智能化，人机交互趋于自然化发展，经历了计算机、智能手机的演变，VR有希望成为新一代计算平台，将是5G时代的典型应用。

目前国内VR生态圈逐步走向成熟，终端正在朝着轻量化、移动性发展，内容也会逐步丰富，VR 游戏、VR 视频等娱乐场景有望成为主体。根据交互方式的不同，VR 应用可以分为弱交互应用和强交互应用。其中弱交互应用当前以 360 度全景技术为主，包括 VR 360 视频、事件直播、旅游、房地产等领域。强交互应用以 CG（计算机动画）技术和复杂的计算机图形渲染为主，包括 VR 游戏、教育、医疗、工程等领域。当前的主要问题是计算机图形实时渲染放在本地终端，导致 VR 终端价格高昂，设备也比较笨重，HDMI 线也影响其移动性。此外，内容也是以本地为主，得不到集中高效分发，用户没有比较轻便的渠道获取各种 VR 内容，内容厂商的版权也得不到保护，以上问题进而制约了 VR 整个产业链的快速发展。VR 技术对社会的生产力和消费力有很大的促进作用，如何解决上述制约 VR 发展的问题，让 VR 发挥更大的作用呢？

5G 云 VR/AR 是解决上述瓶颈的最佳方案，能高效推进 VR/AR 的大规模应用。云 VR/AR 是将云计算、云渲染的理念及技术引入 VR/AR 业务应用中，借助 5G 高速稳定的网络，将云端的显示输出和声音输出等经过编码压缩后传输到用户的终端设备，实现 VR/AR 业务渲染上云。

云 VR/AR 主要有三大特点。一是渲染云化。将计算复杂度高的渲染上云，大幅降低终端的渲染计算压力，实现终端轻量化，降低终端成本。二是内容云化、集中化。渲染云化后，内容以视频流的方式通过网络推向用户，版权保护与防盗版能力更强。三是头显无绳化、移动化。借助 5G 的通信能力和稳定性，头显可以去除连接终端的 HDMI 线等。

目前产业界比较成熟的 5G 云 VR/AR 整体技术方案包括云、管、端三个部分（见图 11–2）。

VR 终端采集用户头部姿态及用户输入信息，通过上行 5G 网络传输到云渲染服务器；云渲染服务器启动用户业务，根据上传的信息及业务逻辑进行 VR 画面渲染；云渲染服务器将渲染后的音频、视频抓取并利用通用视频格式进行编码封装，再通过下行 5G 网络传输到用户 VR 终端；用户 VR 终端将视频流数据解码后进行相关处理，最后把画面显示给用户；用户根据画面进行下一轮操作。

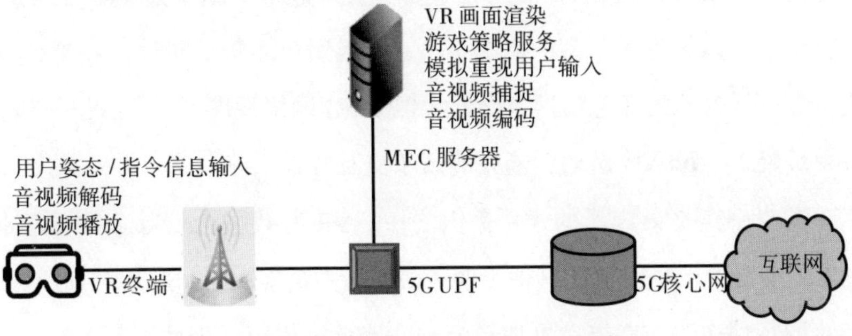

图 11-2 5G 云 VR/AR 解决方案

云、管、端的协同发展将为 5G 时代的运营商开展 VR/AR 业务分发运营并转型数字化服务领域提供基础保障。

在 5G 传输管道方面，云 VR/AR 对于传输网络提出的需求包括 60Mbps 高速接入、20 毫秒级的低时延。5G 提供的超强能力，使 VR/AR 在泛在场景中也能提供高接入速率，让云 VR/AR 内容传输清晰流畅。引入边缘计算技术，将用户面下沉到更加靠近 VR/AR 用户的位置，缩短时延。基于 5G 网络切片（包括接入网、传输网和核心网）提供网络质量可保证、隔离专用的端到端网络。

在云渲染方面，传统方式是 VR 头盔用有线连接一个负责渲染的高端个人计算机实现沉浸体验，云 VR 方式是通过边缘计算结合计算机图形学实现 VR/AR 复杂渲染上云。利用云端强大的计算和 GPU 的渲染能力呈现 VR/AR 应用运行结果，再经过低时延编码技术处理形成实时内容流通过 5G 网络传输到用户的低配头显上，实现 VR 沉浸式体验。云渲染技术将加速网络传输技术、GPU 虚拟化（GPU 计算资源共享）、低时延编解码等领域的协同创新。

在 VR 终端方面，相比本地 VR/AR 终端，5G 云 VR/AR 终端大幅降低了对终端复杂的计算和渲染能力需求，大幅降低了 VR/AR 终端功耗和成本，提升了用户佩戴的舒适度。

5G 云 VR/AR 应用在 2C（面向消费者）和 2B（面向企业）领域有很好的发展前景，在 5G 时代可能会率先发展起来。基于云 VR/AR 的用户终端，可以衍生出丰富的应用，不断升级用户体验。同时，云 VR/AR 高带宽、低时延的业务特性也会大大推动 5G 网络发展。

应用场景 1：5G VR 游戏，新兴的娱乐交互方式

游戏一直是最广泛的娱乐需求之一，VR 游戏将会是首个发展起来的 VR 消费者市场。相比其他行业，游戏行业的 VR 技术应用更加成熟，游戏的特性也与 VR 技术更加契合——追求沉浸感。市面上的 VR 游戏内容也较丰富，用户愿意为游戏体验付费。利用 VR 技术让玩家走进虚拟的游戏世界，拥有沉浸式视听感受，并通过身体的运动进行游戏，成为自己梦寐以求的英雄角色。VR 游戏结合云计算技术，将内容上云，渲染上云，有效降低了用户侧对终端的要求，从而降低了消费门槛。用户只需要较低的成本就可以在虚拟世界中遨游，利用 5G 强大的带宽和超低的时延，体验沉浸感十足的高质量 VR 游戏。

VR 游戏具有交互性强、沉浸感高、趣味性足的特点，正适合家庭娱乐。5G 云 VR 帮助 VR 游戏降低了门槛，利用 5G 网络特性为玩家打造一个逼真的“世界”，人们体验游戏的方式不仅通过双手和双眼，而且将有触觉、嗅觉等体感回馈。因此，5G 云 VR 游戏更适合步入家庭，成为家庭中的新兴娱乐方式。

应用场景 2：5G VR/AR 视频点播和直播、影视，传统内容的新体验

VR 视频点播和直播，通常为 360 度全景拍摄，支持多角度播放，主要用于事件直播、新闻、体育赛事、演唱会现场、展会等，受众广泛。VR 直播，以被动拍摄为主，场景丰富，视频源丰富，整体难度相对较低。但是目前仍存在以下问题：需要时间去培养用户的观看习惯、交互习惯，全景拍摄设备、后期算法、拼接技术及观看设备具有局限性，基于现有网络传输存在延时高、带宽低等问题，这些问题会给用户带来眩晕感等不舒适的体验，沉浸感也会随之变差。

5G 高质量的网络环境可以给体验者带来流畅自然的体验。同时，由于边缘计算的引入，可以根据用户观看方向实时转码出屏幕需播放的内容，将原本 360 度的视频压缩至原来的 1/3~1/2，为用户节省了流量成本。同时，播放此类视频对用户硬件设备的配置要求更低，间接节省了硬件设备的购置开销。

应用场景 3：5G VR 旅游，旅行新选择，展览新方式

VR 的沉浸特性可以使用户达成身临其境地浏览旅游景点，远程参观展会、博物馆、样板间等心愿。VR 远程展示可根据展示内容细分为虚拟景区、虚拟展厅和虚拟样板间。虚拟景区利用 VR 技术模拟实景，构建虚拟的三维景点环境，让游览者足不出户便可游览千里之外的风光。虚拟展厅是将展品和展示空间通过 VR 技术在网络端重建，让用户可以通过 VR 设备在虚拟展厅中漫游，浏览展品，甚至与展品进行互动。虚拟样板间即利用 VR 技术构建虚拟的三维样板间，借助 5G 强大的移动网络，让用户不必亲临现场即可随时随地体验房屋的空间布局和尺寸体量。

5G 云游戏——轻端畅玩，尽享休闲时光

科技的发展始终引领着游戏的发展。从复制游戏、在线下载游戏到即点即玩云游戏，玩游戏变得越来越便捷、越来越自由。云游戏，顾名思义是以云计算为基础，不用下载安装，所有过程都在服务器端运行。通过网络传输，游戏在云端的服务器运算和渲染，用户终端只负责显示和接收指令，游戏设备也不需要高端的显卡和处理器，让游戏摆脱了终端的束缚。

传统的游戏大作其实都需要万元以上的硬件配置才能推动，仅仅这一条就将很多玩家拒之门外。云游戏的出现则彻底降低了顶级游戏的门

槛，尤其对那些喜欢玩游戏但又买不起高端游戏设备的玩家来说，未来或许只需一个账号就能获得极致的游戏体验。

云游戏在若干年内发展缓慢最大的问题在于网络带宽的限制，带宽限制了画面传输，无法满足即时游戏的需求。如谷歌游戏串流服务 Project Stream 要求用户的网速达到 25Mbps，这对许多国家、地区而言还是比较高的标准。

5G 网络所具备的高带宽和低延迟特性，将为云游戏提供生长的土壤。5G 的用户带宽能给用户带来更高清、更高帧率的游戏画面，4K 分辨率让游戏体验更加逼真。5G 的低时延能力让用户告别图像拖尾卡顿，基本达到与本地游戏一样的准实时交互水平。相比 4G，5G 能带来更广的覆盖和更稳定的传输，为用户提供更稳定的云游戏游玩体验。一是降低了玩家体验游戏的门槛。通过订阅云游戏服务，用户可以节省在单个游戏和游戏道具购买上的花销，也无须投入大笔的金钱去购买游戏设备，借助机顶盒和手机就能畅玩游戏大作。二是为用户创造了更丰富的游戏场景，用户不再受到终端的限制。用户在旅途中可以通过手机畅玩各类游戏，在电视上体验大屏游戏的魅力，在电脑上体验极致操控。三是大幅提升了用户游戏体验，让更多的人成为游戏玩家，而云端的内容管控也让全年龄段的用户无忧畅享游戏乐趣。

对云游戏来说，5G 不仅支持更多终端用户同时在线，而且加快了数据传输速度，缩短了网络延迟，增强了游戏的流畅度，并把云游戏的体验提升了一个较大的档次。该业务总体架构和使用业务流程如图 11–3 所示。

连接 5G 网络的手机或者电视盒子，在启动高清快游戏 App 后选择游戏进行启动，其后客户端通过 5G 网络访问快游戏服务端。快游戏服务端对访问的请求进行鉴权和分析，在获取游戏、画质等信息后，再根据请求的信息分配合适的游戏服务器。游戏服务器收到请求后进行游戏的安装与启动并生成对外的视频流服务，该服务通过 5G 网络反馈给客

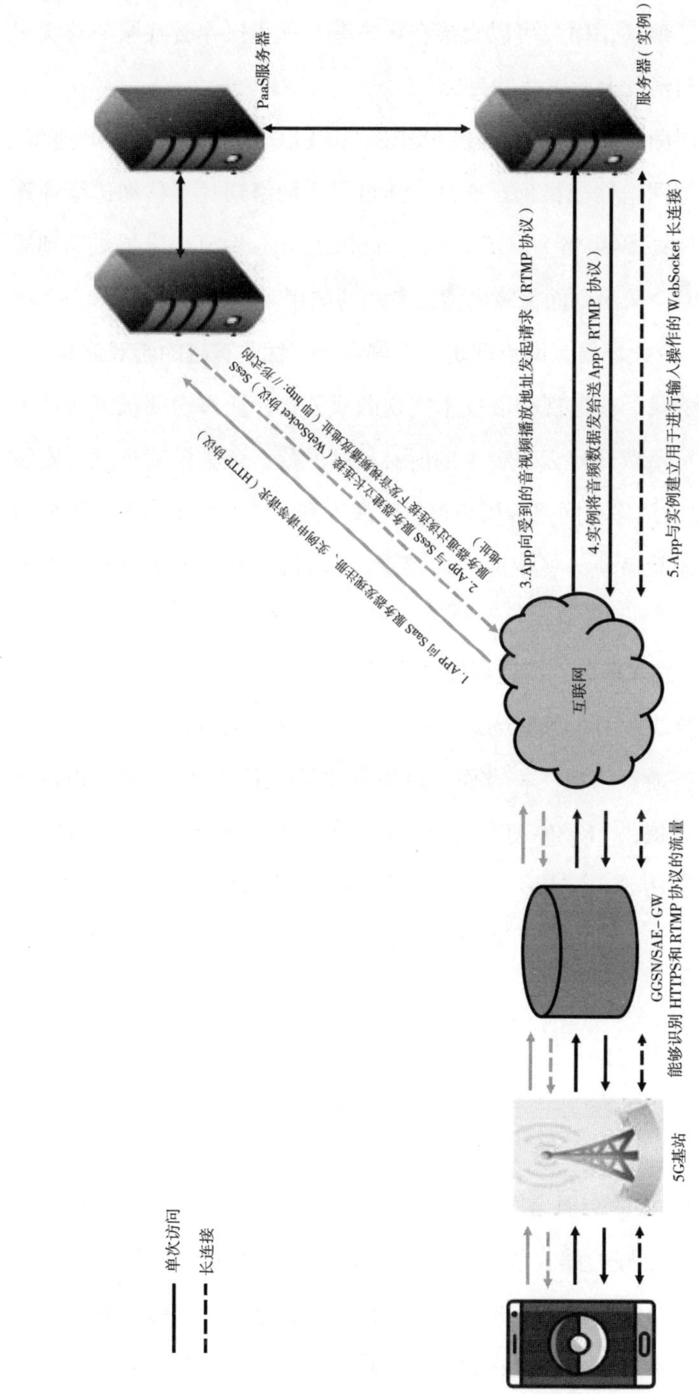

图 11-3　5G 云游戏解决方案

户端。客户端通过5G网络直接与游戏服务器建立视频流和交互通信的长连接服务，最终，用户可以直接在客户端上远程操作游戏服务器实现无须下载即刻畅玩大型游戏的目标。

在网络层面，5G网络将提供eMBB、uRLLC能力，全面提升速率、时延、覆盖等网络性能指标。此外，通过引入网络切片、移动边缘计算两大新技术，5G网络将为高清云游戏的画面展示、时延要求提供端到端业务质量保障，从而全面保障高清云游戏的应用。

应用场景1：个人场景，即点即玩、多屏合一、优质有趣的游戏体验

"5G云游戏"通过视频流技术实现游戏云化，让移动端玩家通过游戏客户端即可免费试玩云平台上的所有精品游戏，免去游戏下载、安装环节。5G强大的移动网络为用户提供更多丰富的游戏场景，个人用户能够随时随地想玩就玩，畅快淋漓地感受5G超低时延带来的游戏乐趣和沉浸式体验。

应用场景2：家庭场景，打造客厅游戏时光

"5G云游戏"引入家庭场景，通过热门手游、主机游戏大作和教育游戏激活家庭游戏市场。一方面，精品游戏可以通过5G移动电视机顶盒走进客厅，提供4K/8K超高清游戏画质和更加便捷的游戏交互体验。另一方面，利用5G支持多用户、多设备并发的特性，让一家人有更多机会齐聚客厅，享受家庭团队作战带来的轻松愉快，共度其乐融融的客厅游戏时光。

"5G+"与出行

5G将为人们的交通出行带来翻天覆地的变化。在地面上，智能网联汽车为你实现更好的路径规划，快速将乘客送达目的地。即使在雨天，乘客也不用排队等待滴滴司机接单。在空中，民航向旅客提供航天网联通信服务后，手机也可以像在地面上一样使用。旅客可以选择观看自己喜欢的片源或随时参加工作视频会议，娱乐、工作将不再受到飞行的约束。在轨道交通中，无论在高铁还是地铁等轨道交通工具上，乘客都可以享用高质量的网络，不会因其行驶速度过快而发生断网或者通话中断现象。甚至一些未来科幻电影中的出行场景也会随着"5G+"的到来成为现实。本节将主要围绕基于5G的智能网联汽车和航天网联通信服务进行介绍。

"5G+"与智能网联汽车

智能网联汽车发展阶段

随着5G的到来，人们的交通出行将变得更加智能与便捷。5G赋能交通行业，让车辆不再是冰冷的载具，而是有生命力的帮手，像旧时人们骑马出行一样：车辆能够"听得懂"，带你去任何你想到达的目的地；车辆能够"看得远"，在载你行驶的过程中，眼观六路，耳听八方，时刻关注周围环境变化，提前做好准备；车辆能够"跑得稳"，在遇到任何紧急或危险情况时，都能够载你平稳度过，不出任何差错；车辆能够"冲在前"，当你无法到达特定环境时，你的车能为你冲在最前线，完成你的使命。从此以后，你的出行将不仅仅是通行，而是一种新型的驾乘体验，为你的生活带来全新的体验。

智能网联汽车从服务内容的阶段划分来看，可以分为车载信息服务、辅助驾驶及初级自动驾驶、高级自动驾驶及协作智能交通三个阶段。

- 第一阶段，车载信息服务。车辆通过通信模块获取所需的导航、路况、车辆诊断等信息。车载信息服务是车联网最基础的属性和功能，随着网络能力的不断提升，车载信息服务的应用也将不断丰富。

- 第二阶段，辅助驾驶及初级自动驾驶。辅助驾驶是汽车行业的自动化程度不断提升的产物，这一阶段注重各类高级传感器和智能化技术的应用，并从车与云的通信进一步扩展到车与万物。这一阶段是车联网当前所处的发展阶段，也是当前产业界的热点领域。
- 第三阶段，高级自动驾驶及协作智能交通。这一阶段三网（车内网、车际网、车云网）已充分融合，并且随着自动驾驶技术以及智能化交通指挥系统的不断成熟，人们可以选择最优的方式出行，交通效率和社会成本能够得到充分优化，真正达到绿色出行、高效节能的效果。

智能网联汽车发展趋势与应用场景

为了能让汽车在出行过程中“听得懂”“看得远”“跑得稳”“冲在前”，信息技术和人工智能被广泛应用到行业中，同时其地位日益提高，因此车联网产业发展形成三大趋势。

一是智能化。随着车辆的自主控制能力不断提高，完全自动驾驶最终将实现，进而改变人车关系，将人从驾驶中解放出来，为人在车内进行信息消费提供前提条件。

二是联网化。车辆将成为网络中的信息节点，与外界进行大量的数据交换，进而改变车与人、环境的交互模式，实时感知周围的信息，衍生更多形态的信息消费。

三是共享化。随着自动驾驶的普及，大部分人不再需要购买一辆属于自己的汽车，出行可以作为一项按需提供的服务，将道路、汽车等资源充分进行共享，从而提高社会的整体运行效率。

随着基于5G的智能网联汽车的发展，人们的出行行为将发生极大的改变。在双手可以从方向盘解放出来之后，随之一同解放出来的时间为娱乐、信息、办公、传媒等应用打开了巨大的服务内容市场。这些新型应用场景将产生足以重塑整个汽车产业、颠覆汽车所有权和流动性等现有概念的力量。

考虑到未来车辆智能化、联网化和共享化的发展，3GPP继续定义了面向5G的增强的车联网业务需求，并将其归纳为编队行驶、自动驾驶、扩展传感器、远程驾驶四大类场景。

应用场景1：编队行驶让车辆“跑得稳”

编队行驶是指一组车辆以非常靠近的方式（例如间距几米甚至几十厘米）行驶。为了保持车辆间间距，车辆需要实时分享状态信息，如速度、行驶方向、刹车、加速度等。当车辆信息发生改变时，信息需要通过5G超低时延网络进行传输，确保队伍中其他车辆迅速做出反应。利用编队行驶，车辆间的距离可以缩短，总体上油耗降低，驾驶员的数量也会减少。而搭乘编队行驶的车辆时，乘客就像坐在“公路上的火车”上，能够平稳、快速到达目的地。此外，编队行驶还可帮助后车实现跟随式的自动驾驶。

应用场景2：自动驾驶让车辆“听得懂”

自动驾驶汽车不再需要驾驶员的存在，乘客只要上车说明自己想去的目的地，车辆会根据自身传感器探测到的信息以及路侧单元传输的数据，通过5G网络上传至云端，再通过边缘计算将最佳决策迅速下发至车辆，让车辆在极短的时间内做出反应，快速并准确地将乘客送达目的地。此外，每辆车都会与周边车辆通过5G大连接与高可靠的网络时刻不停“交流”，共享其驾驶意图。通过5G自动驾驶可以提高驾驶的安全性和交通效率。

应用场景3：扩展传感器让车辆“看得远”

扩展传感器的应用场景就像每个车辆和路边基础设施都安装了一个大喇叭，它们不停对外传送自己的信息，让道路上的任何一个物体都能感知到车辆或基础设施的意图，提前做好预判，避免损失与伤害。此场景实现本地传感器采集的数据或实时视频数据在车辆、路侧单元、行人设备和车联网应用服务器之间进行交换。这些数据的交互等效于扩展了车辆传感器的探测范围，从而使车辆增强了对自身环境的感知能力，并使车辆对周边情况有更全面的了解。

应用场景 4：远程驾驶让车辆“冲在前”

当发生山体滑坡、森林火灾等自然灾害时，由于施救环境恶劣，救援人员无法驾车通行，这个时候就需要远程驾驶施展拳脚了。驾驶员可以在任何一个安全的地点，通过 5G 网络远程操控车辆的行驶，实现驾驶员与车辆的分离，让车辆快速到达指定地点。该场景也可用于公共运输等行驶轨迹相对固定的场景，减少驾驶员在两地奔波的频率。

表 11–2 列举了上述四大类场景的网络通信需求。

表 11–2　5G 智能网联汽车应用场景的网络通信需求

网络通信需求	编队行驶	自动驾驶	扩展传感器	远程驾驶
带宽	50~65Mbps	10~50Mbps	10Mbps~1Gbps	1~25Mbps
通信时延	10~25 毫秒	3~100 毫秒	3~100 毫秒	5 毫秒
可靠性	99%~99.99%	99.99%~99.999% 或更高	90%~99.999%	99.999%

智能网联汽车业务解决方案

5G 智能网联汽车采用了“云 – 网 + 计算 – 端”的分级协同体系，构建以车辆终端和边缘云为核心的自动驾驶分级决策平台，以及以云端为核心的 5G 智慧交通平台。业务总体架构实现了智能网联汽车的网联化，通过人、车、路、云端等的信息交互实现了边缘计算服务能力、高精度定位服务能力等，为智能网联汽车智能决策、协同控制提供信息服务，进而实现不同等级智能驾驶及智慧交通。该业务总体架构如图 11–4 所示。

在网络层面，5G 网络将提供增强移动宽带、超高可靠低时延通信能力，全面提升速率、时延、覆盖等网络性能指标。此外，通过引入网络切片、移动边缘计算两大新技术，5G 网络提供了更高的传输速率、精准低时延控制和精准定位，从而实现车载与路侧感知信息融合，构建云上智慧交通大脑，解决了单车感知受限问题，降低了车载系统的计算复杂度，并有效解决了车车、车路协同问题。

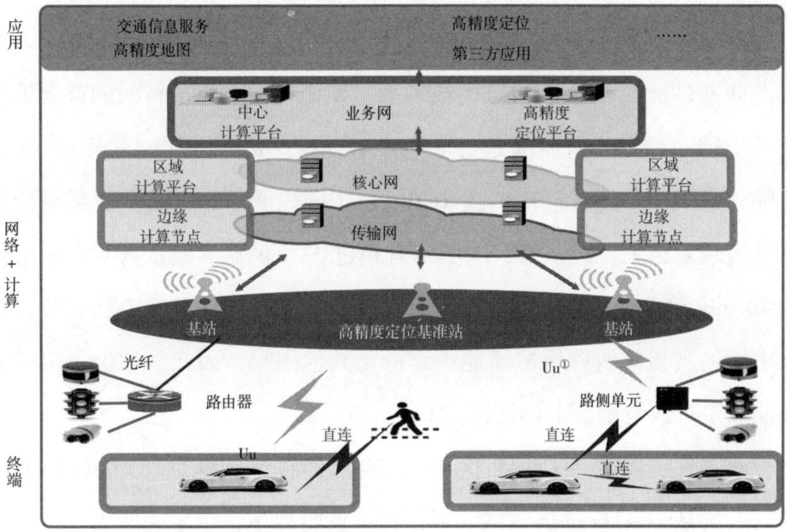

注：① Uu 接口是终端和基站之间的通信接口，可以实现长距离和大范围的可靠通信

图 11-4 5G 智能网联汽车业务总体架构图

该体系架构真正实现了人、车、路协同的高效、安全、绿色的智能网联交通环境，实现了基于 5G 车联网的自动驾驶和智慧交通。自动驾驶网络切片关键技术基于统一资源提供安全、质量可控的端到端逻辑专用网络，灵活搭配物理资源和网元功能。针对 5G 自动驾驶中车载信息娱乐、车载移动办公、远程车辆控制、分级决策等不同通信需求，设计网络切片，并根据业务的需求和数据的优先级来分配网络。利用边缘计算关键技术实现分级自动驾驶，进一步缩短时延，并提升数据集中处理的能力，满足在某一覆盖范围内的车辆协同调度。依照差异化的安全等级、时延要求，智能匹配不同的数据来源，进行分级处理。增强自动驾驶系统的感知、决策和控制能力，最终达到降低自动驾驶成本和提升自动驾驶安全性等目的。

“5G+”与民航

不知你有没有想过，在飞机上发“朋友圈”、刷微博、看直播呢？有这种想法的不仅仅是你。在2017年针对全球18个国家、9 000多名乘客的调查显示，有超过77%的旅客表示乘坐民航飞机出行时的首要诉求就是上网，如果飞行时间超过4个小时，这一诉求的比例就接近89%。伴随着中国民航运载规模的逐步扩大，中国民航领域对航空机载通信的需求也越来越大。经调查，中国也有超过73%的旅客表示其乘飞机出行的第一诉求就是上网，但目前国内飞机上并没有全面开放上网服务，并且中国的飞机无线网络覆盖能力远低于其他国家，因此，乘坐飞机时能够使用手机或电脑等上网还需时日。

而现在，随着5G的到来，你的需求即将得到满足。当5G遇上民航，一场基于ATG的航空网联通信服务就将诞生，带来前所未有的飞行体验。5G的通信能力结合ATG的实现方案，就能够实现飞行期间的各类互联网应用需求。

中国航空机载通信现状

当前民航机载通信面临三大问题：一是国内外主要利用卫星进行机载通信，基础建设费、机载改装费、通信流量费等成本高；二是机载卫星互联网发展缓慢，民航测距仪频率受限于性质和带宽无法商用，主要原因是频率性质及用途无法用于互联网接入，且带宽过小无法承载大数据传输；三是国内机载通信装机量少，窄体机市场几乎空白。中国飞机尤其是窄体机对于互联网接入需求旺盛，整体航空机载通信市场潜力巨大，是一块蓝海市场。2017年，国内50家航空公司拥有民航客机约3 133架，年旅客运输量5.52亿人次，运输飞行1 059.7万个小时。预计到2020年，中国全行业注册飞机数量将达到4 600架，年旅客运输量将超过7.2亿人次。随着国内机载通信政策加速放开，机载通信已成为交通部、工信部近几年“互联网 + 便捷交通”的重要推动工作，并将迎来爆发式增长，给民航乘客带来全新的出行体验。

5G 全面赋能航空机载通信

ATG 利用 5G 超大带宽和大规模天线的优势，针对航空高速移动、广覆盖等特性进行定制化开发，在地面建设能够覆盖天空的专用 NR 基站（5G 地面对空基站及定制空口协议），构建一张地空立体覆盖的专用网络，有效解决高空立体覆盖，实现地空高速数据传送，满足空中乘客的上网及通信需求（见图 11–5）。相比卫星通信，ATG 虽然仅覆盖大陆本土，覆盖广度不如卫星，但在一些国家如美国、中国、澳大利亚等，地域辽阔，国内航班占比较高，跨洋飞行时使用卫星通信的情况并不是很多；相比卫星，5G ATG 有着不可比拟的高数据带宽、低延迟、低成本的优势，因此得以迅速发展。

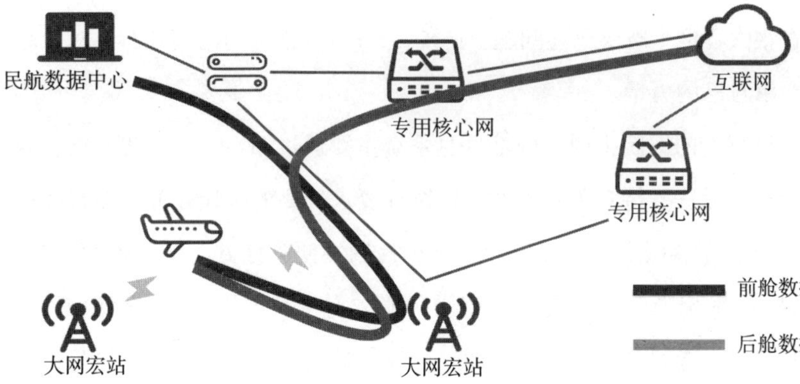

图 11–5　5G ATG 解决方案

中国移动前期在 ATG 业务上已经具备一定的项目基础，联合民航局等完成主流航线试验验证，已改造并开通北京—成都、北京—上海、北京—广州三条热门航线共计 52 个基站，与中国国际航空股份有限公司、中国民航科学技术研究院在北京—成都航线完成超过 400 架次的常态飞行测试。同时，中国移动超前布局，已完成民航地空通信核心网的建设，为民航业务打造专属核心网，与现网隔离，避免业务竞争。

在不久之后，当你再次乘坐飞机出行时，5G ATG 可以满足你在高空用户密集区域，以较低费用享受到和地面一样的通信上网服务，你可以随时在空中与好友分享你的心情，并且为自己喜欢的视频内容点赞，这将带给你全新的出行体验。

“5G+”与医疗

“看病难”“医患关系紧张”已经成为人们心中对医疗根深蒂固的印象。医疗资源不均，人们经常为了看专家门诊从乡镇千里迢迢来到大城市的三甲医院；排队挂号难，热门科室经常需要提前一周早起刷票；医患关系不和谐，医护人员资源紧张，导致病人对费心费力得来的服务不甚满意。在即将到来的 5G 时代，智能导诊、远程实时会诊等新应用就能在很大程度上解决上述问题。此外，5G 甚至能够与时间赛跑，在急救上贡献自己的力量。

对当前的医院来说，内部信息系统主要通过 Wi–Fi 和有线网络，其中 Wi–Fi 无法支持对于安全性、连续性要求较高的医疗业务，而有线网络对于医疗器械实现泛在连接、远程控制的便利性方面又有很大限制。如果 5G 系统能够在院内广泛使用，那么它将满足病房、物理诊断科、麻醉科、影像科等设备互联互通，同时保证病患隐私信息不出医院；对院外行驶的急救医疗车来说，它们需要通过加载 5G 实现高速、安全、可靠的无线连接，从而支持高清视频、低时延的远程控制等业务，真正实现争分夺秒的急救。如图 11–6 所示，医疗环境下的通信需求根据院内、院间、院外等场景的改变具有差异性，例如院内医疗设备的互联、院间的专线传输以及院外的 5G 无线网络与专线的结合。

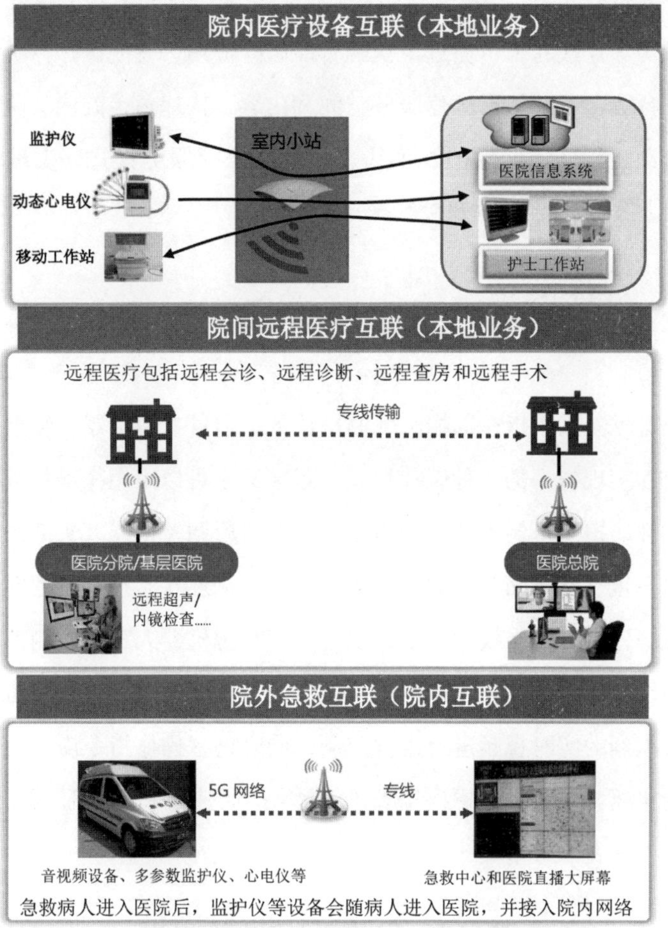

图 11–6　院内、院间、院外的通信需求

对患者来说，在诊前，由于自身对医学认识有限，因此其在挂号环节，选择合适医院、科室和医生上存在困难；在诊中，影像咨询困难，基层就诊误诊率高，术后行动不便；在诊后，康复和复诊占用时间与经济成本高，缺乏周期跟踪和有效管理。这些问题都需要智能导诊挂号、影像云存储、人工智能智慧阅片、远程会诊等新的智慧医疗体系去妥善解决，以更好地满足患者的诉求。

因此，基于移动通信、互联网、物联网、云计算、大数据、人工智能等先进技术的“5G+”智慧医疗，将患者、医护人员、医疗设备和医疗机构等连接起来，通过丰富的智能医疗应用、智能医疗器械、智能医疗平台等，不断拓展医疗服务空间和内容，构建覆盖院内、院间、院外，诊前、诊中、诊后的线上线下一体化医疗服务模式，实现普惠医疗，大大改善人们的医疗体验。

院内：5G 查房机器人——交流无须等待

查房机器人是指在远端医生的操控下，通过查房机器人和患者远程视频交互实现查房的一种医疗形式。远端医生可以采用操纵杆或者 App 控制软件，控制机器人移动到指定病床，然后调整机器人头部的屏幕和摄像机角度，与患者进行高清的视频交互。[4] 通过机器人，医生可实现远程查房，提升工作效率。未来主流医疗查房机器人和医生侧都将配备 4K 高清摄像头。机器人在病区行走时，远端医疗专家需要根据机器人摄像头采集到的实时视频进行远程控制，同时远程操作指令需要无中断地传输给机器人。因此，医院需要 5G 网络的高速率和低延时以及高精度的定位（见表 11–3）。

表 11–3　查房机器人对网络的需求

	典型应用	通信速率	通信时延	覆盖范围
机器人端	环境视频（或患者视频 4K）	上行 20Mbps	≤50 毫秒	住院病区
	控制信息	下行 100Kbps		
	医生视频信息（4K）	下行 20Mbps		
医生端	环境视频（或患者视频 4K）	下行 20Mbps		
	控制信息	上行 100Kbps		
	医生视频信息（4K）	上行 20Mbps		

查房机器人对于移动性、定位的精准性要求高。相较于传统的 Wi–Fi 网络，在部署上 5G 网络更为灵活；从能力的角度来说，5G 网络对移

动的支撑性更好，定位精度更高，更为稳定。

院外院间：5G 远程超声机器人——在家、在外也能做 B 超

远程超声机器人基于 5G 进行远程超声诊断，将机器人的自动化精准定位技术与超声扫描的基础需求相结合，利用机械臂标准切面扫查或者超声成像技术提高超声扫描的效率，与此同时可以减轻超声科医生的工作负担，提高整个超声科的工作效率。患者端装有超声探头，对患者进行特定部位的扫描，机械臂部分采用运动精度可达到亚毫米级别的工业机械臂；医生端控制机器人对患者进行扫描操作，同时使用 VR 头盔来进行超声图像的显示，进行诊断；5G 网络在这个过程中负责双路高清视频、机器人控制指令以及传输过程中的数据加密安全保护。远程超声操控要求实现患者音视频（4K）、B 超探头影像（4K）、力反馈触觉信号三路数据上行传输至医生端，对无线网络提出 40Mbps 的高速率需求（见表 11–4）。

表 11–4　远程超声机器人对网络的需求

<table>
<tr><th></th><th>典型应用</th><th>单路通信速率</th><th>环回时延</th><th>网络时延</th><th>覆盖范围</th></tr>
<tr><td rowspan="5">患者端</td><td>患者视频（4K）</td><td>上行 20Mbps</td><td rowspan="10">≤200 毫秒（环回时延包括远程操控时延，网络侧时延，图像、音视频、力反馈传输时延）</td><td rowspan="10">≤20 毫秒（网络侧时延 = 环回时延 – 编解码时延 – 外网传输时延 – 服务器处理时延）</td><td rowspan="10">城区、郊区全覆盖</td></tr>
<tr><td>B 超探头影（4K）</td><td>上行 20Mbps</td></tr>
<tr><td>力反馈触觉信号</td><td>上行 150Kbps</td></tr>
<tr><td>医生视频（4K）</td><td>下行 20Mbps</td></tr>
<tr><td>操作摇杆控制信号</td><td>下行 150Kbps</td></tr>
<tr><td rowspan="5">医生端</td><td>患者视频（4K）</td><td>下行 20Mbps</td></tr>
<tr><td>B 超探头影（4K）</td><td>下行 20Mbps</td></tr>
<tr><td>力反馈触觉信号</td><td>下行 150Kbps</td></tr>
<tr><td>医生视频（4K）</td><td>上行 20Mbps</td></tr>
<tr><td>操作摇杆控制信号</td><td>上行 150Kbps</td></tr>
</table>

远程超声机器人的多路高清视频及影像对于速率有很高的要求，且实时的交互也导致它具有低时延的特性。相较于传统的 Wi–Fi，在部署上 5G 网络覆盖面更广，城区、郊区都能全面覆盖；从能力的角度来说，5G 网络能满足其对时延和上行速率的严格要求。

院外院间：5G 远程实时会诊——基层也能看专家门诊

远程实时会诊是指由远端医疗专家通过视频实时指导基层医生对患者开展检查和诊断的一种医疗咨询服务。远程实时会诊通常发生在医疗联合体的医院之间，或者医院总院和分院之间。前期基于 4G 网络，已经能够实现基础性的视频交流和检查信息共享，随着医疗设备朝小型化和移动化发展，出现了 VR 眼镜、MR 智能医疗眼镜、数据头套等移动式无线医疗设备。医患两侧配置 VR 4K 高清视频对网络提出 40Mbps 的速率需求，基于 VR 的远程急救指导对网络提出 20 毫秒的时延需求（见表 11–5）。这都需要 5G 的能力才能保障远程 VR 实时会诊的效果。

远程实时会诊对于视频的清晰度有很高的要求，VR 的身临其境也使医患之间的交互更为顺畅。相较于传统的 Wi–Fi 和 4G 网络，在部署上 5G 网络覆盖面更广，院内 – 院外都能全面覆盖。从能力的角度来说，5G 网络能满足 VR 高清视频在速率和时延上的要求。

院外：5G 急救车——把握一线生机

应急救援是指急救人员、救护车、应急指挥中心和医院之间通过相互沟通协作开展的医疗急救服务。在疾病急救和自然灾害救援现场，医疗人员需要对患者紧急进行伤情检查，并将检查结果传输到应急指挥中心和医院，同时针对疑难病情患者，通过移动终端由医院进行远程救治指导。在急救车转运途中，医疗人员可通过移动终端调阅患者电子病历信息，通过车载移动医疗装备持续监护患者生命体征，并通过车载摄像头与远端专家会诊病情协同诊断治疗。

表 11–5 远程实时会诊对网络的需求

<table>
<tr><th></th><th>典型应用</th><th>单路通信速率</th><th>网络时延</th><th>覆盖范围</th></tr>
<tr><td rowspan="5">患者端</td><td>VR 现场视频（4K）</td><td>上行 40Mbps</td><td rowspan="10">≤20 毫秒（为保证 VR 体验的网络时延需求）</td><td rowspan="10">院内、院外全覆盖</td></tr>
<tr><td>VR 人体数字解剖结（4K）</td><td>上行 40Mbps</td></tr>
<tr><td>影像图片</td><td>上行 13Mbps</td></tr>
<tr><td>电子病历（就医记录）</td><td>上行 100Kbps</td></tr>
<tr><td>音频</td><td>上行 32Kbps</td></tr>
<tr><td rowspan="5">医生端</td><td>VR 现场视频（4K）</td><td>下行 40Mbps</td></tr>
<tr><td>VR 人体数字解剖结（4K）</td><td>下行 40Mbps</td></tr>
<tr><td>影像图片</td><td>下行 13Mbps</td></tr>
<tr><td>电子病历（就医记录）</td><td>下行 100Kbps</td></tr>
<tr><td>音频</td><td>下行 32Kbps</td></tr>
</table>

通过基于 5G 打造的应急医疗车，随车医生可以第一时间进行心电图、超声等一系列检查，通过 5G 网络将高清视频、医学影像、患者体征、病情记录等大量生命信息实时回传到医院；远端专家快速指导患者抢救，并做好入院准备。5G 急救车一般搭载三路高清视频、两路以上的医疗影像和 GPS 等数据传输（见图 11–7）。

应急救援现场和救护车移动途中，均为室外环境，需要广域覆盖的网络应急救援对网络的具体需求（见表 11–6）。另外，医疗信息传输的安全性和可靠性需要做专门保障。相较于传统的 Wi–Fi 网络和 4G 网络，在部署上 5G 网络覆盖面更广，无须网络之间来回切换且院内 – 院外都能全面覆盖。从能力的角度来说，5G网络能满足对时延和上行速率的严格要求。

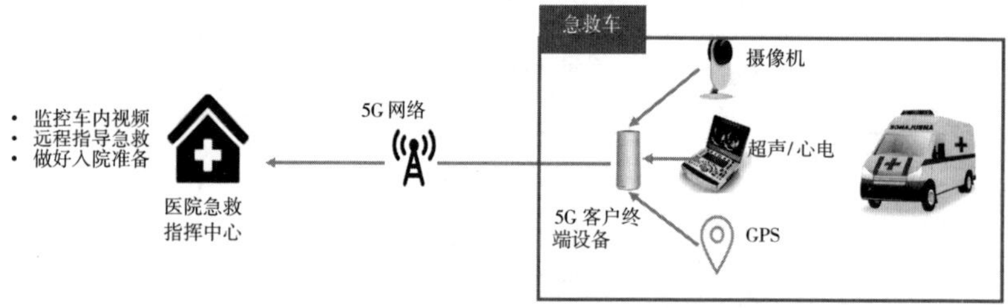

图11-7 5G急救车应用示意图

表11-6 应急救援对网络的需求

典型应用	通信速率	通信时延	覆盖范围
高清视频传输（4K）	20Mbps	≤50毫秒	院内、院外全覆盖
远程超声影像（4K）	20Mbps		
生命监护信息	200Kbps		

5G远程手术——打破医疗国界

借助医疗智能感知、交互技术和5G网络通信，医生为身处异地的病人实现远程精准手术的设想正在成为现实。

以全球首例基于人工触觉与新型自然腔道手术器械结合的远程操作手术为例。执刀医生远在千里之外，就可以通过机器人触感技术、新型柔性手术器械技术与5G网络结合反馈过来的手指触觉感应和高清视频信号，实时确定硬的肿瘤和软的细胞组织的位置，为患者做手术。实现触觉与视觉信息的实时人机交互，让医生远程操作时具有身临其境之感，也使手术更快、更稳、更准，这对于在急救“黄金时间”挽救更多病患生命，解决跨地域医疗资源不均衡问题具有重要意义。

远程手术对安全性有着极高的要求，根据不同类型的手术在速率和时延上有着不同的要求，但不同要求之间的差别只在于高或者更高（5G远程手术对网络的具体需求见表11–7）。相较于传统的Wi–Fi网络和4G网络，在部署上5G更为快速，网络覆盖面更广。从能力的角度来说，5G网络能满足其对时延可靠性和速率的严格要求。

表11–7　5G远程手术对网络的需求

典型应用	通信速率	通信时延	覆盖范围
手术创口或环境视频（4K）	20Mbps	≤20毫秒	院内、院外全覆盖
监护仪画面视频（4K）	20Mbps		
内窥镜影像视频（4K）	20Mbps		
操作摇杆控制信号	150Kbps		
力反馈触觉信号	150Kbps		

面向智慧医疗的5G端到端解决方案

上述医疗应用场景有的发生在院内，有的发生在院外，无论哪种应用均需要5G端到端网络解决方案。图11–8和图11–9分别给出了院内和院外网络解决方案示意图。

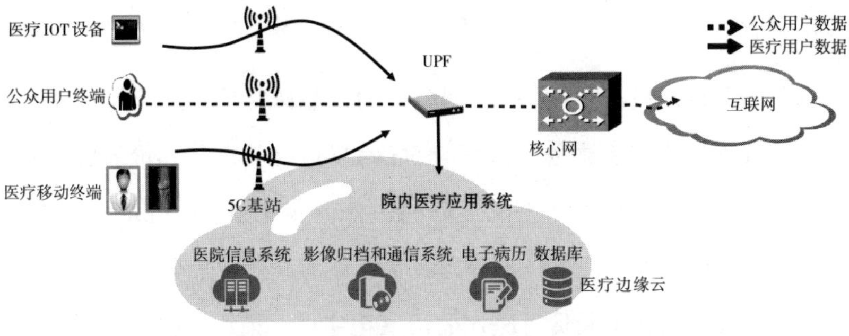

图11–8　院内5G网络解决方案示意图

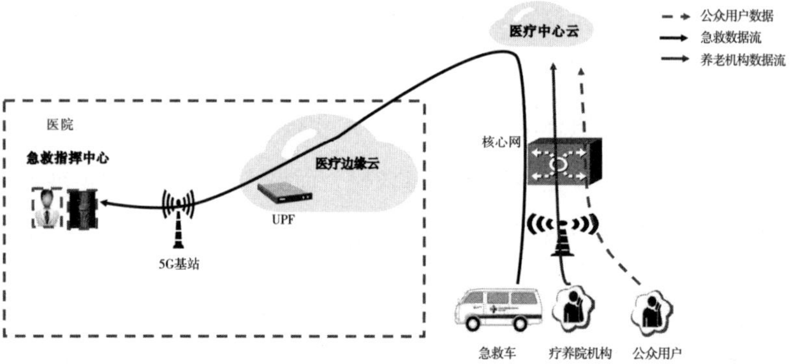

图 11-9　院外 5G 网络解决方案示意图

在院内，通过构建基于运营商频率的 5G 局域医疗专网，并为院内的各类医疗检测设备、医疗移动终端中安装 5G 模组具备 5G 通信能力，满足不同医疗终端业务所需的带宽、时延、定位等需求。将用户面网元设备（UPF）下沉，实现 5G 网络本地分流，从而将各类医疗应用数据直接与医院的医疗应用系统相连接，不仅能确保业务的时延低，而且能实现医疗数据不出医院，起到安全隔离作用。

而在院外的解决方案则有两个重要的特点，一是利用网络切片技术保障各类医疗业务在 5G 公网中传输的质量、安全隔离性；二是云网融合，针对急救车这类对时延要求较高的应用，将医疗应用平台向靠近急救车的网络边缘部署（即边缘医疗云），缩短网络传输时延，提供业务服务能力。

安全泛在、灵活智能的 5G 网络将为智慧医疗应用的不同场景、不同对象按需提供定制服务。医疗与 5G 跨界融合的趋势和价值已经有目共睹，智慧医疗的产业生态从互联网医疗行业政策、医院信息化需求、医疗终端通信能力、通信技术等方面看也逐步成熟。未来，“5G+”智慧医疗的持续创新将不断促进医疗的信息化建设，最终消除医疗资源分配不均现象，提升医疗工作效率和诊断水平，切实满足人民群众的医疗需求，提升医疗体验。

“5G+”与教育

首先，5G结合VR、AR、全息投影等技术的沉浸式教学让知识更易懂、学习更快乐。5G能够有效解决教室光纤覆盖周期长、成本高、无法灵活开课等问题，同时弥补了基于Wi-Fi导致的远程直播卡顿、不稳定和虚拟教学的交互体验差等问题。5G的大带宽、低时延以及边缘计算与网络切片可以让沉浸式教育走出科技馆，走向真实的课堂，走入普通的院校，从而服务于广大师生。天文、地理、生物、化学等不易于用文字描述的知识将通过VR、AR、全息等新型技术更生动地进行传播，学生将拥有看待世界的全新视角，将所学变为所感、所见，甚至所做，走向深度学习。

其次，5G让教育摆脱了时间、空间的限制，让教育公平、终身学习成为现实。地区差异带来的资源配置差异是社会发展的必然结果，由此带来的教育公平是教育的头等难题。没设备、没教师、没资源都是追求教育公平路上的艰难石阶，破解这些难题将成为教育公平的前提基础。在5G时代，偏远山区的孩子可以通过远程接入学习重点学校的课程并与名师实时互动，将一块移动的“黑板”平面体验变成全景的移动“课堂”，实现最有效、最直接的精准扶贫，让贫困地区的孩子掌握知识、改变命运、造福社会。除了学生，上班族可以随时随地享受“网上课堂”的学习乐趣，老年人也可以足不出户地通过高速网络在家学习“老年大学”的课程。

下面我们将从终身学习、智慧教育两个教育分类来体验5G将给教育带来的改变。

5G终身学习——随时随地享受高质量教育资源

终身学习是指社会每个成员为适应社会发展和实现个体发展的需要，终身持续地学习。在此过程中，由于学习者所在情境的多样性，其学习需求多样，所以匹配其情境和个体特征并为其提供沉浸式的服务至关重要。5G 环境下的万物互联可以为学习者提供精准的情境感知能力，基于感知的内容为其提供个性化的服务内容，本书中的终身学习主要涉及移动学习和慕课。[5]

应用场景 1：移动学习，让知识随处可在、随时可得

移动学习是实现终身学习的重要方面。参与终身学习的社会成员的背景和学习环境复杂多样，需要移动泛在的环境，随时随地接入学习资料，并与课堂互动，所以移动场景是终身学习的重要环节。

移动学习的典型场景包括 VR 科普馆。VR 科普馆将科技馆、博物馆等馆内的展览展示、科普教学内容和一些科普教育知识，用 4K/8K 全景摄像机等设备采集转化为 VR 视频内容或通过数字化手段制作成 VR 应用内容，通过云平台进行内容的存储、管理和分发。展馆现场课堂中，学生将跟随展馆老师的讲解在必要处戴上 VR 头显沉浸式体验课程内容。在异地学校的学生将全程看到老师上课的实时场景画面，并跟随老师的指令，与展馆现场听众一样同时戴上 VR 头显体验。这一过程在 5G 的支持下，不论是老师授课的视频画面还是 VR 头显内体验的内容，都将完全与现场同步、零延时。在没有直播教学时，用户也可以通过终端访问云平台，观看学习 VR 科普馆上丰富的虚拟科普内容。

利用 5G 网络实现 VR 指标教学的解决方案如图 11–10 所示。摄像头采集现场画面并完成拼接，通过 5G 网络推流至云端服务器，服务器再通过 5G 网络将实时画面推送到头显端。老师可通过控制端（如平板电脑）对受控终端进行统一的控制，完成教学。

应用场景 2：慕课教育，高端知识有效交互

中国教育资源的地区性不平等由来已久，在线教育直播产品主要是将更低价、更高质的普惠教育资源提供给教育水平相对较低地区的群体。在传统在线教育基础上，5G 激发了慕课的快速发展，在普惠教育的基础上实现了高端知识的有效交换。

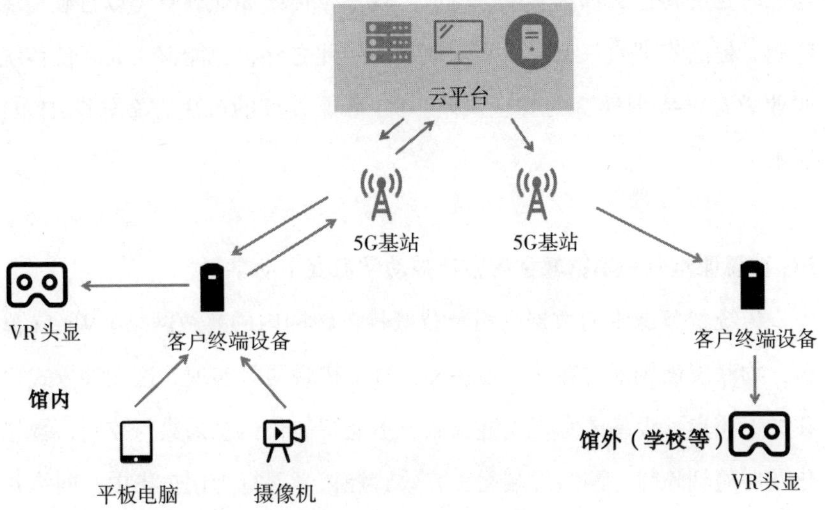

图 11-10 5G 博物馆 VR 直播教学解决方案

慕课是大规模开放在线课程，有三大特点：一是大规模，与传统课程只有几十个或几百个学生不同，一门慕课课程在线受众学生动辄上万人，最多达 16 万人；二是开放，以兴趣为导向，凡是想学习的，都可以进来学，不分国籍，只需一个邮箱就可注册参与；三是在线，学习在网上完成，无须旅行，不受时空限制。慕课适用于专家培训、各学科间的交流学习以及特别教育的学习模式。网络课堂可以给你带来很多益处，让每个人都能免费获取来自名牌大学的资源，可以在任何地方用任何设备进行学习，这便是慕课的价值所在。[5]

由于慕课教育服务往往不在固定区域或者教育基础设施完备的地点进行，基于的承载网络往往是 Wi-Fi 或热点等，无法保证通信质量。基于 5G 低时延、高带宽的网络基础，在线教育产品可以变得比以往任何时候都具备更强的互动性。地理距离将不再是制约教育传递的天堑，相距千里的老师与学生仿佛面对面一般，学生的每一个表情都逃不过老师的眼睛。学生学习数据实时上传，配合适当的模型，实时反馈学生学习状态，反向指导教师教学重点与速度也将成为可能。基于 5G 万物互联与低时延的特性，远程实操也将成为现实，传统职业教育可以打破地域限制，提高实训效率，降低实训成本。除此之外，也能够大大降低传统职业教育中实训教育的安全风险。5G 慕课教育的解决方案如图 11-11 所示。

5G 智慧课堂——丰富教学内容让被动学习变主动学习

传统智慧课堂的数据网络承载依赖校园网内的有线网络、Wi-Fi 覆盖，物联层面则通过蓝牙、ZigBee、窄带物联网等实现。这几种方式存在如下痛点：设备未实现无缝互联，不能智能化信息采集与控制，智慧化发展遇到障碍；网络终端无法有效管控；学习行为比较集中，网络并发访问高，需要网络访问质量控制服务与边缘服务缓冲服务。

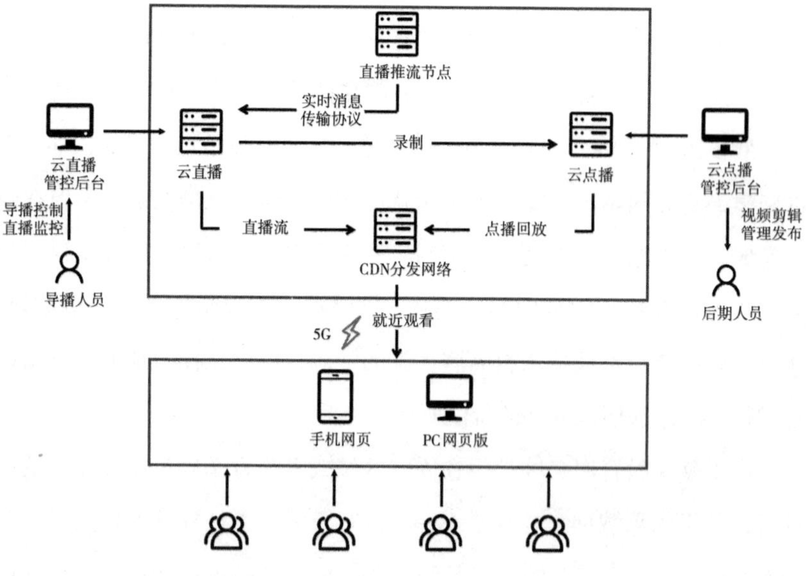

图 11-11　5G 慕课解决方案

相较于传统智慧课堂，5G 智慧课堂通过硬件终端的 5G 化，充分利用 5G 网络与生俱来的技术和业务优势，带给学校用户更快、更好、更流畅的体验。网络承载统一，学校不再需要部署多种网络；超高带宽，保证了智慧课堂中的交互显示终端设备、信号传输及处理终端设备，不仅能够完美再现4K级别的画面效果，而且能够承载即将到来的8K交互终端设备，支持大规模用户并发，相比传统Wi-Fi等方式具备更强的扩展性，适用于更广泛的教学场景，保证教学体验。保证了智慧课堂中常态化录播，在远程授课时，远端会场可以毫无延迟感知地体验到“名师优课”高达4K甚至更清晰的课堂画面；在教育教学上产生了新的应用场景，如游戏化课程、VR实验环境、虚拟现实控制环境、高清立体显示、远程考试监测、学习行为追踪和挖掘、智能实验系统和智能教学系统等。

应用场景1：5G远程双师课堂，打破教育资源不均衡

双师课堂是远程教学的主要场景，主要解决乡村教学点缺师少教、课程开设不齐的难题，促进城乡教育均衡发展。

针对现有双师课堂采用有线网络承载业务存在的建设工期长、成本高、灵活性差等问题，以及采用Wi-Fi网络承载业务导致的音视频延迟、卡顿等问题，5G网络的高带宽、低时延等特性可以实现可移动性的灵活开课，随需随用。同时，可以支撑4K高清视频传输以及低时延互动的沉浸式双师课堂应用，有效解决传统双师的交互体验问题，为双师课堂的长远发展提供有力保障。远程双师课堂对网络的具体需求见表11-8。

表11-8 5G远程双师课堂对网络的需求

业务名称	通信需求		
	上行速率	下行速率	通信时延
基于4K高清的双师课堂（按每班35人计算）	150Mbps	430Mbps	20毫秒

从能力的角度来说，5G网络带宽、时延能满足低时延交互的需求。从部署的角度来说，双师课堂部署的终端设备只需嵌入5G通信模块，

即可随时随地接入 5G 网络，相比传统的 Wi–Fi 方式，部署更加灵活、快速。双师课堂解决方案如图 11–12 所示。

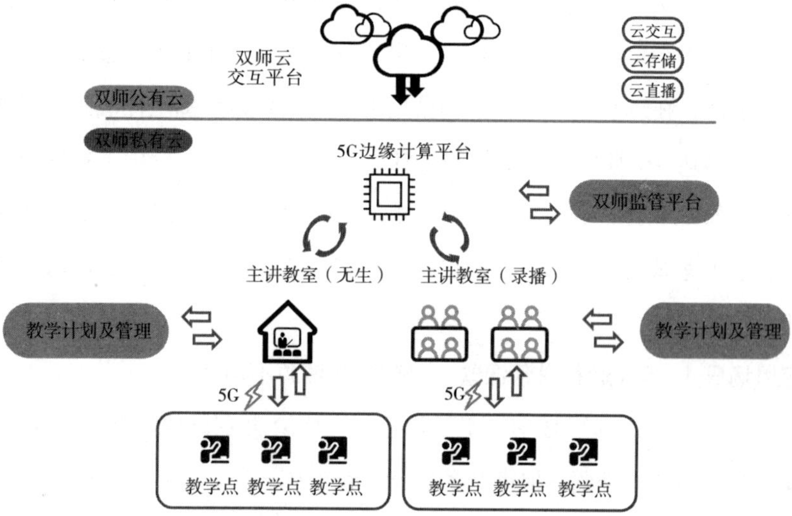

图 11–12　5G 双师课堂解决方案

应用场景 2：5G 全息教学，延展新颖教学内容

针对中国教育资源分配不均问题，通过 VR、AR 技术，以全息投影的方式，将名校名师的真人影像以及课件内容通过裸眼 3D 的效果呈现在远端听课学生面前，实现自然式交互远程教学。将“5G + 全息投影”技术应用于教学，一是可以让书本上的知识活起来，可以充分调动学生的主观能动性。二是可以打破目前中心学校与教学点资源不均，校校连接难以全面打通的局面。以全息技术为基础的智慧教学场景，通过一对一远程教学，同时可以一对多、多对一及多对多直播互动的模式，实现多地区共享优质资源。三是实现了不改变师生交互习惯的远程教学，教学适应性强。

- 全息课堂：通过建设“全息讲台”和“全息直播教学区”实现远程全息授课，主要应用于教育参观培训、国际文化展示、学生上课体验、实操技能训练等典型教育场景。

- 全息直播教学区：用于采集名校名师授课音视频数据，与标准绿幕摄影棚相似，无须增加特殊装备，教师在直播区内通过高清显示器实时了解远端学生的听课状态，并实时与学生进行互动。
- 全息讲台：部署在听课教室，通过全息屏幕将传输过来的授课教师的影像数据呈现裸眼 3D 的投影效果进行显示，听课教室通过部署高清摄像机及麦克风，拍摄课堂上学生的情况，并即时传送到授课教师端实现互动教学。

全息教学对网络的具体需求见表 11–9。

表 11–9　5G 全息教学对网络的需求

业务名称	通信需求		
	上行速率	下行速率	通信时延
远程全息课堂（按每班两路 4K 视频计算）	80Mbps	80Mbps	100 毫秒

从部署的角度来说，全息投影的终端设备只需嵌入 5G 通信模块即可随时随地接入 5G 网络，相比传统的 Wi–Fi 方式，部署更加灵活、快速。

应用场景 3：5G 多终端交互教学，教学个性化，师生互动信息化

5G 多终端交互教学是在传统各种类型、各种布局的智慧课堂中，将其必要组成软硬件模块进行 5G 化处理，从原来的有线网络、Wi–Fi、蓝牙、ZigBee、窄带物联网等网络承载，转变为高带宽、高速率、高安全、低延时，网络数据传输与服务于一体的 5G 网络承载，在安全可靠、稳定持续、响应速度、免维护等层面带给学校师生全新的使用体验。

5G 多终端交互教学的核心是智慧课堂中各个必要的硬件模块像手机

终端一样进行 5G 化匹配。5G 化的硬件终端包括：

- 交互智能平板、一体化黑板等用于教师电子授课的交互大屏终端。
- 智慧学习笔。
- 侧重课程常态化录制和播放，传递“名师优课”的常态化录播套装（包含录播主机、摄像头、麦克风等）。
- 展现学校、班级文化风采，并支撑高考改革走班排课指引，实现走班考勤的班牌终端。
- 提升教师课堂教学互动效率的授课宝终端。
- 用于教师纸质教材展示及学生课堂生成展示的高拍仪 / 移动展台终端。
- 用于以学生为中心，翻转课堂、小组研讨教学场景的学生终端 / 反馈器。

相较于传统智慧课堂，5G 多终端交互教学通过各组成硬件终端的 5G 化，充分利用 5G 网络与生俱来的技术和业务优势，带给学校用户更快、更好、更流畅的体验。5G 多终端交互教学对网络的具体需求见表 11–10。

表 11–10　5G 多终端交互教学对网络的需求

业务名称	通信需求			
	上行速率	下行速率	通信时延	连接数
多终端交互教学	80Mbps	80Mbps	100 毫秒	每间教室 100 个学习终端 30 个并发

- 信息化教学：课前，教师通过 5G 移动手机端进行移动备课。课中，教师通过答题反馈器了解学生课堂测验数据，实时调整授课

方式，提升课堂效率；教师通过分组式教学，将不同的教学内容分组推送，广播到不同学生小组的大屏上，便于学生研讨，建立协作意识，实现分层教学；教师通过手持、移动的 5G 授课终端，实现移动讲台式授课。教师可以随时调用部署在学校附近的 5G 边缘云平台上的课堂气氛小工具，如知识竞赛、分类对比、随机抽取等，让学生在轻松的游戏化上课氛围中集中注意力，提高学习效率。课后，通过随时随地的网络接入，实现个性化辅导。

- 全过程教学评价：通过 5G 网络，同步记录教学过程中全场景（课前、课中、课后）学生书写笔迹，并将过程数据传输至 5G 边缘云平台，结合大数据分析及人工智能技术，为不同用户（学生、家长、老师、学校管理者、教育部门领导等）提供更全面、更客观的数据分析结果，这将有助于实现评价合理化、教学个性化、决策科学化和教育均衡化。
- 集中管控：通过构建云管端的智慧课堂一体化解决方案，对所有 5G 终端设备进行统一接入控制，对设备状态、业务应用、日志数据等进行集中统一管理，并进行可视化呈现，为智慧课堂的稳定、安全、高效运行提供支撑。

从能力的角度来说，5G 能力不仅满足多学生、多用户的并发，而且满足多设备的并发，低时延也满足了交互的需求。从部署的角度来说，多终端设备只需嵌入 5G 通信模块即可随时随地接入 5G 网络，相比传统的 Wi–Fi 方式，部署更加灵活、快速。

应用场景 4：5G XR（扩展现实）教学，强互动沉浸式教学体验

基于 5G 的大带宽、低时延等特性，将 VR/AR 教学内容上云端，利用云端的计算能力实现 VR/AR 应用的运行、渲染、展现和控制，并将 VR/AR 画面和声音高效编码成音视频流，通过 5G 网络实时传输至终端。通过建设 VR/AR 云平台，开展 VR/AR 云化应用，包括虚拟实验课、虚拟科普课、虚拟创课等寓教于乐的教学体验，将知识转化为可以观察和交互的数字化虚拟事物，让学习者可以在现实空间中深入了解所要学习的内容，并对数字化内容进行可操作化的系统学习。相对于传统教育，VR/AR 教学特点包括：

- 三维直观的教学内容和教学方式。借助 VR/AR 技术，学生的课堂体验从 2D 跃升到 3D，课程不再是图书或黑板上呈现的平面内容，而是栩栩如生的三维内容。对于动物、植物、日常用品等现实中可见的三维物体，学生不需要再从平面 2D 形象中“脑补”3D 形象；对于电波、磁场、原子、几何等抽象或肉眼不可见的内容，VR/AR 可以形象可视化地展示出来，有助于提升学生的认知和理解。
- 互动性和参与性强。学生通过 VR/AR 学习实践时，学习过程不再是死记硬背，而是亲自体验学习内容，参与教学。在这一过程中，学生可以联想自己的相关经历，和以前学到的知识建立更深度的联系。VR/AR 教育诠释了“学习是一种真实情境的体验”的建构主义学习理论，让学生用眼看、用耳听、动手做，然后自然地开动大脑去想。这就会充分调动学生的学习热情，从“要我学”变成“我要学”。
- 主动的交互式学习。在学习的过程中，学生可以随时暂停，或重复其中任何一个步骤，不用过分考虑间断或反复学习给施教者所带来的压力。
- 游戏化教学。国内外很多研究已经证明，在很多学习情景下，游戏是一种快速有效的学习方式。而 VR/AR 的可视化、互动性可以自然地设计出非常吸引人的游戏化教学内容，寓教于乐，从而大幅提升学生的学习意愿，激发其学习兴趣，提高其学习效果。
- 减少教学中的风险。化学、物理、机电等学科在教学过程中需要动手操作和试验，具有一定的危险性。通过 VR/AR 技术进行虚拟实验，在获得同样效果的情况下大大降低了教学中的安全风险。

- 促进教育资源平等化。VR/AR可以实现不同地区的老师、学生聚集在同一个虚拟课堂中，达到体验真实、实时的互动。因此，很多一线城市的优质教育资源就能以非常低的成本倾斜到三、四线城市和农村等教育欠发达地区，让偏远的山区小学也能享受到名师的亲自指点。

5GXR教学（VR）对网络的具体需求见表11–11。

表11–11 5G XR教学（VR）对网络的需求

业务名称	通信需求		
	带宽	通信时延	连接数
5G XR教学（VR）	30Mbps（单用户）	20毫秒	每间教室50个学习终端

相比5G智慧课堂等其他类型应用来说，5G VR/AR教学对于内容集成和渲染有了更高的要求。在近端进行叠加处理，5G提供的边缘计算能力是一个很好的解决手段，具体方案示意如图11–13所示。

从能力的角度来说，5G能力不仅满足多学生、多用户的并发，超低时延也满足了VR/AR级的强交互需求。从部署的角度来说，终端设备只需嵌入5G通信模块即可随时随地接入5G网络，相比传统的Wi–Fi方式，部署更加灵活、快速。

2019年5月，面对山区孩子求知的渴望和教育资源落后的矛盾，在天府七中校园内的墨池前和马鞍山上，中国移动用“5G+VR”技术为凉山州昭觉县万达爱心学校的学生送去了两堂情景交融的精彩课程，让孩子们第一次身临其境地接触到了优质的教育环境。

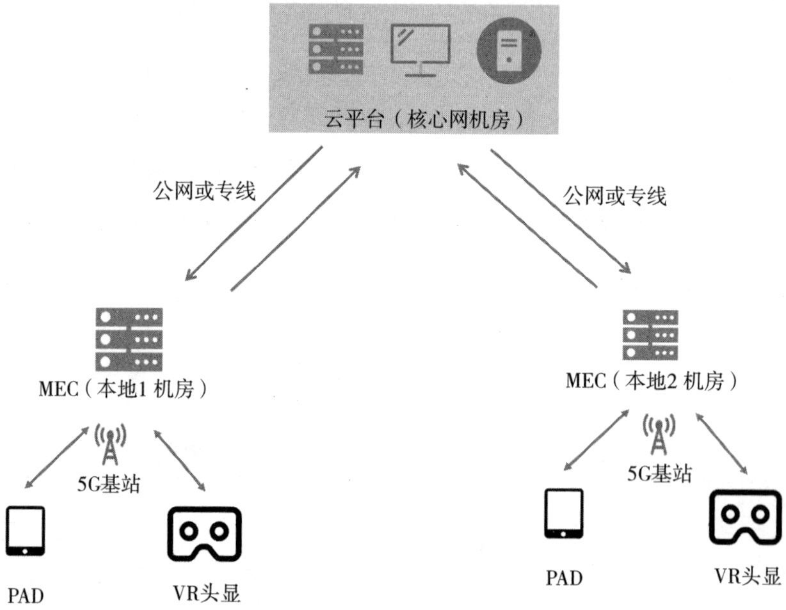

图 11-13　基于边缘云的云 VR/AR 部署架构图

第十二章 “5G+”助力各行各业，打造新动能

5G 将加速数字化转型升级，为各行各业发展带来新动能。5G 为核心的泛在智能基础设施与实体经济深度融合，将实现智能连接、云网融合、安全可信大数据服务等进入各行业的生产环节，在资源配置、产品结构、生产效益，甚至运营模式等方面带来改变，加速数字化转型，实现新旧动能转换，助力高质量发展。本章将以工业制造、智能电网、智能航运、智慧港口四个行业为例，阐述“5G+”如何赋能。

“5G+”与工业制造

“5G+”推动工业向智能升级

随着政策的推进和智能化生产概念的逐渐深入，工业行业的数字化转型逐渐加速，生产企业对于提高智能化生产水平、生产效率，降低生产运营安全隐患都有较高要求。连接是智能工厂的基础，先有大连接才

有大数据，才有智能生产制造的未来。网络连接是智能工厂的基础，打造低时延、高可靠的网络基础设施是实现全要素各环节的泛在深度互联的前提。在加强工业互联网基础设施建设规划与布局的过程中，5G 技术将帮助工业建设低时延、高可靠、广覆盖的工业互联网，为智能工厂的实现打下坚实基础。

目前，虽然有多数工厂已经进行了部分智能化、网联化升级，但多以工厂内工业级 Wi–Fi 和工业级专网为主，工厂外的网络连接设施不完备，并不能满足智能工厂的网络需求。而 5G 的到来，刚好为工业的智能化升级带来了福音。5G 的高可靠性解决了工业级 Wi–Fi 可靠性差，经常出现丢包断网现象，导致工作现场整体停顿的问题；5G 的大连接能力允许大量的 5G 终端同时接入网络，解决了目前工业互联网设备接入能力差、部分设备经常掉线的问题；5G 的广覆盖解决了大厂房、跨厂房库房间远距离搬运的网络切换问题，保障设备永不离线；5G 技术的使用在授权频段内，运营商提供可靠的网络服务，解决了共有频率没有质量保障的问题。

5G 的到来不单单解决现有工厂网络连接的问题，更能深入工厂的生产环节，为工业的生产制造带来更大提升。智能工厂生产环节网联需求见图 12–1。

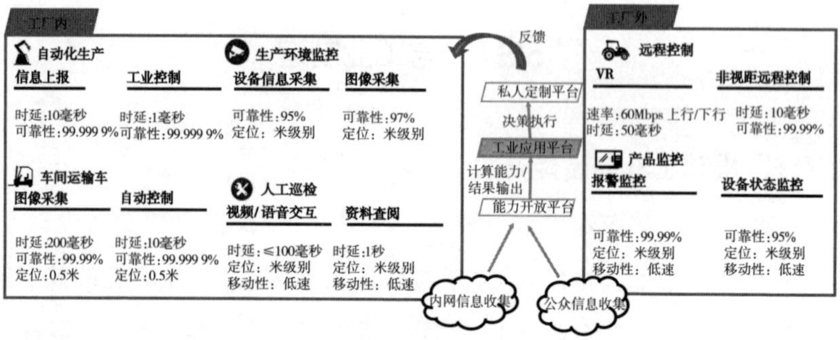

图 12–1　智能工厂生产环节网联需求

5G带来的大带宽、低时延、大连接等能力，结合边缘计算、云计算、人工智能等技术，能够为工厂的生产带来信息化升级、降本增效等多重效果，消除生产过程中的痛点，推动工业的智能化升级。

智能工厂应用场景

智能工厂作为实现智能制造的重要载体，是指以先进的信息网络技术和先进的制造技术深度融合，实现工厂生产操作、生产管理、管理决策三个层面全部业务流程的闭环管理，继而实现整个工厂全部业务流程上下一体化业务运作的决策、执行自动化。

目前工厂内主要有四大典型生产制造场景，分别为实时工业控制、设备和环境检测管理、物料供应管理、深度媒体交互，每个场景中都有5G连接的需求。

实时工业控制

随着柔性制造的推进，生产制造灵活性、柔性化成为发展趋势，原有的固定产线的生产模式逐渐被解构，灵活的可重新编排的制造单元、移动化机器人越来越多地进入厂房。5G在工厂内部的无线化部署替代了传统连接机械设备与可编程控制器间的现场工业总线，解决了固定线路阻碍灵活编排与机器人移动的问题。

此外，机械设备供应商逐渐从卖产品转向卖服务，从一次性买卖转向与工厂客户契动运营，卖出的机械设备需要随时在线，尤其是控制部分与外界需要更加广泛的数据融通。为了便于更加灵活地实时控制，本地化、封闭的生产制造执行系统逐渐被云化生产制造执行系统替代，随之硬件可编程控制器逐渐软件化、云化。5G网络的高可靠、低时延特性可以为云化的可编程控制器与机械设备提供快速、准确、安全的数据传输。生产制造系统对通信的连接需求包括：

- 时延：毫秒级超低时延，短周期在5~20毫秒，长周期在20~50毫秒。
- 可靠性：99.999%。
- 安全性：不会受到攻击，保障安全生产。
- 可靠性：只允许极少量的数据丢包。

设备和环境检测管理

智能化工厂中有大量的设备信息以及环境信息需要5G网络实现联网、采集与监测。通过5G网络，结合各类传感器，包括设备的精度、位置、数量、转速等数据在内的设备运行状态、使用情况被上传至制造管控系统，制造管控系统对设备进行预测性维护分析、告警实时处理。此外，温度、湿度等信息经过5G网络也会被上传至制造管控系统，制造管控系统根据环境实时变化动态做出调整，再下发到相应的执行设备中，提高了厂房智能化管控的能力。设备检测管理中对通信的连接需求包括：

- 终端连接数：一个规模工厂内生产设备数量在万级以上。
- 电池寿命：许多设备，如环境传感器没有外接电源，对电池寿命要求高。
- 安全性：环境监测情况将直接影响生产决策，对安全性要求较高。
- 时延：环境实时变化，生产决策实时调整，当出现突发危险时需及时告警。

物料供应管理

物料供应运输设备（如AGV）在工厂内作业时具有很强的移动性，并且有自动控制需求，需要通过无线网络的方式接入，并且要保障其控制场景的低时延需求。相比当前大多采用的工业Wi-Fi连接方式，5G网络具有很大的优势，在可靠性、终端接入数量、移动性等方面都有较高的保障，让 AGV 在工厂内的应用发挥更大的价值。物料供应管理中对通信的连接需求包括：

- 时延：10~50 毫秒。
- 安全性：AGV 直接供物料至产线旁，出现差错将影响生产，对安全性要求较高。
- 可靠性：可接受少量丢包，但大量错误将造成 AGV 瘫痪，因此对可靠性要求较高。
- 连接数：货架智能化场景中，需要安装多种传感器，终端接入数据大。
- 电池寿命：货架多无外接供电，因此对传感器、通信模块电池寿命要求较高。

深度媒体交互

AR、平视显示、高清视频等新交互技术进入工厂生产中，能够加强人机交互，提升人员间协作能力，从而显著提升人员参与效率。同时，AR、高清视频的引入也对网络的带宽能力产生了较高的要求，这种情况下需要 5G 的大带宽能力来满足高清视频的交互。通过 5G 建立操作人员与操作对象（如机械设备）以及工厂智能中枢制造执行管控系统间的连接，可以使制造作业数据、图像与人形成深度交互。

此外，很多关键性需要人员参与的操作，设备作业环境严苛，危险度高，人员不宜近距离操作，需要通过 5G 的网络连接实现人员远程操作。人与执行设备的连接要求超低时延、高可靠、高安全性，差错容忍度很低，对网络连接提出很高要求，具体要求包括：

- 时延：10~25 毫秒。

- 安全性：安全级别很高。
- 可靠性：99.999%。
- 带宽：50Mbps（AR）、20Mbps（4K 视频）。

“5G+”赋能工业制造

柔性制造和云化生产制造执行系统已成为工业制造的发展趋势，5G 推动工业制造从有序生产向无序化生产演进，提高定制化产品生产效率，赋能行业。

生产线生产是工业制造在早期阶段大规模提升效率的里程碑式发展。福特发明了生产线，将生产环节带入了一个有秩序的生产时代，工业化生产使产品成本大幅下降。丰田推动了精益生产，使生产线的效率和水平又进一步提高。然而，随着工业的发展和客户定制化需求的提高，柔性制造逐渐成为生产环节的主流。过去的生产线确实很好，可以在大规模生产线上实现个性化定制和个性化生产，但是一个商品一定要走完生产线的全过程。由于商品是个性化的，所以这个产品可能在生产线的第 10 个步骤需要被操作，而第 11 个步骤与它没有关系，只有在第 12 个步骤才需要操作，但是作为一个商品其必须走完生产线的全部过程才能完成生产。无序生产的意思就是产品不要在生产线上走，而是根据自身需要按需去找它的生产环节完成生产。例如，一条工业生产线不再是垂直的流水线而是若干个制造中心，一个产品需要 4 个步骤，它就去 4 个制造中心完成生产，不必在生产线上浪费时间，从而提高效率。

流水线是有严格的信息传递的，制造中心是可以随时分裂的，这就要靠无线来构建，因此制造中心的联网就需要 5G。就像扫地机器人一样，没电就可以自己回去充电，以后的产品生产不再是你要生产产品，而是产品自己找地方完善自己，无序化的智慧生产将给工业制造带来一个全新的理念。

“5G+”与智能电网

智能电网发展趋势及挑战

智能电网发展现状及趋势

智能电网是在传统电力系统基础上，通过集成新能源、新材料、新设备和先进传感技术、信息技术、控制技术、储能技术等新技术，形成的新一代电力系统，具有高度信息化、自动化、互动化等特征，可以更好地实现电网安全、可靠、经济、高效运行。[1]

智能电网包括发电、输电、变电、配电和用电五大环节。发电是将水能、石化燃料、核能、太阳能等一次能源转换为电能；输电是通过不同电压等级输电线路进行电能传输（特高压、500千伏、220千伏等）；变电是通过变电站实现电能升降压，配合输电线路完成电能传输和分配；配电是利用配电室、箱变等设施实现电力系统与用户直连，并将电能分配给用户；用电是各类用电器具实现电能利用，是电力环节的最后节点。

围绕发电、输电、变电、配电、用电五大环节，未来智能电网发展趋势可以概括为：清洁友好的发电、安全高效的输变电、灵活可靠的配电、多样互动的用电、智慧能源与能源互联网。

在发电环节，以风能、太阳能为主的可再生能源逐渐替代传统化石能源，推动从集中式的能源供给向集中与分布协同、供需双向互动的能源供给转变；在输电、变电环节，为保障电网在台风、雨雪等严重自然灾情下的基本运转，需进一步提高安全防御能力，提升电网巡检、监控的智能化水平；在配电环节，随着城市电动汽车、充电桩及农村光伏扶贫、农光互补等新能源业务的发展，配电网需适配多元化负荷的“泛在接入”“即插即用”需求。同时，智能分层分布式控制体系逐步建立，配电网自动化水平将全面提升，对配电网的精准控制与安全可靠提出更高要求；在用电环节，阶梯电价、实时电价等业务逐步渗透，全方位加强电力用户对电网调控的响应与参与度，推动用电信息深度采集与信息实时交互，充分提高电能资源利用效率。

随着智慧能源与能源互联网的发展，传统单一能源网络向多能互补转变，电网与信息通信技术深度融合，电、热（冷）、气等各领域的能源需求将逐步统筹，从而实现多能协同供应和能源综合梯级利用。能源市场将逐步开放，用户既是能源使用者也是能源生产者，能源产业将进一步转型升级。

智能电网是电网与信息技术深度融合的复杂系统，未来电网在能源生产、传输、接入和控制、消费等领域将发生深刻变革，而信息通信技术正是这次变革中的催化剂。电力通信网作为支撑智能电网发展的关键基础设施，是智能电网升级发展的重要保障。

智能电网对电力通信网的挑战

电力通信网的承载形式主要有光纤通信、无线通信以及电力线通信三种。

发电、输电、变电环节的骨干通信网侧，35 千伏以上的通信网已具备完善的全光骨干网络和可靠高效数据网络，光纤资源已实现 35 千伏及以上厂站、自有物业办公场所 / 营业所全覆盖。光纤通信具有大带宽、高速率、高安全性等优势，可满足多种业务的性能需求。但光纤部署成本高昂、系统复杂，且移动性受限，尤其是面向智能电网中的海量设备等场景，无法实现全光纤通信的业务承载。同时，光纤通信容量受限，无法满足视频监控、无人机巡检等业务，升级改造难度较大。

在配电通信网侧，目前光纤覆盖比例低于 10%。配电环节设备“点多面广”，海量终端需要实时监测或控制，信息双向交互频繁，考虑到光纤覆盖成本高、难度大，亟须建立灵活高效、安全可靠的无线通信网络。

在用电通信网侧，主要采用电力线通信、窄带物联网、3G/4G 无线公网等通信方式。目前采集深度、广度、连续性不足，无法支撑未来智能电网面向用户端的双向互动和实时响应。

智能电网的发展迫切要求对各类负荷实施安全可靠、接入灵活的自动化精准控制，各级电网重要廊道的监视、巡检等核心业务将引入可视化、实时化的新型作业方式，用户端广泛互联、双向互动、用电精细化管理，电力通信网的业务需求已向大连接、低时延、高可靠、大带宽的方向发展。5G 作为新一代无线通信系统的发展方向，其连续广域覆盖、热点高容量、低时延、高可靠、低功耗、大连接等特性及网络切片、边缘计算“两大能力”将成为能源互联网全面发展的重要支撑。

“5G+”智能电网典型应用场景

智能电网无线通信应用场景总体上可分为控制、采集两大类。其中，控制类包含智能分布式配电自动化、用电负荷需求侧响应、分布式能源调控等；采集类主要包括高级计量、智能电网大视频应用。

控制类业务：配电差动保护

场景介绍

配电差动保护是指，通过比较配电终端两端或多端同时刻电流值（矢量）判断线路故障，当电流差值超过门槛值时断开故障线路，实现故障快速隔离，避免扩大故障范围。在有备用线路的情况下，快速进行线路切换，实现故障恢复（见图 12–2）。

业务现状及发展趋势

早期的配电网保护多采用简单的过流、过压逻辑，不依赖通信。在骨干通信网差动保护使用光纤连接，但在配电网侧光纤覆盖程度低，考虑到光纤建设成本高、不易部署等因素，未来将通过 5G 低时延、高可靠特性实现配电差动保护业务信号的传输。

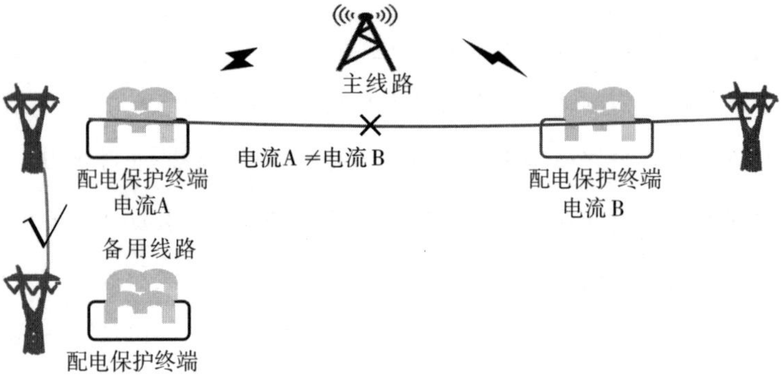

图 12–2 配电差动保护场景示意图

通信需求

配电差动保护场景通信需求见表 12–1。

表 12–1 配电差动保护场景通信需求

网络需求	带宽：2 Mbps 时延：<15 毫秒	可靠性：99.999% 连接密度：每平方千米 X × 10 个（X：1~10）
安全需求	该场景属于电网生产控制大区，要求与管理信息大区物理隔离	
终端需求	授时精度：10 微秒，可通过 5G 网络提供	

控制类业务：配电自动化三遥

业务场景

配电自动化三遥是指通过遥测（AI）、遥信（DI）、遥控（DO）等手段实现配电主站远程配电设备的监控功能。通过遥测收集设备模拟量值，如电流、电压；通过遥信收集设备状态信息，如告警状态、开关分合；通过遥控远程控制设备运行状态，如控制闸刀分合。

业务现状及发展趋势

当前三遥业务在骨干通信网主要通过部署光缆满足通信需求，若在配电侧实现三遥业务，光纤部署成本巨大。5G 网络切片以及边缘计算组网及定制化特性，将满足配电终端与配电主站之间三遥业务通信需求（见图 12–3），部署更为便捷，同时可保障数据的安全性。

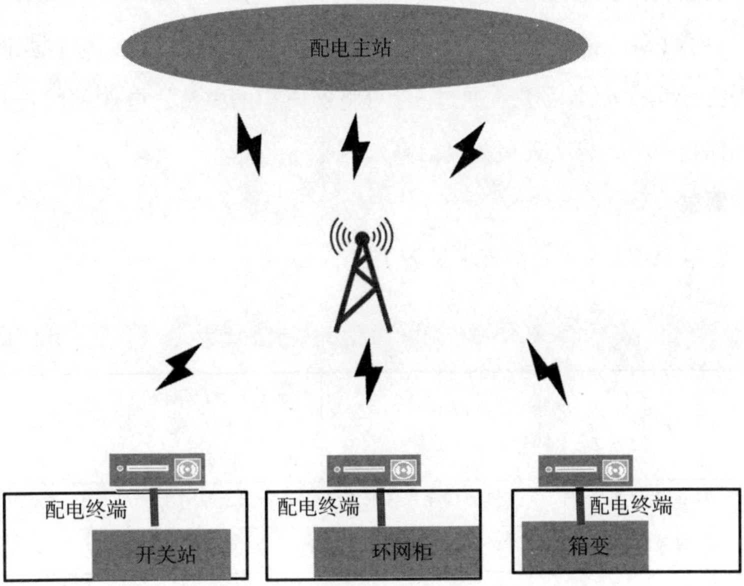

图 12–3　配电三遥场景示意图

通信需求

配电自动化三遥场景通信需求见表 12–2。

表 12–2　配电自动化三遥场景通信需求

网络需求	带宽：2 Mbps 时延：<100 毫秒	可靠性：99.999% 连接密度：每平方千米 X × 10 个（X：1~10）
安全需求	该场景属于电网生产控制大区，要求与管理信息大区物理隔离	

控制类业务：配电 PMU

业务场景

配电 PMU（相量测量装置）是指通过测量电力系统配电环节不同节

点的电流、电压的相位数据，确保在相位不一致时及时通知运维人员进行故障处理。

业务现状及发展趋势

目前 PMU 业务主要运用于骨干网上，利用光纤通信，但在配网中部署光纤建设成本巨大。通过 5G 可将配电柜的电流、电压相位及时反馈到控制中心，将实现更为灵活高效的业务部署。

通信需求

配电 PMU 场景通信需求见表 12–3。

表 12–3　配电 PMU 场景通信需求

网络需求	带宽：2Mbps 时延：<50 毫秒	可靠性：99.999% 连接密度：每平方千米 X×10 个（X：1~10）
安全需求	该场景属于生产控制大区，要求与管理信息大区物理隔离	
终端需求	授时精度：1 微秒，可通过 5G 基准完成	

采集类业务：高级计量

业务场景

高级计量是指基于现有的抄表类业务，以智能电表为基础，开展用电信息采集的下沉，支持阶梯电价等多种电价策略，计量间隔从小时级提高至分钟级，达到准实时的数据信息反馈。高级计量场景示意图见图 12–4。

业务现状及发展趋势

目前多以配变台区为基本单元进行集中抄表，集中器通过运营商无线公网回传至电力计量主站系统。一般以天、小时为频次采集上报用户基本用电数据。为实现用户侧实时双向互动，未来电网将以智能电表乃至用电电器为计量单元，实现精确连续计量，网络连接数量提升 50~100 倍。

通过 5G 的广覆盖、大连接特性，我们将实现深入采集各类电器设备的用电信息，减少采集装置接入难度，提高数据采集的精确度。

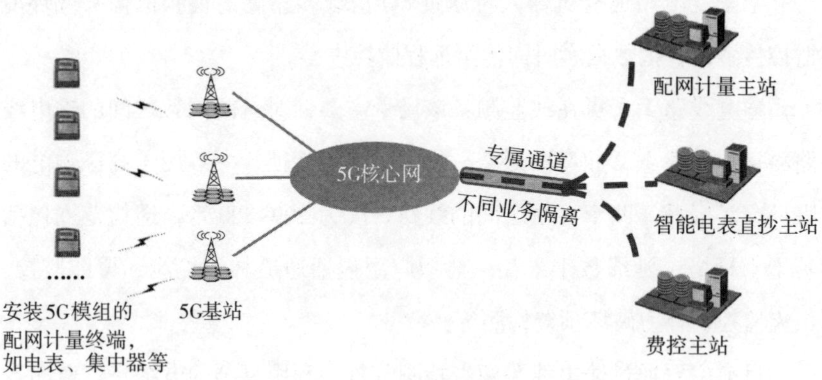

图 12–4 高级计量场景示意图

通信需求

高级计量场景通信需求见表 12–4。

表 12–4 高级计量场景通信需求

网络需求	带宽：1~2Mbps 时延：< 3 毫秒	可靠性：99.99% 连接密度：每平方千米 X × 10 个（X：1~10）
安全需求	该场景属于生产控制大区，要求与管理信息大区物理隔离	

采集类业务：智能电网大视频应用

业务场景

主要包含变电站巡检机器人、输电线路无人机在线监测、应急现场自组网综合应用等场景。通过 5G 实现现场可移动的高清视频回传替代人工监控、巡检，避免了人工现场作业带来的不确定性，同时降低了人工成本，大大提高了运维效率。

业务现状及发展趋势

变电站巡检机器人：该场景主要针对 110 千伏及以上变电站范围内的电力一次设备状态综合监控、安防巡视等需求，目前巡检机器人主要使用 Wi–Fi 接入，所巡视的视频信息大多保留在站内本地，并未能实时回传至远程监控中心。

未来变电站巡检机器人将通过5G搭载多路高清视频摄像头或环境监控传感器，把数据实时回传至远程监控中心。

输电线路无人机在线监测：该场景主要针对电网网架之间的输电线路物理特性检查，如弯曲形变、物理损坏等特征，一般用于高压输电的野外空旷区域。两个杆塔之间的线路长度为200~500米，巡检范围包括若干个杆塔，延绵数千米长。典型应用包括通道林木检测、覆冰监控、山火监控、外力破坏预警检测等。

目前主要通过输电线路两端检测装置，利用复杂的电缆特性监测数据计算判断，辅以人工现场确认。当前亦有通过无人机巡检，控制台与无人机之间采用2.4G公共频段的Wi–Fi或厂家私有协议通信，有效控制半径小于2千米。未来将通过5G结合边缘计算的应用，实现无人机飞控及高清图像、视频等实时回传，并利用5G高速移动切换的特性，使无人机在相邻基站快速切换时保障业务的连续性，从而扩大巡线范围到数千米范围以外，大大提升巡线效率。

应急现场自组网综合应用：该场景主要针对地震、雨雪、洪水等灾害环境下的电力抢险，通过应急通信车进行现场支援。

目前应急通信车主要采用卫星作为回传通道，通过卫星将现场信息回传至远端的指挥中心进行统一调度和指挥决策。未来5G可为应急通信现场多种大带宽多媒体装备提供自组网及大带宽回传能力，与移动边缘计算等技术相结合，支撑现场高清视频集群通信、指挥决策。

通信需求

智能电网大视频类应用场景通信需求见表12–5。

表12–5　智能电网大视频类应用场景通信需求

网络需求	带宽：4~100Mbps 时延：多媒体信息时延 < 200毫秒，控制信息时延 < 100毫秒	可靠性：多媒体信息99.9%，控制信息99.999% 连接密度：局部区域2~10个
移动性需求	每小时10~120千米	

5G网络为电力业务提供定制化、安全可靠的“行业专网”服务，实现智能电网低成本、灵活高效、安全可靠的无线通信接入承载以及更加自主可控的网络管理。尤其是在配电、用电环节，5G为电力通信网“最后一公里”的无线通信接入提供了更优的解决方案。5G网络以其超高带宽、超低时延、超大规模连接的特性及优势，以及网络切片、边缘计算两大核心能力，更好地满足智能电网业务的安全性、可靠性和灵活性需求，推动电力通信网络的智能化升级发展。

“5G+”与智慧航运与港口

航运与港口是中国重要的运输方式及交通枢纽，15世纪以来航运业与港口的蓬勃发展大大改变了人类社会与自然景观，同时也大大促进了国家经济贸易的繁荣发展。

“5G+”与航运

水路运输是以船舶为主要运输工具，以港口或港站为运输基地，以水域包括海洋、河流和湖泊为运输活动范围的一种运输方式，目前中国已基本形成一个具有较大规模的水运体系。水路运输有沿海运输、近海运输、远洋运输、内河运输四种形式，中国内河干线货运量连续多年位居世界内河之首。

航运发展现状

近年来，国家大力发展智慧航运，提出建设智慧港航和智慧海事，推动信息化与水运管理工作的深度融合，提升内河高等级航道运行状态在线监测能力，提升装备和载运工具智能化自动化水平，积极推进船联网技术应用和推广，同时全面完成长江干线数字航道建设，加强长航系统信息资源整合。

航运信息化应用的主要业务分为四大类，包括：海事监管执法，服务于海事局（类似于公路上的交通管理局），完成水上交通安全监督管理及防止船舶污染水域等工作；航道管理与维护，服务于航道局（类似于公路养护部门），负责航道维护、管理、整治、海事打捞，以及电子航道图生产、航标设置和航道工程勘察设计等业务；通航监管，服务于大坝管理局（类似于公路上的收费站），负责大坝通航和施工安全及水上交通秩序的维护管理；航运信息服务，服务于通信管理局，给船企提供船舶定位与导航、船舶安全航行及通航告警信息，为船员及船上民众提供在线学习、公众上网娱乐等服务。

目前内河航运水岸、船岸间的信息通信能力仍比较薄弱，主要通过4G公网通信、应急移动通信系统以及其他通信系统进行通信，而时延高、带宽低、连接数受限、航道无连续覆盖的无线网络无法满足航运业务需求，制约了航运能力的进一步提升。

5G全面助力智慧航运发展

为实现国家2020年建设“交通强国”战略目标，采用先进的5G，在主要内河干线建设一张连续覆盖的无线宽带通信网络，加快内河航运信息化建设，在有效提升内河各管理部门安全生产的监控监管方法的同时，可提升内河航运水岸、船岸间的信息通信能力以及内河航运运输能力。

应用场景1：海事监管执法

海事监管执法需要对重点船舶、水域以及污染、事故等突发事件进行视频监控，并与应急指挥中心进行实时传输，这些都需要较大的网络带宽来满足现场视频的实时传输。目前海事监管执法主要依赖甚高频（VHF）通信或应急移动通信系统进行通信，然而其成本高、带宽低、安全性低，无法满足业务需求。现通过5G网络的大带宽、高可靠特性可以实现海事监管、执法过程中与应急指挥中心之间的视频回传，提升监管效率。同时，依托边缘云平台的视频人工智能处理能力，通过智能图像识别进行监管执法，降低监管人工成本。

应用场景 2：航道管理与维护

航道维护与监管需要对航标水位变化、船舶维修现场、航道情况进行视频监控，并需将视频实时回传至相关管理部门，需要较大的网络带宽来满足现场视频的实时传输；航标管理与控制需要高精度的定位能力以满足被测量船舶数据信息的实时回传，以更新航道图数据。目前航道管理与维护主要通过 4G 公网或应急移动通信系统进行通信，而 4G 上行带宽无法满足高清视频回传业务需求。现通过 5G 网络的大带宽特性可以满足高清视频监控及回传的诉求，同时高精定位平台可以提供亚米级定位以满足被测量船舶数据信息的高准确性。

应用场景 3：通航监管

船舶远程过闸调度、吃水检测、船舶安全检查业务需要较大的网络带宽来满足现场照片及视频实时回传至管理部门。目前主要通过 4G 公网或应急移动通信系统进行通信，由于带宽受限，安全检查现场高清视频无法实时回传。现在大坝、闸口等有安全监控需求位置建设 5G 网络，通过无线网络实现船舶远程预调度，同时利用 5G 的大带宽能力实现船舶安全检查的高清照片及视频的批量高速回传。

应用场景 4：航运信息服务

船舶航行状态监控与指挥需要对渡船、客滚船、高速客船、旅游船和危险品运输船的驾驶室、货舱、船首、船尾等区域进行视频监控，并实时进行船舶物流信息的上报与查询，以上需要较大的网络带宽来满足业务需求。目前无连续覆盖的无线网，采用北斗系统进行全航道船舶定位的业务无法开展，且船舶状态无法在线监控，物流信息不能实时更新。现通过安全可靠、连续覆盖的 5G 网络可实现基于位置的实时服务及多媒体通信。

5G 航运总体解决方案利用通用终端、协同频谱及定制组网打造智慧航运虚拟专网，利用信息技术基础设施能力、视觉人工智能能力、高精定位能力及应用开发集成能力提供云网协同一体化交付。内河航运干线 5G 网络采用“公网专用”建设思路，通过网络切片和能力开放技术，针对行业客户和沿江公众人员，建设部署航运网络切片和普通公网切片，不同的切片服务于不同的用户，从而保障行业客户网络的安全性。

“5G+”与港口

港口发展现状

中国是航运大国，目前有沿海港口 150 多个，生产用集装箱泊位 2 万多个，万吨级以上泊位 2 444 个，位居世界第一；全球集装箱吞吐量前 10 的港口中，中国占 7 席（上海、深圳、宁波、香港、广州、青岛、天津）。目前厦门远海、青岛前湾、上海洋山四期已建成集装箱自动化码头。

党的十九大报告提出“交通强国”的发展战略，力争在超级高铁、自动驾驶、无人船舶、自动化智能码头等战略前沿技术领域占领制高点。《“十三五”现代综合交通运输体系发展规划》提出要提升装备和载运工具智能化自动化水平，推进全自动集装箱码头系统建设。港口是水路交通枢纽，是“一带一路”的重要节点，从航运大国到航运强国，中国港口业普遍面临迫切的转型升级需求，港口智慧化发展是决定港口未来竞争力和经济效益的重要因素。

5G 全面助力打造智慧港口

集装箱码头生产环节包括水平运输系统（集卡运输）、垂直运输系统（港口装卸），船舶进出港系统和整体安防监控系统（见图 12–5）。

应用场景 1：港口装卸环节——远程控制

港口装卸需要岸桥和场桥实现集装箱从船到岸以及堆场内的装卸，目前 90% 以上的岸桥、场桥为人工现场高空作业，具有远程控制需求；

部分新建港口场桥（轮胎吊）如用光纤部署，由于光纤易磨损，改造升级成本高、难度大；少数信息化港口采用 Wi-Fi 或 LTE-U（非授权频谱），但可靠性、时延、速率等性能欠佳。港口装卸远程控制是 5G 重点应用场景之一，充分利用 5G 网络的大带宽、低时延、高可靠特性实现岸桥、场桥远程操控、高清视频回传等业务。

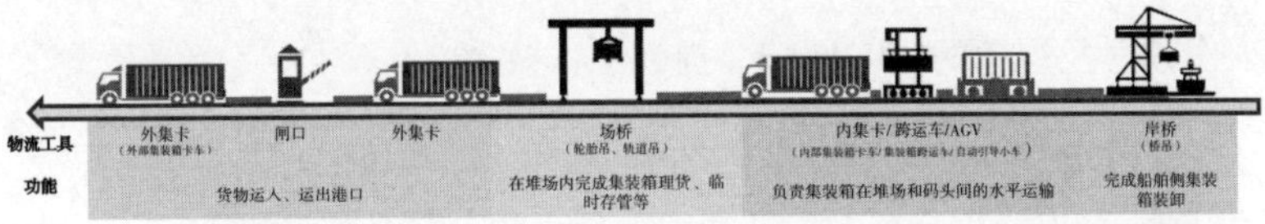

图 12-5 港口集装箱码头物流全流程

应用场景 2：港口装卸环节——智能理货

传统理货需人工在室外手动采集信息，并通过对讲机等方式传送，工作条件差，劳动强度大，容易带来人为误差。现通过在岸桥部署高清球机，利用 5G 大带宽实现多路高清视频实时回传，同时在边缘云部署视觉人工智能服务器实现集装箱箱号自动识别、箱体残损鉴别、集装箱摆放位置识别。

应用场景 3：运输环节——港口无人运输系统

传统港口集卡依赖人工驾驶，司机机械式劳作，这容易造成疲劳驾驶，影响运输效率和安全。部分港口已实现一定程度的自动化，其中使用 AGV 进行传输，通过地磁固定线路，并通过 LTE-U 等网络进行控制消息传输，这就存在地磁成本高，LTE-U 成本高、性能差等劣势。港口无人运输系统是 5G 重点应用场景之一，基于 5G 低时延、大带宽及高可靠特性，同时结合高精度定位与车路协同等技术实现内集卡 /AGV 自动驾驶及实时路况回传，可以替代地磁，具有成本低、易实施的优势。

应用场景 4：安防监控环节——无人机巡检

目前人工巡检存在滞后性，而地面监控网络覆盖范围有限。现利用

5G 的大带宽和低空覆盖能力实现无人机实时高清视频监控，同时配合后台视频分析系统，借助人工智能手段进一步提升巡检性能。

应用场景 5：船舶进出港

目前规定距离码头 30~40 千米外锚区停留的国内外船只，需领航员登船领航，领航员有语音、数据等通信业务需求，这些业务主要依赖卫星通信，成本高，且不能进行视频、数据通信。现通过部署 5G 网络实现工作数据及视频的实时回传，提高工作效率。

智慧港口系统总体解决方案见图 12–6。

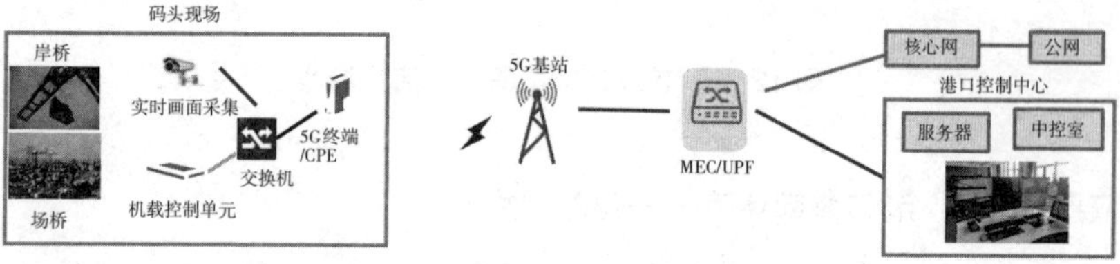

图 12–6　5G 智慧港口系统总体解决方案

第十三章 “5G+”开启社会治理新模式

自2008年IBM提出“智慧地球”并逐渐形成“智慧城市”概念以来，各国纷纷开展建设实践，目前全球已有超过1 000个已启动或在建的智慧城市，中国更是以500个试点城市居于首位，并形成了长三角、珠三角等多个智慧城市群。[1]然而，随着经济社会的发展和城镇化进程的不断推进，城市管理和运营面临更大挑战，以城市各部门信息化和电子化为主的传统智慧城市难以为继。为此，中国提出“新型智慧城市”的概念，在信息化的基础上加强城市各类信息和数据的共采、共享和共用，打破数据孤岛和信息烟囱，主要目标即是推动社会治理高效有序开展。

纵观历史，尽管“社会”一词近代才从日本传入，但“治理”一词在中国由来已久。早在春秋战国时期，诸子百家就开始论述“治理”理念，如儒家的“君施教以治理之”，道家的“天地任自然，无为无造，万物自相治理”和法家的“其法通乎人情，关乎治理也”；汉朝确定安宁和稳定的社会状态是治理的主要目标；三国时期“治理”一词已用于描述具体功绩和政绩；唐朝开始探究法与国家治理的关系；宋朝总结

“治道”和“资政”经验，并提出“治天下道二”，“未治有四”等具体治理之法；明朝将“治理”纳入举荐人才的考核内容；清朝更是从治理方略出发对各国政治体制进行比较，反思清末治理之乱。中国古代“治理”的本质是“治国理政”，这也与当今社会治理的内涵不谋而合。[2]

随着人类社会的不断发展，政府所扮演的角色和社会治理模式也在发生改变。从前工业社会、工业社会到后工业社会，与之对应的社会治理模式经历了由统治型、管理型向服务型的转变。在前工业社会，政府通过对土地的控制实现对社会的控制，作为统治者以权力关系为基础行使社会治理职能。随着工业化进程的推进，“主权在民”思想逐步建立起来，政府角色转变为管理者，并以法律为基础成为单一的社会治理主体和核心。在全球化和后工业化浪潮下，为应对社会矛盾的多样化、不确定性和高复杂度，政府再次转型为服务者，开启合作共治新模式，满足个性化、多样化的社会治理需求。[3]

中国从20世纪80年代开始探索行政改革，在机构设置和职能方面进行调整和优化，推进行政管理体制改革，并开始深入思考和谋划构建“服务型”政府。21世纪伊始，党的十六大六中全会明确提出“建设服务型政府，强化社会管理和公共服务职能”的要求。党的十九大报告强调了“建设人民满意的服务型政府”的改革目标，并特别指出“提高社会治理社会化、法治化、智能化、专业化水平”，构建“共建共治共享”的“三共、四化”社会治理新模式。尤其是社会治理的“智能化”，强调“运用移动互联网、人工智能和大数据等新技术，结合互联网等新思维方式，提升社会治理信息化和智能化水平”，更是顺应了当今时代科学技术蓬勃发展趋势，充分体现了中国政府以民为本、与时俱进的社会治理理念。

社会治理的智能化发展也将促进新型智慧城市的建设，孕育行业新物种的诞生。不同于传统产业链的各司其职和各自为战，行业发展将催生“新型智慧城市运营商”，帮助政府开展规划、建设、运营和管理等新型智慧城市各阶段工作，统筹协同采集、分析、预测、决策和行动等智能化社会治理的各个环节，为公共部门和城市使用者搭建桥梁，促进城市健康发展和社会高效治理。

智能化的基础是连接和数据。“5G+”时代，以信息技术为代表的各种高新技术迅猛发展、交织并进，与经济和社会的发展深度融合，将进一步丰富人、物、环境和事件等社会治理对象，并促进社会治理模式由“机械、单一”向“智能、协同”加速转变。社会治理包罗万象，涉及领域广泛。本书仅选取安防、环保和政务三个方面浅析“5G+”将如何开启社会治理新模式。

“5G+”与安防

政策法规解读

从 21 世纪初的“科技强警战略”和城市报警与监控系统建设即“3111”试点工程，到平安城市、天网工程和雪亮工程，政府不断出台相关政策，加强社会安防综合治理，推进立体化社会安防防控体系建设。

作为维护社会稳定、预防和打击暴力恐怖犯罪的重要手段，公共安全视频监控为有效开展安防防范和打击犯罪提供了技术保障。为此，2015 年发改委等九部委联合发布了《关于加强公共安全视频监控建设联网的应用工作的若干意见》(以下简称《意见》)，推动公共视频监控建设集约化、联网规范化、应用智能化，推进立体化社会治安体系建设，提高社会治理能力和现代化水平。《意见》要求到 2020 年，基本实现“全域覆盖、全网共享、全时可用、全程可控”的公共安全视频监控建设联网应用，在加强安防防控、优化交通出行、服务城市管理、创新社会治理等方面取得显著成效，具体包括以下目标。

- 全域覆盖：重点公共区域视频监控覆盖率达到100%，新建、改建高清摄像机比例达到100%；重点行业、领域的重要部位视频监控覆盖率达到100%，逐步增加高清摄像机的新建、改建数量。
- 全网共享：重点公共区域视频监控联网率达到100%，重点行业、领域涉及公共区域的视频图像资源联网率达到100%。
- 全时可用：重点公共区域安装的视频监控摄像机完好率达到98%，重点行业、领域安装的涉及公共区域的视频监控摄像机完好率达到95%，实现视频图像信息的全天候应用。
- 全程可控：公共安全视频监控系统联网应用的分层安全体系基本建成，实现重要视频图像信息不失控，敏感视频图像信息不泄露。

《意见》明确要求，针对包括城镇道路交叉口、主要道路关键节点、人员密集区以及要害部位、重要涉外场所、案件高发区域、安防复杂场所主要出入口在内的重点区域，需要提高视频监控系统覆盖密度和建设质量，实现全覆盖；同时，加大城乡接合部、农村公共区域、重点林区、风景名胜区、自然遗产保护区以及省、县级行政区域重点界线界桩、界线重点地段等的视频监控系统建设力度，组织开展试点建设，逐步实现城乡视频监控一体化；此外，推进城乡社区、住宅小区、地下管廊在新建、改建、扩建过程中开展视频监控系统建设，完善已建成的视频监控系统，进一步织密视频监控网络。

国家政策的出台为社会安防的信息化、智能化和现代化发展指明了方向，开启社会安防新模式，使联网视频监控成为除“朝阳群众”、“西城大妈”和“海淀网友”以外的又一安防利器，让犯罪分子无机可乘、无路可逃。

现行模式与挑战

基于联网视频监控的社会安防模式并非新生事物。中国很早就开始在全国范围内布设视频监控摄像头，针对重点区域的人和物进行24小时监控，为社会安防案件调查提供重要线索和取证信息。央视综合频道播出的《辉煌中国》系列纪录片第五集中提到，仅仅“中国天网”一个工程，安装视频监控摄像头数量就已超过2 000万。尽管总体部署规模巨大，但受限于覆盖、网络传输、图像识别和分析、数据处理等能力瓶颈，利用联网视频开展社会安防管理依然存在如下挑战。

- 监控摄像头布设手段单一。目前摄像头主要布设在基础设施和建筑等固定位置。一方面导致密度有限，无法做到真正意义上的无死角。另一方面导致灵活度低，无法满足突发性、不确定性安防事件的防范和管理。
- 事前预警能力不足。大多数情况下，联网视频监控系统更像是一台超大型录像机，仅仅在违法犯罪事件发生后被用于查询和取证，受限于智能识别和分析能力不足，无法有效提供事前的预警和报警。
- 人工监控和调看视频内容费时费力。一方面，安保值班人员监控数量众多的联网视频难度巨大。有数据表明，一个人长时间关注一个相对静止的视频图像，超过20分钟后，大脑就会进入麻痹状态，基本丧失了预警和及时干预的能力。[4]另一方面，办案人员为侦破单个案件，平均要调看超过3 000小时的视频资料，对警力消耗巨大。[5]
- 人口密集区域监控效果不佳。城镇化进程的加速使得人口分布不断集中。在人流密度激增的情况下，如节假日期间、大型活动和会议期间等，前期布设的监控设备性能难以满足实际需求变化，加大了安防监管的难度。
- 监控数据信息孤岛情况犹存。现网布设的摄像头分属不同管辖部门和区域、不同平台与系统，相互间存在业务和技术壁垒，信息难以拉通共享。“数据烟囱”现象已成为社会治理智能化发展过程中的关键挑战之一。

“5G+”赋能安防新模式

如上文所述，视频监控是维护社会稳定、预防和打击暴力恐怖犯罪的重要手段，该技术的变迁与发展也从侧面反映了社会安防需求的升级和模式的变迁。从 20 世纪 80 年代初的第一代模拟监控系统（磁带录像机），到后来的第二代数字化系统（硬盘录像机）和第三代网络监控系统，再到当前的高清化和智能化系统，视频监控技术持续演进，结合“5G+”智能技术群，可以满足从“看得到”到“看得清”，再到“看得懂”的安防需求升级，赋能从“被动监控，事后调查”到“主动识别，提前预警”的安防模式转变。

5G 带来网络能力的全面提升，为视频监控提供了连接和数据传输保障，确保“看得到”和“看得清”。一方面，5G 的高速率、低时延特性可以满足 4K 甚至 8K 超高清视频监控数据的远程回传和实时共享等传输需求。另一方面，5G 的大连接特性可以支持摄像头的更广泛、更密集部署，以及固定摄像头以外的无人机、布控球、移动终端、可移动式监控设备等更多维度的数据采集和监测，以满足突发性、不确定性安防案件和事件的监控需求。

5G 与人工智能的结合，可以实现对海量监控数据动态视频流与静态图片流中目标人和物的识别、比对、分析、跟踪，将无关和无用数据过滤掉，仅提供关键信息，并根据预定规则进行预判和报警，实现“看得懂”的监控系统。例如，借助 5G 网络大带宽、低时延、高可靠性的能力，实现执法终端 4K 高清视频实时信息共享，通过中心端人工智能结构化视频分析，对高清图传视频进行人像比对、车辆识别，一旦出现黑名单成功比对，则中心台会迅速报警，并将报警信息及时发送到相关执法人员，5G的低时延回传满足在出现应急情况时快速给出决策判断并实施。这将颠覆传统安防靠人力查阅监控的方式，将寻觅和锁定犯罪嫌疑人的时间由数十天缩短到分秒，使安防管控提前到预警和实时响应阶段。[5]

5G与无人机的结合，将加速警用网联无人机的发展，实现可移动、高效率和立体式的安防监控体系。前期警务无人机的通信绝大多数情况下都是点对点的直接联系，大多采用定制视距数据链，飞行高度和范围受限。通过引入大规模天线、网络切片、移动边缘计算等多项关键技术，5G网络将为无人机的覆盖和移动性增强、端到端业务质量保障、高效识别和管控等需求提供新的技术保障，从而全面保障智能化的网联无人机安防应用。通过搭载高清摄像机、照相机和定位系统，甚至空中喊话、投放催泪瓦斯等不同设备，无人机既可作为“常规部队”，又可作为“先遣部队”，在警情出现时被派遣飞出，占领制高点，迅速帮助相关部门第一时间获取现场的全方位信息，为后续执法人员提供有力帮助，极大提升社会安防管理效率。

典型案例

案例一：5G平安综治项目

5G平安综治示范业务位于南昌秋水广场，广场面积约8.6万平方米。该项目采用宏站覆盖公安4K摄像头、无人机、车载执法终端、智能手机等。中心端针对回传视频做结构化分析，回传视频清晰度建议在4K及以上，保证后端分析的准确度和精确度。通过无人机搭载5G通信模组、高清4K相机，进行360度高清视频拍摄并进行视频回传，或者通过临时布控摄像机、执法记录仪搭载5G通信模块，采集图像回传中心，综治办公室、公安根据实时情况给出无人机、执法记录仪操控指令，实时动态掌握现场情况（5G平安综治业务流程见图13–1）。

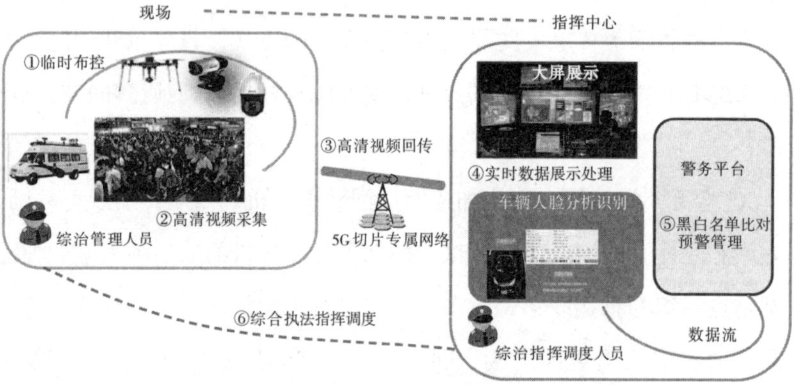

图 13-1 5G 平安综治业务流程图

突发 / 应急事件的处理，即对公共安全事件现场相关视频资源的快速调用和远程控制，对应急事件的可视化应急指挥等时效性要求极高。通过“位置 + 视频 + 语音”调度，与广场执法人员或广场周边警力实现信息交互，全面控制可疑人员，保证市民安全。对于事件出现后的视频调用、信息传递等时效性要求极高。

政府、公安属公安安全用户，在突发 / 应急事件、活动安保、路线警卫等工作中，对网络可靠性、安全性、时效性要求极高，通过 5G 专用的网络切片，为公共安全用户提供专有网络，降低系统延时，保证在应急指挥调度情况下能优先安全接入。

案例二：5G 水陆空智能安防方案

中国移动联合产业合作伙伴，在雄安展示中移超脑水陆空智能安防解决方案，面向智慧城市安防领域，提供地面、空中、水域立体化的安防服务体系，在地面通过配置人工智能摄像头的 5G 无人车，可以实现人员识别、车辆识别、火灾隐患识别，自动巡防；随时升空自动巡航的超远距离 5G 无人机，在空中实现对人、事、物的上帝视角的实时智能监控；针对城市或者园区的水系环境，自动巡航的 5G 无人船打造智能摄像头、水质检测设备和水域垃圾打捞机械臂，实现对水域环境的污染实施检测和实时处置。

案例三：5G 无人机智慧安防业务

中国移动联合产业合作伙伴，在北外滩成功展示基于 5G 网络的 4K 高清图传、人工智能识别、无人机监控跟踪的无人机智慧安防业务。5G 无人机智慧安防业务利用 5G 大带宽、低时延能力为安全监控领域赋能，布局未来天地一体化的立体安防。一方面，5G 网络把外场无人机拍摄的多路 4K 高清视频实时回传至会场的人工智能视频处理平台，对犯罪嫌疑人进行识别、锁定；另一方面，会场的无人机平板电脑控制终端通过 5G 网络为无人机提供超视距的远程实时遥控能力，比如起飞、降落、摄像头转动、目标人物飞行跟踪。该业务相比传统的安防监控系统更加灵活、更加高效、互动性更强。

除了业务本身，为了杜绝“黑飞”，保障对无人机的安全管控，中国移动联手中国民航局研发了基于移动蜂窝网络的无人机安全飞行管控平台，通过无人机上报的位置信息、身份信息进行网络校验，完成飞行前的授权、飞行中的持续跟踪及管控和飞行后的日志上报（5G 无人机智慧安防业务流程见图 13–2）。

“5G+”与环保

政策法规解读

“十三五”以来，党中央、国务院高度重视环保产业发展及生态文明建设，提出了一系列关于生态文明建设的新理念、新思想、新战略，为推进生态文明建设提供了理论指导和行动指南；“十三五”规划的 10 个任务目标公布，首度将加强“生态文明建设（美丽中国）”写入五年规划，将“节能环保”列为国家加快培育和发展的七大战略性新兴产业之一，并将生态环保作为服务、支撑、保障“一带一路”建设可持续推进的重要环节；近年来的相关政策出台力度前所未有，中国生态环境法治体系逐步健全、完善。[6]党的十九大报告中，更是把污染防治作为中国全面建成小康社会的三大攻坚战之一。

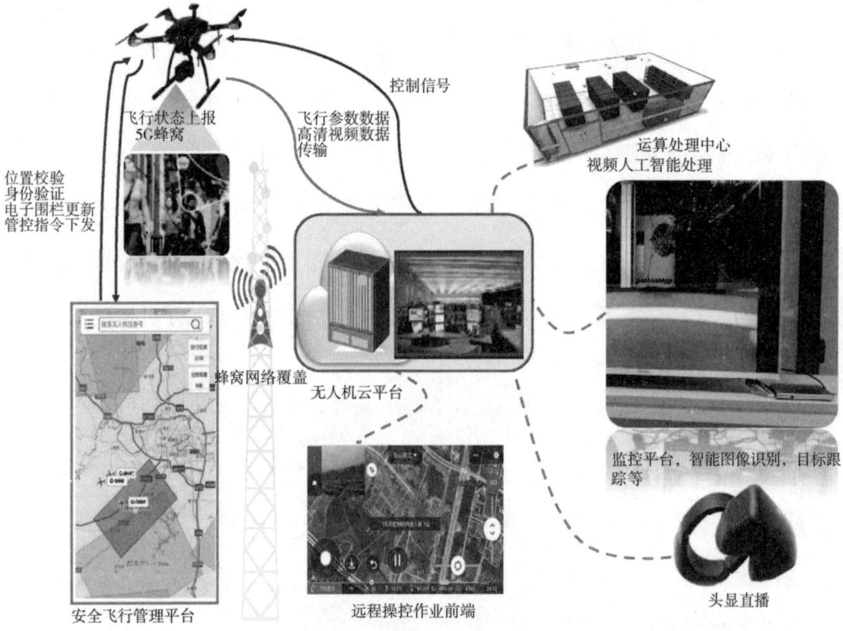

图 13–2　5G 无人机智慧安防业务流程图

早在 2016 年，国务院印发的《“十三五”生态环境保护规划》就已经明确提出，到 2020 年，生态环境质量总体改善，主要污染物排放总量大幅减少，环境风险得到有效管控，生态环境保护水平同全面建成小康社会目标相适应。具体指标包括：全国细颗粒物（PM 2.5）未达标地级及以上城市浓度比 2015 年下降 18% 以上，地级及以上城市空气质量优良天数比率达到 80% 以上；全国地表水Ⅰ–Ⅲ类水体比例达到 70% 以上，劣Ⅴ类水体比例控制在 5% 以内；近岸海域水质优良（一、二类）比例达到 70% 左右；二氧化硫、氮氧化物排放量比 2015 年减少 15% 以上，化学需氧量、氨氮排放量减少 10% 以上；受污染耕地安全利用率达到 90% 左右，污染地块安全利用率达到 90% 以上；生态保护红线面积占比达到 25% 左右；森林覆盖率达到 23.04% 以上。

2018 年，国务院印发《打赢蓝天保卫战三年行动计划》，明确了大气污染防治工作的总体思路、基本目标、主要任务和保障措施，提出了打赢蓝天保卫战的时间表和路线图。同时提出，经过三年的努力，大幅减少主要大气污染物排放总量，协同减少温室气体排放，进一步明显降低细颗粒物浓度，明显减少重污染天数，明显改善环境空气质量，明显增强人民的蓝天幸福感。到 2020 年，二氧化硫、氮氧化物排放总量分别比 2015 年下降 15% 以上；细颗粒物未达标地级及以上城市浓度比 2015 年下降 18% 以上，地级及以上城市空气质量优良天数比率达到 80%，重度及以上污染天数比率比 2015 年下降 25% 以上。

“环境治理，监测先行。”生态环境监测是生态环境保护的基础，是生态文明建设的重要支撑。国务院印发的《生态环境监测网络建设方案》要求坚持全面设点、全国联网、自动预警、依法追责，形成政府主导、部门协同、社会参与、公众监督的生态环境监测新格局。到 2020 年，全国生态环境监测网络基本实现环境质量、重点污染源、生态状况监测全覆盖，各级各类监测数据系统互联共享，监测预报预警、信息化能力和保障水平明显提升，监测与监管协同联动，初步建成陆海统筹、天地一体、上下协同、信息共享的生态环境监测网络，使生态环境监测能力与生态文明建设要求相适应。

环境监测并非政府的“独角戏”，需要社会各界力量共同参与。环保部发布《关于推进环境监测服务社会化的指导意见》。一方面，鼓励引导社会环境监测力量广泛参与，创新环境监测公共服务供给模式，强化环境监测事中事后监管，形成以环保系统环境监测机构为骨干、社会环境监测力量共同参与的环境监测管理新体制。另一方面，全面放开服务性监测市场。凡适合社会力量承担的服务性环境监测业务，要创造条件，全面放开。鼓励社会环境监测机构参与排污单位污染源自行监测、环境损害评估监测、环境影响评价现状监测、清洁生产审核、企事业单位自主调查等环境监测活动，推进环境监测服务主体多元化和服务方式多样化。

现行模式与挑战

中国环境监测起步较晚，近年来发展迅猛。中国于20世纪70年代才开始针对大气污染源和质量开展监测，之后才扩展到水质和土壤以及噪声、电磁辐射、放射性物质、热和光等其他类别。近年来，政府相关政策的出台和环保支出的增加促进了环境监控产业的繁荣发展。在监测方式上，形成了包括物理监测（对光、声、热、电磁辐射、放射性和震动等物理因子的能量与强度进行测试）、化学监测（对化学因子的浓度进行测试）、生物监测（对生物因环境变化发出的反应进行测试）、生态监测（对某区域内生态系统及组成体的属性进行观察和测试）、卫星监测以及遥测在内的多样化监测体系。在监测范围和频率上，由曾经的区域性、间歇性监测逐步向广域性、连续性监测转变。在监测设备和技术上，自主研发的仪器特别是光谱类环境监测技术和仪器发挥了重要的作用。

经过多年发展，中国环境监测网络初具规模。以空气监测为例，根据中国环境监测总站的数据，中国环境空气质量监测网涵盖国家、省、市、县4个层级。从监测功能上说，国家环境空气质量监测网涵盖城市环境空气质量监测、区域环境空气质量监测、背景环境空气质量监测、试点城市温室气体监测、酸雨监测、沙尘影响空气质量监测、大气颗粒物组分及光化学监测等。

从监控点类型来看，城市点主要监测城市地区环境空气质量整体状况和变化趋势，参与城市环境空气质量评价；区域点主要监测区域范围空气质量状况和污染物区域传输及影响范围，参与区域环境空气质量评价；背景点主要监测国家或大区域范围的环境空气质量本底水平。[7]

尽管中国环境监测领域的发展态势良好，但国产技术与产业能力依然有待提高。国家级监控站所用设备多从国外进口，虽然其功能和性能完善，但造价高昂且维修保养费时费力。受限于自动化程度低、性能不稳定、关键元器件技术和产业能力不足等问题，国产环境监测设备与仪器在品种和数量、性能和质量、数据有效性、特殊污染物监测能力等方面与国外先进水平存在一定差距，无法适应环境监测长期可持续发展的需要。

在监测标准提高、监测范围扩大的新形势下，传统环境监测模式面临挑战。一方面，环保部于 2016 年和 2017 年先后发文，要求大气监测和地表水监测的事权上收，即委托社会相关机构以独立或联合模式开展环境监测，旨在扩大监测覆盖范围，提高监测密度，同时减少数据作假。另一方面，国家“土十条”、“水十条”、“河长制”和“湖长制”的发布，为环境监测网络的建设提出了更高要求。此外，随着新的环境问题的不断出现，挥发性有机物（VOCs）和臭氧等污染物种类也成为防治的重点。在新形势下，传统固定监测站结合人工监控的模式面临挑战。一是监测站点数量有限，无法满足广泛、高密度监测的要求；二是监测站点精度参差不齐，无法满足精准监测的要求；三是高精度监测设备成本高，无法实现大规模部署；四是对于新型监测物质，传统监测设备面临不断升级改造的挑战。

“5G+”赋能环保新模式

基于“固定监测点 + 移动监测设备”的混合式网格化监测模式（见图 13–3）是未来精细化环境管理的发展方向。面对瞬息万变的环境污染物情况和日趋复杂的环境监测要求，固定监测点需要与车辆、可穿戴设备和手机等可植入环境监测传感器的移动设备结合，以满足“全实时、无死角”的精细化环境监测需求。借助与固定高精度监测点的比对和校准机制，移动监测设备采用低成本、精度较低的环境监测传感器，即可实现相对全面和精准的污染数据监测与采集。

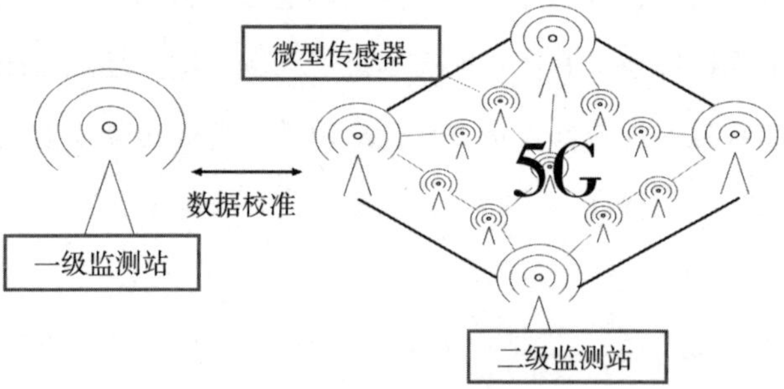

图 13–3　基于 5G 的网格化环境监控系统

5G 是实现混合式网格化环境监控模式的基础保障。5G 作为新一代信息通信基础设施，其具有大连接和低时延特性，再结合边缘计算和高精度定位的能力，可以满足环境监控网格中各类节点的海量接入、数据实时比对、全网校准以及传感器协同和容错的需求，实现高密度观测、高精度预测和多污染物灾害预警。

5G 结合高清视频和无人机构建完善的立体环境监测体系。混合式网格化环境监测网络与视频监控、无人机的有机融合，实现“鼻子”与“眼”的全方位环境质量监测，借助 5G 网络大带宽、低时延网络能力，实现对环境质量的 7×24 小时实时监测，通过 4K 高清视频及微型监测站有效对污染源、污染轨迹等进行定位、溯源分析，为环境管理者整体掌握环境变化趋势、环保督查、污染源定位、重污染过程动态表征、污染控制效果评估等提供支撑。例如，在居民生活区域部署 4K 高清视频监控及空气监测微型站，通过相关数值统计及分析，有效排查居民生活区污染因子，分析居民生活区污染源的分布特征及排放特征，实现居民生活区污染普查及治理；在重污染地区、偏远工业园区等，利用 5G 将无人机接入移动通信网络，通过网络的超高速率、高可靠性超低时延特性，为网联无人机赋予远程低时延控制、实时超高清图传、精准定位、状态实时监控、安全可靠管控等重要能力，有效填补偏远工业园区的环保监管盲点。重污染地区用无人机取证替代原有的人工取证，有效避免人工取证时污染物对人体的伤害，提升环保取证的效率。

5G 赋能环保新模式，为各方创造新价值。基于“5G+”智能技术群的全面、精准和实时的环境监测体系可以协助政府和企业开展精准全面的环境污染治理和合理城市规划，帮助居民获得定制化环境信息、提升生活质量，并为产业链相关方提供实时、精准、全面的环境数据，赋能实时环境状况查询、出行绿色路径规划、工业污染监控和环境预测及改善等创新业务应用，更为面向未来的精细化环保管理模式提供基础保障。

典型案例

案例一：环保卫士项目

在对南昌市昌北经济开发区内重点排污企业进行环保监管时，南昌市环保局监管人员可以通过 4K 高清摄像头进行实时环保视频监控，同时通过部署 5G 网联无人机，对工厂排放毒害气体进行取样。该项目通过空气监测微型站及 5G 高清视频监控对监控区域进行局部覆盖，连续覆盖区域约 10 平方米，预计需建设配置三台摄像机、三台空气质量监测微型站、一台无人机。具体示范地点如图 13–4 所示，位于江西经济干部管理学院，面积 10 万平方米。主要功能包括：

- 4K 高清回传：中心端针对回传视频做结构化分析，回传视频清晰度建议在 4K 及以上，以保证后端分析的准确度和精确度。通过无人机搭载 5G 通信模组、高清 4K 相机，进行 360 度高清视频拍摄并进行视频回传，确保环保执法人员实时掌握污染事件状况。

• 远程低时延执法调度需求：环保事件的即时发现、实时处理，通过“位置＋视频＋语音”调度，与环保执法人员实现信息交互，确保视频调用、信息传递等时效性。

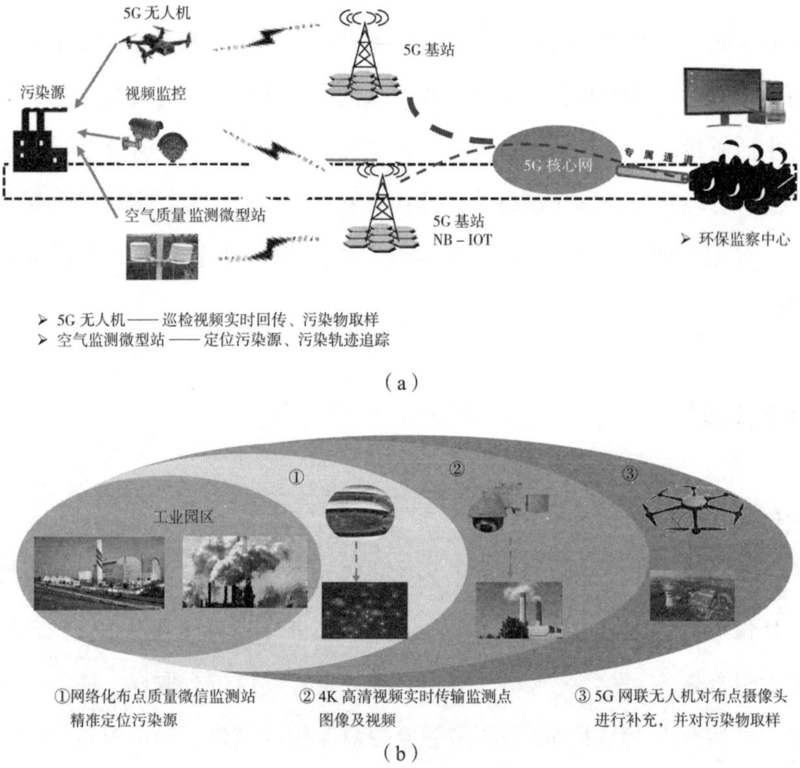

图 13-4　环保卫士业务流程图

案例二：蓝天卫士秸秆禁烧项目

近年来，农民焚烧秸秆事件频发，这会带来大气污染并导致环境破坏，危害人的健康；焚烧产生的烟雾会导致空气可见度下降，极易引发交通事故；秸秆焚烧入地三分，地表生物系统的平衡被打破，农田质量不断下降。各级政府投入大量人力、物力以遏制此类事件发生，但仍然屡禁不止，收效不大。究其原因，需要监管的区域面积广阔而执法人力有限以阻碍了监管人员及时发现火源，及时制止。

淮南移动分公司“环保卫士”网络视频监控系统项目可以满足各项视频监控的要求，经过现场勘察和技术总结，系统采用 1 080P 高清网络摄像机安装在移动基站距地面 30~60 米的天线平台，高清网络摄像机输出 200 万像素数字视频信号，经超五类网线将数字视频信号传输至基站网络，再经网络将数字视频信号传输至监控中心的数字网络监控主机存储、显示和管理。

通过技防辅助人防，发挥人、物和科学技术的特长，做到优势互补，相辅相成，建设一个先进、可靠、安全的视频监控体系，实时显示和记录各重要受控区域图像和信息，这样便能使管理人员全方位及时了解各监控区域情况，做到反应迅速、处理及时、指挥准确。通过安装视频监控系统还能有效威慑和预防违法事件的发生，录像资料能够为事后侦破案件提供强有力的线索，从而有效预防、抵抗违法事故、灾害的发生，加强防御控制能力，提高工作效率。目前淮南市蓝天卫士项目监控点位共计 300 余个，年收入约 300 余万元，带来了巨大的社会收益和经济收益。

案例三：水质监测系统守护 4A 景区

中国移动安徽公司与焦岗湖风景区达成协议，在全省搭建首个 4A 级景区水质监测系统。该套系统在景区湖水中放置 5 类监测仪，提供监测站至业主机房光缆铺设，借助移动的优质网络及传输设备，以数据专线模式实现水质数据精确、及时传送。同时，配套建设集群对讲系统，工作人员在凤台县境内可实现对讲功能，并通过终端定位对巡检人员进行远程调度，提升管理效能。该项目确保环保部门及时掌握监控水质状况，确保绿水长青。

“5G+”与政务

政策法规解读

政府部门管辖的事务庞杂，从行政事务、社会事务到公安事务，包罗万象。政务服务虽然只是政府部门管辖事务的一部分，但其直接联系着公众，因此是政府公共服务的基石。[8]

影响政务服务效率和质量的因素主要包括提高政府信息服务水平、业务流程优化、促进部门间信息共享与组织协同等方面。无论政务信息化，还是“互联网+政务服务”，都是应用现代信息和通信技术，将管理和服务通过网络技术进行集成，提高政府的工作效率、决策质量、调控能力、廉洁程度，节约政府开支，改进政府组织结构、业务流程和工作方式。

党中央、国务院高度重视政务信息化，加快推进“互联网+政务服务”工作。习近平总书记在第三十六次中央政治局集体学习时指出，“我们要深刻认识互联网在国家管理和社会治理中的作用，以推行电子政务、建设新型智慧城市等为抓手，以数据集中和共享为途径，建设全国一体化的国家大数据中心，推进技术融合、业务融合、数据融合，实现跨层级、跨地域、跨系统、跨部门、跨业务的协同管理和服务”[9]。李克强总理多次指出，“要打破‘信息孤岛’和‘数据烟囱’，推动政府信息共享，提升政府效能”[10]。2016年国务院印发《关于加快推进“互联网+政务服务”工作的指导意见》(国发〔2016〕55号)，对加快推进“互联网+政务服务”工作做出总体部署，提出要优化再造政务服务，创新网上服务模式，推动服务事项跨地区远程办理，开展政务服务大数据分析，把握和研判公众办事需求，提供智能化、个性化服务，变被动服务为主动服务，提供多样化、创新性的便民服务；要融合升级平台渠道，推进实体政务大厅向网上延伸，整合业务系统，统筹服务资源，统一服务标准，做到无缝衔接、合一通办；要夯实支撑基础，创新应用互联网、物联网、云计算和大数据等技术，加强统筹，注重实效，分级分类推进新型智慧城市建设，打造透明高效的服务型政府；要完善网络基础设施建设，打造高速畅通、覆盖城乡、质优价廉、服务便捷的网络基础设施。2017 年 6 月，国家发展改革委印发了《“十三五”国家政务信息化工程建设规划》，作为规范和指导中国政务信息化工程建设的纲领性文件，对国家重大政务信息化工程建设进行了系统性设计，标志着中国政务信息化迈入了创新发展的新阶段。

现行模式与挑战

政务服务典型的表现形式就是政务大厅。在以经济建设为中心的改革开放中，招商引资、争取项目、为外商投资企业创造优良的注册登记和生产经营环境，成为地方政府重要的施政目标。“窗口式”受理、“柜台式”交件、“一条龙”的行政审批办理方式，与“一条街”“一栋楼”“一站式”集中审批服务形态应运而生。经过多年的发展，政务服务中心的规模稳步扩大，管理日益规范，流程不断优化，成为中国行政体制架构中的重要组成部分。政务服务中心“不仅强化了政府部门的服务意识，而且有力地推动了政府由‘管制型’向‘服务型’的转变”[11]。

2016 年国务院《关于加快推进“互联网 + 政务服务”工作的指导意见》发布以来，各省级政府先后跟进，发布了本地区实施“互联网 + 政务服务”的文件。许多省份开始建设覆盖省、市、县政府的一体化网上政务服务平台，线上线下一体化、线上服务移动化成为政务服务平台的重要趋势。例如上海保税区的“单一窗口”实践，来保税区办证，企业可先通过“中国上海”门户网站的“投资办事直通车”平台提出申请，填写数据并下载打印申请表单，随后到保税区“一口受理”窗口提出申请，实施“统一受理、分步办理，四证联办、统一发照”（在单一窗口提供服务，一次申报、一次查验、一次放行）。再如“浙江政务服务”App，集合了全省 12 000 余个政府组织机构和超过 10 万名工作人员，依托省、市、县三级一体化浙江政务服务网，将全省各级政府办事服务整合在移动客户端上，通过一个 App 实现全省政府在移动端公共服务的一站式导航和便捷查询。

尽管如此，受限于管理机制、业务系统水平、信息资源壁垒等方面的问题，政务服务整体效能依然有待提高，办事难、办事慢、办事繁的问题犹存。未来，实体政务大厅的边界将逐步模糊化，基层办事人员有望“走出去”办公并提供便捷的政务服务，审批流程也将进一步简化。

“5G+”赋能政务新模式

当前，全球信息技术创新与应用发展迅猛，重视“5G+ 大数据”“5G+AI”等信息技术的融合，将推动实现治理创新与技术创新的结合，不断提升政府的监管能力，强化政府的基本公共服务水平。

现场体验愉悦化、办理方式简约化、审批服务个性化是未来政务服务在交互界面上孜孜不倦的追求。5G+ 全息投影政务服务、5G+VR/AR 政务服务导办、5G+ 自适应“一窗通办”、5G+ 泛在的超高清视频和传感器，将提升政府咨询服务“分辨率”，提高未来政务服务水平和体验，真正实现行政审批“秒批”，“一窗通”事务“秒办”，同时助力政务服务从群众“少跑路”到“不跑路”。

线下大厅：5G+VR/AR 政务服务导办、5G+ 自适应“一窗通办”

优质的政务信息服务可以在行政审批中起到有效的引导作用，缩短用户的查询时间，提高行政审批办事效率。办事人只有事先清楚地知悉审批流程、提交材料、审批时限等信息，才能确保每个审批环节所需材料的一次性提交，从而减少办事人因为材料不够齐全、多次往返政府机构带来的不愉快体验，同时也减少政府审批机构反复审查材料带来的附加劳动。

线下“一窗通”办事的服务概念，对工作人员提出了高标准、严要求，而借助5G+VR/AR政务服务导办，通过对办事内容和要素的细致化梳理，这一服务概念最终沉淀为VR/AR内容产品，用户只需要根据自身需求选择需要的服务，VR/AR设备即可引导用户了解整个服务的办事流程及细节。通过数字化的政务服务流程与经验的沉淀并进行智能化、模块化输出，将是未来政务服务的方向。

5G时代最具未来感的政务服务大厅应该是一个“数字生物体”，即对每一个进入大厅的用户，通过智能摄像头自动进行数据标记（个人身份信息、来由、办何事、是否已在线提交材料、关联办事需求等），政务服务大厅的中台应自动获取这些数据，并反馈给所有办事窗口，系统再根据办事量与人流密度自动调整和匹配响应窗口。

线上大厅：5G多屏互动时代的“高分辨率”远程服务

线上咨询的痛点在于留言延时、机器人问答的非自然交流与视频通话的距离感等，而通过全息投影为用户“空投”一个办事人员的数据人像，让用户可以面对面问答，不用跟办事人员本人见面，但可以跟他在数字世界的“数据人”见面，并进行面对面打分、点评。

随着连接设备、显示屏幕、用户界面的多样化发展，政务服务空间从传统的集中式办理、泛在化的在线办理到多屏时代的“家门口的政府”再到“客厅政务”“驾驶舱政务”，在办公场景、交通场景之外的客厅场景，智能家居的快速发展未来或许会推动用户在自己家里的客厅办理政务，无人驾驶的发展或许也能让乘客在驾驶舱或车窗屏幕进入政务服务平台办事。

从线上智能化到线下智能化，重新定义“智能便携审批”

行政审批是政务服务的核心。一个完整的行政审批流程，包含申请、初审、受理、审查、决定等环节。政务大厅作为政务服务界面，解决的主要只是政府与公众之间的信息交互的环节，而进入受理与审批环节，还需要从信息、流程的跨部门整合，评估、测量的效率提升入手。比如在建筑用地审批领域，目前的“一图管审批”“多图联审”“模拟审批”等多数仍是针对环保评估、土地测量等结果物的审批，而涉及线下测量、评估等需要现场勘查过程本身仍无法实现高度智能化。“秒批”已经成为标准化事项与简化审批的标杆，“5G+”智能审批目标是从“批”的结果智能化到过程智能化，从线上的智能化进入线下的智能化。5G 时代通过传感器、无人机、物联网等设备和网络的应用，包括利用城市仿真技术对目标区域的动态还原与观测，在审批现场即可身临其境地对目标区域进行勘察，真正推动从“最多跑一次”到“一次不跑”。[12]

第四篇

“5G+”在行动

第十四章 全球在行动

5G的确立和成熟离不开全球标准化组织、开源组织、产业联盟的合作和努力。在移动通信领域，标准化组织一直扮演着重要的角色。标准化架构、协议和接口是移动通信网络互联互通的基础。5G网络引入软件化、服务化架构，成熟的信息技术，包括云计算、容器等，成为支撑5G网络的重要基础设施技术。在信息技术产业成熟过程中发挥重大作用的开源组织也在5G演进的过程中向通信技术领域不断渗透，为5G基础设施提供大量事实标准和开源接口参考实现。此外，5G催生了大量垂直行业应用，大量产业联盟和垂直行业组织应运而生，围绕5G共同构建创新的生态系统，探讨5G相关的合作和共赢。全球标准化组织、开源组织和产业联盟都纷纷行动起来，推进5G的架构定义、技术成熟、产业生态构建。

国际电信联盟

国际电信联盟（ITU）是联合国负责国际电信和信息通信技术事务

的专门机构，是政府间国际组织，成立于1865年5月17日，目前有193个成员国，逾900家成员单位，是电信领域的权威标准化组织。国际电信联盟的职责和目标是划分全球的无线电频谱与卫星轨道，制定技术标准以确保网络和技术的无缝互联，并努力为世界欠发达地区提供ICT接入。国际电信联盟下设无线电通信部门（ITU–R）、电信标准化部门（ITU–T）和电信发展部门（ITU–D）。

国际电信联盟在5G（IMT–2020）需求、架构和关键技术的标准研究化中起先导作用。国际电信联盟在2015年5月成立5G（IMT–2020）焦点组，从5G新需求、新技术和未来网络设计入手，全面启动5G网络的标准化工作。经过一年的研究，国际电信联盟于2016年年底完成5G网络需求、5G网络框架、5G网络管理框架等技术标准，成为3GPP、ETSI等其他标准化组织制定5G网络标准的重要技术依据。在5G（IMT–2020）焦点组研究成果的基础上，2017年国际标准化部门在未来网络研究组（SG13）全面启动了5G网络标准的研究和制定，发布了一系列5G网络技术标准，涵盖5G网络架构、网络切片、网络编排、能力开放以及安全与服务质量等领域，成为5G网络标准的重要组成部分。

在5G传输领域，国际电信联盟是最重要的标准化平台，制定发布了5G传输及接入网络、同步网络、家庭网络等系列技术标准。5G对光传输网络提出了许多新需求，现有的传输技术需要革新和演进才能满足5G业务的发展。针对5G传输技术体系，国际电信联盟制定了切片分组网络和高精度时间同步的技术标准，成为5G传输领域具有很强实际应用价值的领先标准。其中的切片分组网络技术由中国移动提出，也是首次实现了中国自主的传输技术标准的原始创新。

面向“5G+”（IMT–2020 Advanced）网络演进，国际电信联盟主要从新型网络架构、网络智能化、机器学习、量子通信等领域开启技术创新和标准研究，目标是基于全新设计理念和ICT领域最新技术对通信网络进行重新定义，服务面向2025年的多元化通信和业务需求。

目前国际电信联盟已有上百家成员单位启动“5G+”网络标准研究，相信在国际电信联盟各成员单位的持续合作和推动下，国际电信联盟将在5G+标准化中发挥更重要的核心作用，引领下一代网络标准的研究制定。

全球移动通信系统协会

全球移动通信系统协会（GSMA）成立于1987年，代表全球移动运营商的共同关注和权益，连接全球近800家移动运营商、300余家生态合作伙伴，如制造商、软件公司等，是国际影响力较大的非政府组织。全球移动通信系统协会早期专注解决不同国家/地区运营商之间的互联互通、国际漫游、计费结算等问题，制定规范和通用流程；后期收购会议公司，开启了展会结合的运营模式，进一步扩大影响力。其目前的三大职能包括：代表运营商阵营，从运营商业务及市场需求出发，制定商业模式、引领市场发展，并围绕商业模式制定业务模型或技术规范；与标准化组织保持密切联系，汇总运营商阵营需求并向标准化组织输出，体现业务发展要求，同时结合并以运营商需求为主，制定标准落地规范；强大的市场运作能力，通过每年的世界移动通信大会，加强对政府及生态圈的影响力。

全球移动通信系统协会早在Vision 2020（2020年愿景）阶段就展开了5G相关的研究，重点关注运营商在网络虚拟化方面的实践，在2017年世界移动通信大会巴塞罗那展期间发布了网络虚拟化白皮书，涉及NFV网络编排、可靠性、安全、集成、网络演进和性能六大领域。中国移动作为贡献度最高的运营商，参与了其中三个领域的撰写工作。

2017年，全球移动通信系统协会进行组织架构调整，Vision 2020过渡为P5B（Power of 5 Billion，释放50亿连接），正式开启5G万物连接新时代。

网络创新和网络经济研究

运营商在全球移动通信系统协会的组织下，研究网络经济模式，识别可改善的领域，如覆盖（设备共享）、能力（NFV）等；讨论 5G 时代对移动产业的经济影响，明确网络切片和网络能力开放的收益及管制影响；开展多个案例研究，如 2G/3G 的网络关闭、设备共享、5G 网络演进、NFV 最佳实践等。

网络切片

中国移动在全球移动通信系统协会完成网络切片类型（Network Slice Type）项目的立项。从垂直行业角度撰写切片白皮书，介绍切片的价值，发布《网络切片用例需求》（Network Slicing Use Case Requirements）；探索网络切片商业化，挖掘垂直行业切片需求，发布《网络切片商业观》（Network Slicing-Business Views）；定义标准化的网络切片类型及参数，发布《通用网络切片模板》（Generic Network Slice Template）。

商业模式和实施指南

全球移动通信系统协会针对 5G 商业模式和价值链展开研究，输出了立场文件，说明新技术带来的机遇，如基于服务的架构、云计算模型等；针对 25 家运营商、8 个领先的电信设备商、30 个企业（行业客户）进行 5G 访谈，制定 5G 实施指南，阐述 5G 是一个“何时”的问题，而不是“是否”的问题；输出 5G 网络部署的实施指南和检查清单，加速全球 5G 的商用；收集网络相关的问题，向标准化组织输出 5G 建设的相关建议和联络函；输出固定无线接入指南，扩大 5G 覆盖，带来新行业机会；输出网络虚拟化的最佳实践文档，定义虚拟网络层的互操作；通过案例研究、经验教训等，宣传边缘计算；分析市场规模和垂直行业的机会，优化网络切片类型，定义网络切片模板，促进与垂直行业的合作。

TD–LTE 全球发展倡议组织

2011 年 2 月，由中国移动主导，联合日本软银、印度巴帝电信（Bharti Airtel）、英国沃达丰（Vodafone）、美国科维（Clearwire，后由 Sprint 收购）共同发起成立了 TD–LTE 全球发展倡议组织（GTI）。TD–LTE 全球发展倡议组织成立之初旨在加速 TD–LTE 端到端产业成熟，使之成为全球新一代移动宽带技术的主流国际标准和解决方案，推进 TD–LTE 的全球广泛部署及应用。经过多年的努力，TD–LTE 全球发展倡议组织成功推动 2.3GHz、2.6GHz、3.5GHz 等成为全球 TDD 主流频段，实现 TD–LTE 与 FDD LTE 融合，攻克多模多频段芯片、低成本终端、上行增强、VoLTE 商用、国际漫游等产业关键问题，实现中国主导的 4G TD–LTE 技术全球广泛商用。截至 2019 年第一季度，全球已部署 167 张 TD–LTE 商用网络，用户达 23 亿，共部署基站约 363 万个。其中，共 55 个“一带一路”沿线及协议国家 113 家运营商商用 TD–LTE，成功助力 TD–LTE 走进“一带一路”，为建设“一带一路”信息高速公路奠定良好基础。

5G 时代，TDD 频谱成为主流，TDD 技术将成为 5G 发展的基础。基于 TD–LTE 全球发展倡议组织已取得的成果和平台，TD–LTE 全球发展倡议组织在 2016 年巴塞罗那峰会正式启动了 TD–LTE 全球发展倡议组织 2.0，以“推动 TD–LTE 在全球更广泛商用的同时，进一步促进 TDD 技术在 5G 时代发挥更重要作用，全力推动 5G 发展并构建跨行业合作共赢的产业生态系统”为下一个 5 年发展目标，全面迈向 TD–LTE 全球发展倡议组织 2.0 时代，开展了以下工作。

一是成功实现 TD–LTE 向 5G 平滑演进。频谱方面，TD–LTE 全球发展倡议组织成功推动印度成为继中国、日本、美国后第四个将 2.6GHz 频段用于 Band41 TDD 制式的大国，进一步壮大 TD–LTE 全球阵营。技术产品方面，联合全球产业发布 4 款支持 Band 41 高功率终端商用产品，该终端的应用能够显著提升用户体验并降低运营商投资成本；同时，TD–LTE 全球发展倡议组织推动 Massive MIMO 等关键技术成熟，大幅提升 4G 网络性能。

二是构建中国主推的中频段 5G 全球产业生态。为此，TD–LTE 全球发展倡议组织首创 2.0 端到端矩阵式技术工作体系，联合产业合作伙伴共同发布《6GHz 以下 5G 预商用白皮书》《5G 网络架构白皮书》《6GHz 以下 5G 终端白皮书》等 55 本白皮书与研究报告，涉及基站、网络、终端、物联网、创新业务与应用等方面，解决中频段 5G 产业关键问题；同时携手产业发布多款商用产品与原型机，共同推动 5G 中频段端到端产业成熟；为满足产业链及垂直行业实际需求，于 2017 年启动 TD–LTE 全球发展倡议组织物联网终端测试认证工作，目前已发布 4 家 TD–LTE 全球发展倡议组织认可实验室、19 款 TD–LTE 全球发展倡议组织认证芯片及模组。

三是与全球产业共同打造 5G 跨行业融合新生态。在 TD–LTE 全球发展倡议组织 1.0 通信产业链合作伙伴基础上，TD–LTE 全球发展倡议组织 2.0 进一步成功拓展物联网及 5G 跨行业合作伙伴及传统 FDD 运营商，扩大朋友圈，打造全新的 5G 跨行业融合生态，联合各行各业合作伙伴，先后拓展了“5G 云化机器人”“5G 云办公”等 5G 创新应用和业务。

当前 5G 已成为大国争夺科技发展高地的主战场之一，全球产业竞争愈演愈烈。顺应新技术交织融合的时代发展大潮，TD–LTE 全球发展倡议组织将聚焦“5G+”，促进 5G 端到端产业成熟及商用，构建国际化“5G+”创新融通生态，推动“5G+”全球协同发展。

一是加速 5G 中频段端到端产业成熟，加速 5G SA 成熟与落地。推动国际产业尽快推出同时支持 NSA、SA 的低成本多模、多频、多形态 5G 终端，支撑 5G 新业务发展。依托 TD–LTE 全球发展倡议组织“5G 通用模组产业合作计划”联合国际运营商明确服务垂直行业的 5G 通用模组需求，推动行业终端聚类，形成规模效应，不断降低成本。

二是促进5G与人工智能、物联网、云计算、大数据、边缘计算等新信息技术紧密融合，融合赋能产业新发展。成立“5G+AICDE”技术工作研究组，联合产业共同推进5G与AICDE新技术融合发展，创造融合新能力，实现网络定制化、能力开放化、数据价值化、服务智能化，成为激发更多更丰富的创新应用蓬勃发展的新引擎、新动能。

三是开展“5G+”应用创新，探索新商业模式。进一步发挥TD–LTE全球发展倡议组织平台的影响力，为垂直领域提供5G端到端解决方案，打造5G跨行业创新应用最佳实践。同时，积极推进5G终端测试认证工作，为产业提供全面可靠的产品质量评估。开展国际5G应用创新成果分享，同时学习其他运营商的5G创新应用经验。与合作伙伴共同探索5G时代的新商业模式，共赢万物智联新时代。

四是拓展5G跨行业合作伙伴，聚拢优质国际产业资源，构建“5G+”跨行业融合创新全球生态。持续扩大成员范围，拓展更多5G领先运营商和跨行业合作伙伴，与国际电信联盟、全球移动通信系统协会、5G汽车联盟等组织进一步开展深度合作。不断加深国际产业交流合作，构建国际化“5G+”融通创新生态。

此外，TD–LTE全球发展倡议组织将进一步助力中国5G通信产业走进“一带一路”。依托推动TD–LTE走进“一带一路”的成功经验和渠道，助力中国通信终端、系统等企业拓展5G国际市场，带动中国通信制造产能出口，打造“一带一路”信息高速路，实现5G互利共赢、共同发展。

下一代移动网络国际组织

2006年国际主流移动运营商发起成立下一代移动网络国际组织（NGMN），其目的是建立一个开放的产业发展平台，以运营商的业务需求为导向，推动下一代移动网络、业务平台和终端的功能性能的发展，从而满足用户的需求和期望。早期，下一代移动网络国际组织聚焦于提升运营商提供无线宽带业务的能力。近年来随着5G的发展，下一代移动网络国际组织也将关注的范围扩展到5G和垂直行业应用等领域。

下一代移动网络国际组织由运营商会员、产业合作伙伴和学术顾问组成。截至2019年6月，下一代移动网络国际组织共有包括美国电话电报公司、德国电信、法国电信、韩国电信运营商SKT、日本电信运营商NTT DoCoMo、英国电信和中国移动在内的运营商会员28个。下一代移动网络国际组织运营商会员在全球运营200多张移动网络，为超过60%的各国移动用户提供服务。下一代移动网络国际组织的产业合作伙伴既有国外的爱立信、诺基亚、高通、英特尔、思科、罗德与施瓦茨，也有中国的华为、中兴、大唐电信、联想等行业巨头，涵盖无线通信产业链从芯片到终端、网络测试仪器和网络设备的端到端技术、产品与解决方案。下一代移动网络国际组织通过学术顾问提出移动通信技术的中长期发展方向，运营商在对市场和客户理解的基础上提出需求，与产业合作伙伴推动通信技术的发展。

早在2015年下一代移动网络国际组织就发表了业界第一本5G白皮书，以运营商的视角全面阐述5G愿景和端到端的运营商需求，提出5G以新的用例、可持续的商业模式为用户创造价值。5G白皮书发表以来，下一代移动网络国际组织主要从三个方面推动5G和产业发展。一是向标准化组织和产业提需求和建议，重点关注的技术领域包括5G需求以及解决方案、端到端体系结构、基于服务的架构等。二是提供测试实验成果评估推动5G产业成熟。三是通过研究频谱政策、建立知识产权论坛、研究垂直行业uRLLC用例、需求及技术与解决方案等，促进产业生态系统发展与互动。

自下一代移动网络国际组织成立以来，中国移动积极参与和推动下一代移动网络国际组织各项工作，已经成为下一代移动网络国际组织中最具影响力的运营商之一。在下一代移动网络国际组织推进5G的标准化和产业化进程中，中国移动牵头服务化架构、车联网、系统验证、垂直行业uRLLC需求和安全等项目，以下一代移动网络国际组织为平台积极推动5G产业链的协同发展。

5G汽车联盟

5G汽车联盟发起背景及目标

5G汽车联盟（5GAA）成立于2016年9月，是一个由汽车、技术和电信行业组成的全球跨行业组织，致力于研发、试验和推动智能网联汽车、智慧交通等万物互联所需的通信解决方案和应用，包括相关的标准化推进、商业机会挖掘，以及全球市场的拓展，为未来的出行和运输服务开发端到端解决方案。

5G汽车联盟成员情况

5G汽车联盟发起方包括奥迪、宝马和戴姆勒以及5家电信通信公司——爱立信、华为、英特尔、诺基亚、高通。自成立以来，5G汽车联盟遵循全球化路线并将联盟成员迅速扩张到汽车、技术和电信行业领域。目前，已有超过110家公司加入5G汽车联盟，其中包括汽车制造商、汽车设备供应商、芯片及通信系统供应商、通信运营商和基础设施供应商等智能网联汽车生态圈各方面成员。

- 整车厂商：奥迪、宝马、戴姆勒、上汽、福特、捷豹路虎、北汽、吉利等。
- 汽车设备供应商：博世、大陆、电装等。

- 通信运营商：沃达丰、中国移动、NTT DoCoMo、美国电话电报公司、KDDI、KT、LG、SKT、软银、西班牙电信、德电、中国联通等。
- 通信网络设备商：爱立信、华为、诺基亚、大唐等。
- 通信芯片及终端商：高通、英特尔、三星、英飞凌、松下等。
- 通信测试仪表商：是德科技、罗德与施瓦茨公司等。

5G 汽车联盟主要目标

一是确保V2X(车联网)网络的后项兼容性。二是建立V2X基础通信，保障车辆基础安全。三是增强车联网的通信范围与可靠性，同时增强车辆的安全性。四是聚焦更大的吞吐量、更强的可靠性，更宽的通信范围、高精度定位以及更低的时延，为车联网提供更强的安全能力。

愿景与任务

5G 汽车联盟正在构建移动互联的未来。根据世界卫生组织的数据，2013 年全球约有 125 万人死于道路交通事故，另有 2 000 万 ~5 000 万人因交通事故受伤或致残。合作智能交通系统（C–ITS）通过共享信息，能让交通更安全、更环保、体验更愉快，因此合作智能交通系统成为加强道路交通安全的首要选择。合作智能交通系统的关键实现技术是无线通信，包括车与车通信、车与路侧基础设施通信、车与网和车与人通信。这些无线连接统称为 V2X 通信。5G 汽车联盟坚信 5G 将是支撑合作智能交通系统和 V2X 的理想网络平台，可以赋能更安全的驾驶，并进一步支持增强的 V2X 通信和连接移动解决方案。

组织架构

5G汽车联盟工作组为5G和连接移动解决方案的未来应用开发框架、实用方面、所需标准和业务用例。5G汽车联盟下设有5个工作小组。

应用案例与技术需求

定义应用案例的端到端视图，并为连接移动解决方案的认证（例如通信体系结构、无线电协议、无线电参数、频谱和载波聚合组合）推导技术需求和性能指标。确保V2X和其他技术的互操作性。

系统架构与解决方案发展

定义、开发和推荐系统架构和可互操作的端到端解决方案，以处理感兴趣的用例和服务。检查现有的解决方案，包括无线空口技术、无线网络部署模型、无线接入网络及云网络、连通性及设备管理或安全、隐私及认证等。

评估，测试床和试验

通过测试床，评估和验证端到端解决方案。通过试点和大规模试验，结合市场策略选择用例，促进商业化和标准化。

标准与频谱

类似于“行业规范小组”，为ETSI、3GPP和其他标准开发组织提供建议、贡献和职位。就ITS、eMBB及无牌照频段的V2X频段使用达成协议。代表5G汽车联盟与其他行业组织面对面交流。

业务模型与切入市场战略

就业务模型的标准达成一致。确定相关的组织和公司，并对它们进行优先排序。就如何以最佳方式实现目标连接移动解决方案的全球认证方案达成一致。

5G 汽车联盟 C–V2X 商用计划

5G 汽车联盟发布 C–V2X 商用时间表，2018 年商用芯片上市，计划 2021 年前在全球商用部署。

2017 年 6 月，5G 汽车联盟根据 3GPP R14 标准完成了 C–V2X 的标准化。在 2018 年，多家厂商生产的 C–V2X 商用芯片（基于 R14 版本）已经上市使用。5G 汽车联盟计划于 2021 年前在美国、欧洲、亚洲等多个地区已开展 C–V2X 试验，加快 5G C–V2X 的进展速度，做好全球范围内的商用部署。其中，已经在美国密歇根州进行 V2V（车对车通信）和 C–V2X 的无线性能测试；在欧洲的德国、英国、法国、西班牙等多国进行多项测试，在德国与多个合作伙伴进行多达 6 项的试验；在亚洲的中国和韩国进行多项测试，包括在乌镇的 Car2X 测试和 ICV 测试。

5G 汽车联盟发布六大新战略

- 新空口：基于 5G 新空口加速 5G–V2X 定义的确认。
- 推动 V2N：加快基于 V2N 的应用功能的发布。
- 构建联合生态：建立一个联合生态系统（车—手机—家庭）。
- 车与智能设备互动：基于 V2X 的车辆界面，便于智能手机控制功能。
- 移动边缘计算：移动边缘计算将成为未来车联网的关键元素。
- 互操作性：确保不同 OEM 车之间，运营商网络之间能够互相“说话”。

5G 网联工业与自动化联盟

工业 4.0 的目标是大幅改善生产系统的灵活性、多样性、可用性，提高其效率，实现智能工厂的愿景。它把工业物联网与相关业务结合起来，实现价值链各个方面的合纵连横。连接在工业 4.0 中扮演着一个关键的角色。无线通信特别是 5G 是实现制造业的灵活性的一个非常重要的手段。

为了确保发展制定中的 5G 标准和技术能最好地满足网联工业，特别是制造业和过程工业的需求，OT 产业链的巨头如阿西布朗勃法瑞、奥迪、西门子、博世与 ICT 产业的领导者爱立信、华为、诺基亚、德国电信等走到一起，于 2018 年宣布成立 5G 网联工业与自动化联盟（5G-ACIA）。短短一年时间，5G 网联工业与自动化联盟的会员就已经达到 50 家，涵盖了欧洲和东北亚地区 ICT 和 OT 生态系统各领域的芯片和设备厂商、网络运营商以及研究机构。

5G 网联工业与自动化联盟的目标是在 5G 标准和产业政策的制定过程中，促进 OT 行业的需求被充分考虑吸收；同时帮助 OT 行业加深对 5G 的理解，提高 OT 行业的 5G 应用能力，探索 5G 在网联工业与自动化中应用的商业模式，推动 ICT 和 OT 技术概念的整合，协调 5G 在 OT 的演进路线。5G 网联工业与自动化联盟不是 5G 标准制定组织，但是通过向 5G 标准化组织提交文稿、为政策制定机构提供咨询的方式和发布白皮书的方式，对 5G 标准和技术的发展、5G 行业政策的制定以及 5G 在 OT 行业的应用产生深远影响。

Linux 基金会

5G 时代是 ICT 大融合的时代。伴随着 5G 时代的到来，网络运营商也逐渐认识到了传统信息技术领域开源开发的重要价值，纷纷拥抱开源，从广阔的开源土壤中汲取自身转型创新的能量。而 Linux 基金会作为有史以来规模和影响力最大的开源基金会组织，也成为运营商拥抱开源、汲取养分的主要社区。Linux 基金会网络战略副总裁马克·科恩先生曾这样描述："5G不仅仅是对移动服务进行重新定义，而且还将迎来一个以开放技术促进电信行业转型变革的时代。"

自2000年成立以来，Linux基金会目前已有超过1 000家会员，164个开源项目，每年组织超过40次国际开源峰会，超过35 000人参会。其中与运营商网络转型和5G创新息息相关的多个开源项目，包括LFN、CNCF、LF Edge等均为Linux基金会下属项目。

在网络开源方面，Linux基金会自2012年发布全球首个大规模开源网络平台OpenDaylight，开启了SDN/NFV开源的先河。之后ONOS、OPNFV纷纷涌现。其中OPNFV被称为"第一个由运营商驱动的开源组织"，由中国移动、美国电话电报公司、法国电信等多个运营商联合发起，共同推进NFV参考平台的开源实现。至2017年年初，开源NFV协同编排器平台ONAP发布，成为Linux基金会面向5G的"颇具突破性、开创性"的重要里程碑。ONAP整合了由中国移动在Linux基金会发起的Open–O项目和美国电话电报公司开源的ECOMP项目，大幅整合了碎片化的开源编排器社区。在2017年2月ONAP成立之初，其初创成员单位里的移动通信基础网络运营商，加起来覆盖全球40%的移动通信用户，同时也包含全球几乎所有顶级的解决方案提供商，成为下一代网络编排器的主要开源社区。2018年1月，Linux基金会整合其下多个NFV/SDN相关项目，包括ONAP、OPNFV、ODL、FD.io，成立LFN，成为Linux基金会下网络开源"伞项目"，从而凝聚更大的合力推进网络领域开源开放。

在容器化和云原生方面，2015年7月，CNCF成立。截至目前，CNCF已拥有53 653个开发者，已有Kubernetes、Prometheus等6个项目孵化成熟，83个认证的K8S平台，成为云原生最大的开源社区和云原生技术推动的主要力量。

随着5G时代的到来，边缘计算成为5G网络转型的重要应用场景。2019年1月，Linux基金会宣布成立LF Edge"伞项目"，覆盖Akraino、

Edge Foundary、Home Edge 等 5 个开源边缘计算项目，从一定程度上为碎片化的边缘计算领域带来统一。LF Edge 的市场涵盖了复杂环境中的工业、企业和消费者用例，这些用例跨越了多个领域，创始会员达到 60 多家，成为当前最主要的边缘计算相关开源创新社区。

此外，Linux 基金会还在人工智能、区块链、Devops 等多个新兴技术领域发力，先后成立了 Acumos、LF DeepLearning、Hyperledger、CDF 等多个开源项目，其中 LF DeepLearning、Hyperledger、CDF 均为覆盖多个相关开源组织的“伞项目”，对开源开发资源整合、社区融合互通有极大的促进作用。

中国移动一直积极贡献开源，在 5G 新时期通过开源开放的方式推动新技术的快速孵化、快速成熟和形成事实标准。中国移动牵头推动成立了 ONAP 社区、ORAN 社区、OPNFV 社区等，成为运营商贡献开源、拥抱开源的先驱。截至 2019 年，中国移动已有上百人次参加开源会议，数十人担任开源社区职务。与此同时，中国移动也在开源的土壤中汲取养分，推进自身网络转型步伐，通过 ONAP、OPNFV 等社区，加速下一代网络统一基础设施和编排器的开发。

第十五章　各行各业在行动

随着5G的成熟，许多行业的领军企业已经率先行动起来，将“5G+”硬核能力新技术与自身行业的应用融合在一起，主动跨界创新，探索新应用、新模式、新机遇。2016年2月在巴塞罗那世界通信展期间，中国移动宣布成立5G联合创新中心，截至目前已经汇聚500多个产业合作伙伴，垂直行业合作伙伴超过400家。相关行业和企业均希望借助5G浪潮，推动资源配置、产品结构、生产效益，运营模式等的转变，加速数字化转型，实现新旧动能转换，助力高质量发展。

腾讯——5G将成为促进消费互联网和产业互联网发展的新动能

腾讯云副总裁　邹贤能

过去20多年，互联网在中国从无到有，迅速壮大，已经成为数万亿元规模的重要产业。互联网与科技公司在全球化浪潮中得到了快速发展，推动着数字技术在全球的应用与普及，培育了多家市值千亿甚至万亿美元的公司。目前，全球市值最高的 10 家科技公司中，中国公司已经占据两席，移动互联网普及率远远超过欧美国家，移动支付交易额更是欧美的 10 倍以上。

腾讯扎根消费互联网 20 年，业务场景覆盖即时通信、社交、内容、视频、游戏等各个领域，构建了完善的前、中、后台技术。2018 年 9 月，腾讯进行了第三次架构调整和战略升级，一方面扎根消费互联网，另一方面整合了云、位置服务、安全、大数据等基础能力，深耕医疗、出行、教育、零售、政务等垂直行业，全面拥抱产业互联网。

随着 5G 时代的到来，以及产业变化的新形势，5G 将成为促进消费互联网和产业互联网发展的新动能。腾讯也正积极推进 5G 应用和网络的融合发展，推动 5G 相关领域的技术开源与合作。

消费互联网的新形态

消费互联网主要面向个人提供服务，随着5G时代的到来，一个新的内容创作高峰期即将到来，业务出现了新的形态，例如云游戏、VR/AR、4K/8K 超高清视频等，逐步向业务云化的趋势发展。

5G 超大带宽、超低时延、高可靠特性将进一步使能云服务的发展，有效解决上述应用场景的痛点问题。5G 边缘计算作为 5G 网络重构的关键技术之一，可将具有高带宽、低时延、本地化需求的业务下沉到网络边缘，为业务和服务创新提供了无限的可能，从几个被关注应用场景可以看出 5G 带来的变革。

云游戏

目前大型游戏往往需要配备游戏电脑、顶级显卡，游戏安装包大小通常是 2GB 甚至更大，游戏试玩难，宣传推广形式有限。在网络传输方面,4G 网络的宽带和时延可满足当前游戏基本体验，但无法满足超高清、超高质量游戏的需求，影响高质量游戏的用户体验。在端侧设备方面，往往需要配备游戏电脑、顶级显卡才能支持高质量游戏的显示处理，装备成本高，玩家进入门槛高。5G 可实现百兆甚至更高的用户速率以及 10 毫秒以内的网络时延，利于实现游戏的“云化”。云游戏将视频渲染放在云端，用户在普通手机或电脑上即可实现在线即玩云游戏，大大提高玩家的便利性，降低玩家进入门槛。

VR/AR

尽管 VR/AR 一度成为行业热点，但现有 VR/AR 设备要求高、移动网络无法满足 VR/AR 图像传输和处理需求，使其发展受限。5G 将有望打破 VR/AR 技术壁垒，云 VR/AR 将传统的 VR/AR 系统中最为复杂的图像生成从终端侧迁移到云端，通过 5G 网络实时将云端渲染后的图像传给用户，降低对终端侧设备的要求，使头戴显示设备更加轻薄，带来更好的用户体验。目前，“5G+VR/AR”已经在游戏、全景直播、远程教育等方面展现出强大的活力，将重新激发 VR/AR 生机。

超高清视频直播

超高清视频作为 5G 初期大带宽业务的典型应用，有着广泛的应用空间及极高的市场价值，部分国家已经开始行动。日本 2020 年东京奥运会和北京 2022 年冬奥会都宣布将采用 8K 直播。中央电视台在 2018 年年底开通首个 4K 超高清频道，并利用 5G 对央视春晚进行了超高清视频直播。5G 将进一步提升视频业务的画质及流畅度体验，并解决难以随时随地进行高清直播的问题，5G 时代将迎来 4K/8K 超高清视频和直播业务的爆发。

互联网的下半场——产业互联网

消费互联网和产业互联网并非泾渭分明、非此即彼，两者不仅是并列关系，而且是递进关系——互联网正由消费互联网时代迈向产业互联网阶段，并渐呈融合之势，很多企业同时提供 2B 和 2C 的服务，它们往往根据服务对象的不同来划分业务类型。产业互联网发展进程呈现出三大特征。

- 市场增长从人口红利驱动，转向创新驱动。
- 营销模式从流量驱动，转向口碑驱动。
- 新兴技术从概念走向落地。

5G、云计算、大数据、人工智能等技术不断成熟，越来越多的企业开始利用技术提升竞争力，有些企业用来提升消费端的服务体验，有些企业用来实现生产与经营的降本增效。

5G与云计算、大数据、人工智能、物联网等技术的深度融合，将推进5G向各行业的扩散和渗透，孕育出新型的产品和服务。5G与医疗、工业、政务、零售、教育、农业等行业的融合渗透，将改变人类信息社会的生产和生活方式，带来远程医疗、智能制造、车联网等创新应用。

远程与智慧医疗

5G与医疗结合，将改变传统的医疗方式和服务模式。5G技术的应用，使远程诊断成为可能，促进医疗技术和资源的下沉，助力完善分级诊疗制度和健康扶贫等工作。以5G急救车为基础的应急救援系统，将打破急救的常规模式，结合VR/AR、大数据等技术，打造全方位医疗急救体系。借助5G和人工智能、大数据等技术，构建全国性的医学影像和病历数据库，实现疾病的快速诊断和筛查，建立全国新发、重大传染疾病数据，实现实时和动态监测全国疫情与预警。

智能制造

在智能制造方面,5G在工业数据采集和控制场景中将得到广泛应用。在生产操作过程中，可以通过5G网络来实现精准控制，确保工业设备的准确操作。例如恶劣环境下的机器作业，可以通过5G网络实时回传现场画面，操作人员在远程进行操控。

自动驾驶与车联网

自动驾驶技术的快速发展，推动车联网进入新阶段。5G与自动驾驶相结合，实现车与人、车与车、车与基础设施的连接和通信，形成“人—车—路—云”协同的智慧车联场景。车联网差之毫厘，失之千里，这对网络的可靠性、低时延提出了极高的要求，而5G具备大带宽、低时延、高可靠的特性，结合人工智能、大数据等技术，正在让车联网与自动驾驶逐步成为现实。

腾讯积极推进5G应用和网络的融合发展

据思科可视化网络指数分析预测，2017—2022年，尖峰时段的网络流量将增长近5倍，复合年均增长率37%，2022年流量会达到7.2PB；2022年移动互联网流量大约占全球IP流量的20%。这将给全球网络带宽、网络架构、IDC及业务的服务能力带来较大挑战。

为了满足云游戏、VR/AR、医疗、工业等应用的创新发展，5G借助边缘计算技术将为个人用户和行业用户提供新的网络边缘的“云”服务和计算环境，又可借助网络切片等技术为边缘“云”业务提供低时延、大带宽的网络体验保障。5G时代将形成中心结合大量边缘节点高效协同的分布式计算平台。据IDC统计数据预测，到2020年将有超过50%的数据需要在网络边缘侧分析、处理与存储。同时，在相同物理机房内提供电信设备和互联网及行业应用的移动边缘计算技术将促进网络与业务的深度融合，更加需要运营商、设备商、行业和业务伙伴深度协同与合作。

腾讯在技术、产品、开源方面积极推动5G应用与网络的融合发展。在技术和产品方面，腾讯提出智能边缘计算网络平台TSEC（见图15–1），连接移动用户、运营商5G网络和应用，为高价值用户和业务提供可自定义的、高质量的、差异化的边缘计算网络层 PaaS 服务，实现应用在云、边、端的友好协同。具体包括：

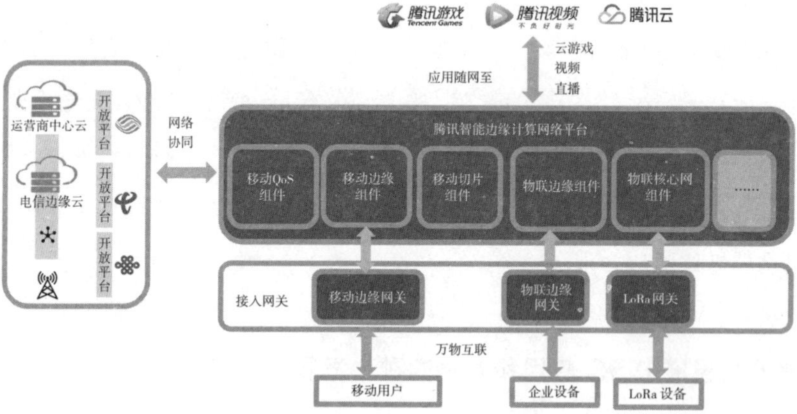

图 15–1　腾讯智能边缘计算网络平台 TSEC

移动切片组件和移动边缘网关：实现业务在云、边的智能分流和调度，5G 网络状态和事件的监控与订阅，MEC 带宽管理等；同时参与业务的深度定制和优化，确保业务在边缘计算中的可用性和连续性。

移动 QoS 组件：实现高价值用户和业务在网络拥塞环境下的带宽和时延保障，确保其在移动网络的高质量体验。

移动切片组件：实现高价值用户和业务专网的构建，保障其稳定、可靠、持续的移动网络体验。

此外，腾讯智能边缘计算网络平台 TSEC 还支持 IoT Kit（物联网组件）、IoT Edge Kit/GW（物联边缘组件 / 网关）、IoT Core/LoRa GW（物联核心网 /LoRa 网关）服务，打造面向现场用户侧与物联边缘计算的云端控制、边缘网关与物联网络连接能力。

在边缘计算网络与业务协同方面，腾讯 TSEC 提供 5G 边缘计算 / 切片组件服务，构建 5G 网络与业务的桥梁，实现边缘业务使能与高效部署，并实现支撑创新业务和行业应用（见图 15–2）。在边缘业务运营过程中，TSEC 的切片 /QoS 组件服务提供业务切片及差异化 QoS 能力，为业务提供可靠的网络质量保障，同时也为不同质量等级的业务形式提供了可能。

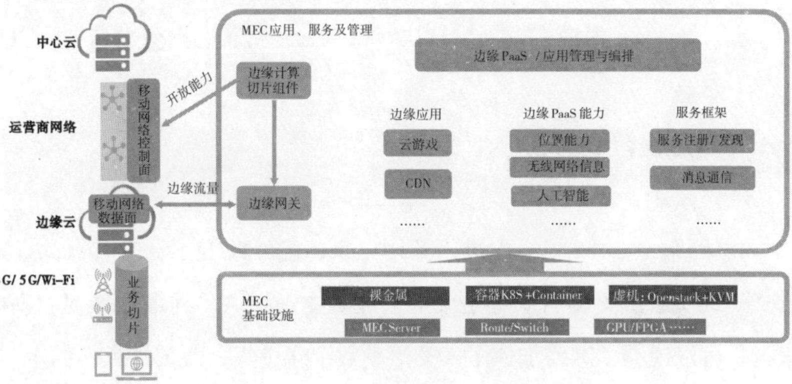

图 15-2　腾讯边缘计算网络与应用协同的技术架构

在开源方面，腾讯积极推进边缘计算技术、切片技术的开源和合作，打造开放生态。腾讯与合作伙伴在 Linux 基金会共同发起成立 Linux 基金会 Edge 项目，并担任董事会董事，下设 EdgeX Foundry、Akraino Edge Stack、Home Edge、EVE 等多个项目。为了更好地推进 5G 在云游戏、高清视频、直播等业务的落地应用，腾讯在 Akraino Edge Stack 项目中提交面向云游戏、高清视频和直播业务的 5G MEC/ 切片蓝图，推进腾讯 TSEC 在 5G 边缘计算和切片技术领域的开源与开放。

展望

5G 将在各行业的数字化转型与业务创新方面发挥巨大作用。在 5G 与行业的融合变革中，云、边、端计算的协同技术、网络与应用融合技术、业务架构优化设计、面向场景的多样化合作模式等方面仍需产业链伙伴的协同探索。腾讯愿与中国移动等运营商、设备商、行业伙伴深度合作，在技术、平台、开源开放生态等方面持续努力，助力消费互联网和产业互联网的创新发展。

浦发银行——“5G+”金融，创赢万物智联时代

上海浦东发展银行执行董事、副行长、财务总监　潘卫东

5G 开启万物智联时代

4G 网络自 2015 年全面进入商用以来，已经改变了社会大众的娱乐方式、社交方式，银行服务主渠道已经从物理网点、网银迁移到了手机银行。可以说,4G 网络加速了人类活动数字化进程，改变了人们的生活。

5G 支持高带宽、低时延、广连接，支持千亿级的泛在接入，将打造一个全移动、全连接的社会。未来，在 5G 的推动下，物联网将成为互联网发展的主力，将整个物理世界数字化，道路、汽车、家电、动物……都可以连接到数字世界。再融合人工智能技术，实现物与物、人与物的智能交互，从而进一步释放物联网发展动能。5G 将引领我们开启“万物智联”新时代。

5G 的商用将给社会发展带来能级提升。首先，泛在连接激发巨大的网络效应。5G 推动物联网快速发展，真正实现“泛在接入”，如同梅特卡夫定律描绘的，当越来越多的人、事物和数据联系起来时，互联网的力量会呈指数级增长。其次，推动各行业实现智能化升级。在“智能 +”战略的引领下，物联网传感器好比神经元，通过 5G，我们可以大量获取“神经元”收集的丰富数据。运用大数据和机器学习技术，使企业具备智慧的“大脑”，实时的“感知—分析—决策—响应”，实现各行业数字化、智能化升级。最后，智能互联将催生新的业务模式、新的产业。除了智能家居、智慧城市，更多基于 5G 广覆盖、低延时、高安全特性的工业智能化、智慧医疗、自动驾驶等新产业将应运而生。我们需要摆脱传统业务领域的束缚，用创新的理念去思考未来的业务模式。

万物智联创新金融业态

浦发银行正在推进数字生态银行的建设，我们认为未来开放银行是发展新模式，以客户为中心的银行即服务（BaaS）是发展趋势。银行服务将不再限于传统的储蓄、支付和信贷功能，也不再限于银行的物理网点、网银或App渠道，而是嵌入人们的生产生活场景中，与各行业融合，实现"N+金融"的场景金融再造，使金融服务触点无界、服务无限。

5G在金融行业的应用，将产生一系列的"化学反应"，进一步激发金融行业与生俱来的平台属性，催化金融行业与其他各行业深度融合创新。这将助推开放银行的建设进程，甚至为金融业态带来颠覆式的创新。

创新服务体验

5G的发展将推动智慧城市、智能家居、智慧医疗、无人驾驶等新领域发展，其中蕴含着新的金融服务场景和需求。围绕以客户为中心的服务理念，银行必须创新金融服务、焕新用户体验。

基于5G的能力，我们可以更顺畅地将远程客服、智能语音交互运用到手机、智能家居设备、智能汽车等各类终端上，客户可以通过任何智能终端获得贴身的专业银行服务。有效整合线上线下渠道，重构服务流程，构建新型OMO（线上与线下融合）模式；还可以借助VR/AR等沉浸式技术提供新型场景化、个性化服务体验，创新银行与客户的交互模式。

重构嵌入式风控

基于5G通信网络，大量人、物被接入互联网，并产生丰富而真实的数据，实现资金流、信息流、实体流的"三合一"。这将帮助金融机构建立智能化嵌入式的风险监控和管理体系。

银行可以利用大数据、云计算、移动互联网、物联网、人工智能等先进技术手段实现嵌入式风控，即将风险管理进一步前移，嵌入供应链或企业生产流程，动态刻画客户、业务、抵质押物等业务主体的立体风险视图和风险收益视图，结合企业经营情况数据，及时发现客户异常信号，并进行预警，为风险管理提供决策支持和服务支撑。

深化普惠金融

运用数字化手段，银行能更好地满足小微企业、三农、广泛个人客户的金融服务诉求，扩大普惠金融的深度和广度，全面践行普惠金融之路。

例如，通过5G的通信网络把服务送到千家万户，延展到任何地方，跨越时空界限。克服地域分散、信息不对称、风险可控性差、服务成本高等问题，让专业的金融服务变得更平等、更平常。基于5G和物联网融入企业生产经营一线，输出银行的市场预测、数据分析和财务管理能力，使能、赋能小微企业提升经营管理能力。

打造智能物银行

展望未来，智能物将成为社会的一员，并成为银行的客户。随着人工智能技术的发展，智能化楼宇、送货无人机、自动停车场等都会具备与人类客户、其他智能物交互和协作的能力，甚至向金融机构发起支付、结算、投资等多样化服务请求。

智能物将会挑战银行的传统业务模式和经营理念，我们需要重新定义智能物的金融属性，并重构服务体系。基于智能物的自然、社会实体特征，重新构想和设计“智能物客户”的服务模式、交互界面、安全认证方式、交易流程、合规风控管理等。

可以说，“万物智联”给我们各行业带来一个新的课题，也蕴含着巨大的创新空间。

拓展无界生态圈

在以供给侧结构性改革为主线，推动实体经济和数字经济融合发展的时代背景下，5G 为金融行业创设了一个面向垂直行业、跨界合作的全新生态环境。

“万物智联”必将加速传统制造业企业的数字化进程，数据将成为工业互联网的核心资产。银行可以根据企业采集的动态生产经营数据，建立企业数字孪生模型，将其应用于企业资产质量评级、资信评级、数据资产评估、保险信用评级等。金融机构的服务将不再限于简单提供贷款或交易结算，而是全面融入企业生产过程、流通过程和管理过程，全面支持实体经济发展。

5G+ 金融前沿探索与实践

2018 年 6 月 27 日，浦发银行和中国移动在上海成立了 5G 金融联合创新实验室，共同开启了 5G 在金融场景中的创新探索之旅。在 5G 应用规范和业务创新实践中，双方携手挑战技术新领域、创造服务新模式、探索“5G+”金融新业态。

发布银行应用白皮书，奠定技术基础

实验室成立伊始，浦发银行和中国移动通信研究院共同开展了 5G 与银行业务场景结合的研究工作，共同探索银行业的创新业务模式和服务形式，对于业务分类和技术指标进行了深入的分析。

在业务场景的分类方面，根据银行业服务对象特征、服务交互内容、业务安全等级等维度，结合 5G 的高带宽、低时延、广接入等技术，业务场景被划分为客户交互类场景、智能物交互类场景、资产管理类场景、影音采集类场景。针对不同类型的场景，双方制定了带宽、通信时延、可靠性、隔离性以及连接数量等标准要求。其中，基于 4K 高清摄像头的智能机具交互场景、全息投影交互场景、虚拟银行场景和影音采集类场景都是基于 5G 网络下的新服务模式。

对金融行业而言，网络安全至关重要。双方共同研究形成了覆盖客户终端到空口、运营商通信网、网络边界、银行数据中心的端到端全链路安全防护体系，运用了双向认证、加密与完整性保护、网络切片隔离等技术，确保了网络数据传输达到金融级安全要求。相较于以往的移动通信技术，5G 更好地满足了金融服务的安全性和灵活性需求，提供了有效的通信保障。

2018 年 12 月 8 日，在广州举办的 2018 年（第六届）中国移动全球合作伙伴大会上，浦发银行和中国移动联合发布了深度合作的首个重要成果——《5G 助力银行业应用白皮书》。这不仅是浦发银行推动 5G 应用的一个关键里程碑，而且是业内首次将 5G 与金融创新结合的里程碑。对整体行业而言，《5G 助力银行业应用白皮书》为银行业应用 5G 提供了指引和技术参照标注，拓展了业务场景。同时，它也是 5G 产业生态中的重要一环，通过“5G+ 金融”的融合创新，为交通运输、工业制造、医疗保健等垂直行业的数字化、智能化升级提供了金融服务解决方案。

打造“5G+”智慧网点，引领行业首创

在深入的业务场景构想与技术研究的基础上，2019 年 5 月 17 日（世界电信日），浦发银行联合中国移动在上海张江推出业内首个“5G+”智慧银行网点，并完成 5G 网络环境下首笔银行卡开卡业务。该网点展示了在 5G 网络、生物认证、混合现实等技术支持下，银行服务正在逐步实现的远程云化服务、智能交互、沉浸式体验、无介质交易等新模式。

“5G+”智慧网点的服务形态、范围、效率大幅提升。在浦发银行“5G+”智慧网点内，基于纯 5G 无线方式接入的智能设备能够通过 4K 高清远程视频服务，为客户提供电子银行签约、用户信息修改、卡激活、解挂失、密码重置等多项业务。未来，“5G+”智慧网点还将会越来越多地发挥云端服务能力，所有的业务、服务、数据都运行在云端，并以效率更高、资源池更有弹性的云服务方式提供。

通过全息成像和混合现实技术，打造沉浸式体验空间。当遇到过于复杂、专业度很高的需求时，客户可以远程连接云服务中的投资理财专家，专家将以全息投影的方式，栩栩如生地展现在客户面前，提供“面对面”的咨询服务。未来，该服务更可灵活支持多人接入模式，例如家庭投资理财场景下，处于不同城市的家庭成员可以同时接通，通过虚拟现实的方式与银行人员沟通交流。

5G+ 人工智能，打造“无感有情”的无介质、智能化网点。“5G+”智慧网点，将 5G 与生物认证、边缘计算等技术相结合，探索替代基于银行卡的传统的客户认证方式，并实时对接后台智能化营销服务引擎。当客户走进“5G+”智慧网点，网点就能在客户无感的情况下捕捉到人像特征，并与自有系统相检索匹配，将客户到店信息推送到厅堂服务人员的手持平板电脑上，后台智能引擎同时会基于数据分析推送该客户潜在需求。厅堂服务人员即可根据推送信息，为客户规划好适合的网点服务旅程和内容，为用户提供更加量身定制和精准化的服务。

展望未来

回首 4G 刚发布的时候，当时我们只认识到 4G 提高了网速，并没有想到它带给我们的是移动支付、网购、全民直播、网上打车等全新的生活方式和颠覆性的商业模式。如今 5G 结合“AICDE”技术，将一个“信息随心至，网络触手及”的全新智能社会呈现在我们面前，它给各个行业带来了巨大的创新空间，可以说未来限制我们的只有我们的想象力。

5G 将推动各个行业的数字化、智能化转型，更为金融服务创新、跨行业共建生态提供广阔空间。这必然会促进社会整体经济能级提升、高质量发展。在万物智联的变革浪潮中，浦发银行将积极探索与更多政府机构、行业平台进行融合创新，共建生态，创赢美好未来。

上汽——“5G+”汽车，重新定义驾驶

上汽集团前瞻技术研究部总经理　张程

汽车行业是国民经济的支柱

自 1886 年第一台汽车诞生至今，汽车行业已经历 133 年的发展。汽车技术的不断革新和汽车工业的不断发展，大大改变了人类生活。汽车工业作为国民经济的支柱产业，具有极强的连锁影响力，能对上下游企业产生深刻而广泛的影响。统计数据表明，汽车上下游产业多达 150 多个，涵盖钢铁、金属、化工、机械、纺织、能源、交通运输、金融等。

众所周知，改革开放 40 年来，中国汽车工业取得了巨大的发展成就，特别是 2001 年中国加入世界贸易组织以来汽车开始进入家庭。从 2009 年起中国成为世界第一大汽车产销国，这一地位一直保持至今。

2017 年，中国汽车产销规模已经超过 2 900 万辆（见图 15–3），占

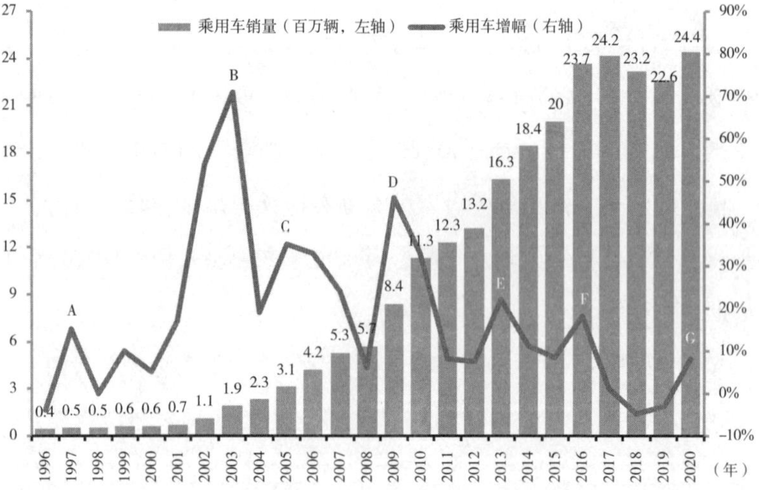

图 15–3　中国乘用车销量表

数据来源：中国汽车工业协会，泰博英思

世界汽车产销量的30%左右，汽车产业总产值超过9万亿元，税收占到全国税收总额的10%，汽车产品零售总额占全国商品零售总额的10%以上，汽车产业直接和间接带动就业人数占全国就业人数的12%以上，所以汽车工业当之无愧地成为中国经济的重要支柱产业。

中国汽车工业在成为支柱产业的同时，市场、科技、用户也在发生深刻变化，这些变化带来了新的挑战和机遇，也给中国汽车工业赋予了新的内涵和生命。

困难是暂时的，未来依然光明

过去的2018年，对汽车人而言是忐忑的一年。从1996开始，市场经历了21年的快速扩张，2018年，中国汽车市场一改以往的上升态势，同比下滑2.76%。这是自1990年以来中国汽车市场首次出现销量负增长。当前短期的波动主要是受国际国内环境和宏观政策调整的影响，但是我们对未来中国汽车市场仍然满怀信心。据中国汽车工业协会预测，2020年中国汽车市场在经历两年多的调整后将重拾升势。通过与美国、日本等发达国家的成熟市场比较，我们发现2018年中国的汽车千人保有量为172辆，而同期美国、加拿大的保有量为793辆，日本为613辆，因此在这一方面中国与其他国家之间仍然有较大的差距。中国汽车市场持续向上的基本逻辑没有变化，根据中国汽车工业协会的预测，到2030年中国汽车千人保有量将达到265辆左右（见图15–4）。市场规模依然存在很大的增长空间。

“新四化”将引领新一轮的市场增长

那么，新的机遇在哪里？新的市场需求是什么？

中国汽车市场“总量继续扩张、增速相对放缓、质量结构优化、服务体验升级”的发展特征将会日益明显。虽然今后一段时间汽车市场的销量可能波澜不惊，但是它内部的结构将会发生翻天覆地的变化，并将继续推动中国汽车工业从量到质的革命。

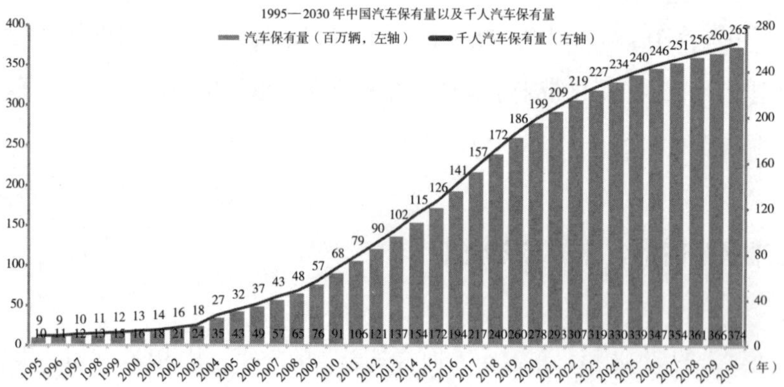

图 15-4　中国汽车保有量及千人汽车保有量

数据来源：中国汽车工业协会，泰博英思

2018 年，上汽集团率先对汽车行业提出了“电动化”“网联化”“智能化”“共享化”的“新四化”构想，目前这一构想已然成为行业共识和新的增长点。2019 年，上汽集团又结合全球化发展趋势，进一步丰富其内涵，提出“电动化”“智能网联化”“共享化”“国际化”的升级版“新四化”战略，点明了中国汽车行业的发展方向，彰显了中国汽车人的雄心和决心。

5G 为汽车而生

5G 作为通信技术的一次革命性创新，其应用范围已经不再局限于人与人之间的通信连接，而是把眼光投向了更广的物联网领域和垂直行业，旨在解决万物互联的问题和挑战。汽车行业将是 5G 最为重要的垂直行业客户，蕴含了大量的潜在应用机会和需求。5G 技术的到来将为

“新四化”注入强大动能，推动其向更深的层次、更广的维度发展。

5G 赋能电动化

汽车电动化首先是动力驱动系统的革新，传统的依赖化石燃料的动力系统被更经济、更环保的混合动力系统、纯电动系统以及燃料电池系统替代，在此过程中也产生了更多的数据、更高的监控管理需求。当前已经成为行业标配的网联控制器 T–Box 在开发之初正是为了满足国家对于新能源汽车安全监控的需求。当时其采用的还是 2G 网络，利用 GPRS 传送数据，带宽非常有限，只有每秒几千比特，上传的数据也非常有限。目前，最新版的 T–Box 普遍采用 4G 网络，上传数据峰值能够达到每秒几兆比特甚至十几兆比特。产生这些需求的原因在于电动汽车的架构本身也在不断演进，以特斯拉为例，其电池包包括 8 000 多节 18650 电池，这势必会产生更多的数据，提出更高的安全管理需求。5G 网络具有大带宽特征，峰值上行数据能够达到 100Mbps 甚至更高，能够很好地满足当前以及往后几年电动化带来的海量数据传输需求。

5G 赋能智能网联化

5G 将引爆智能座舱的数字化革命。5G 将带来汽车视频类应用的集中爆发。4G 时代的一个典型特征是视频类应用在手机端的集中爆发，包括视频直播、视频通话、短视频等，这一趋势必将向车载应用蔓延，并在 5G 的加持下集中爆发，车载摄像头将被全面激活。未来的智能座舱将是多种技术融合、多个参与主体协同的产物，云计算平台提供大数据存储和计算，5G 提供高速低延时数据传输，智能座舱成为移动办公和休闲娱乐的平台。

5G 能使汽车更安全。汽车安全技术在经历被动安全和主动安全两个创新高峰后，当前正处于网联安全创新的全新阶段。网联安全的实现离不开无线通信技术的支撑，但目前车联网使用的无线通信网络仍然主要采用 4G LTE 技术，甚至还停留在 3G 阶段。4G 技术最大的问题就是时延过长，这会导致严重的安全问题。例如在高速公路上汽车的时速达到每小时 120 千米，即约每秒 33.33 米，这意味着 1 秒的时延会产生约 33.33 米的制动距离，这一制动距离足以产生严重的安全问题。与 4G 不同，5G 具有低时延特点，空口时延小于 1 毫秒，业务层时延也能控制在 10 毫秒以内，同样是每小时 120 千米的时速，5G 下因通信时延而产生的制动距离可以控制在 33 厘米以内，这将大大提高行车的安全性。美国前总统奥巴马在推动美国 V2X 技术应用时表示，希望通过 V2V 技术的应用将美国非酒精类交通事故率降低 85%，甚至实现零伤亡。5G 时代网联安全技术的创新和市场应用前景巨大。

5G 能使汽车更智能。目前智能驾驶技术研究有几个比较明显的趋势。第一，数据越来越多。传感器的配置越来越丰富，摄像头和激光雷达被寄予厚望。英特尔前 CEO 布莱恩 · 科再奇就曾表示未来一辆无人驾驶汽车使用的数据量将达到每天 4 000GB。第二，智能控制器算力需求越来越大。英伟达为无人出租车打造的超级车载电脑 Pegasus，算力达到每秒 320 万亿次计算。第三，人工智能的应用越来越多。目前人工智能最成功的应用场景是图像的分类和识别，这在行人、车辆、标志牌识别上有很大的应用前景。另外，也有人在尝试用增强学习解决规划和决策的问题。第四，软件定义功能成为业界主流。以特斯拉为例，汽车的自动驾驶功能不再由车辆装备的传感器或控制器决定，而是由软件版本决定。这些新趋势下，蕴含了大量对于网络通信能力的潜在要求，4G 网络的能力逐渐有些捉襟见肘。5G 低时延、大带宽、高可靠、大链接的特性结合最新的边缘计算技术将为这些趋势向更深层次发展注入新动能。通过强大的网络连接能力有效地盘活 4 000GB 的单个孤岛数据，使其变成流动的支撑智能汽车向前发展的“血液”，使智能控制器内部的人工智能网络得到充分的数据供给和训练，建立“运行—采集—训练”的自循环和自进化系统。同时，可以将智能控制器来不及处理的传感器原始数据实时传输到部署在本地通信基站边缘的计算中心，经过计算中心服务器上的智能算法处理，再将计算结果直接反馈给车载智能控制器用于后续数据处理，从而建立一套体外循环机制，突破车载环境在体积、功耗、环境适应性等方面的边界制约。分析表明，根据这种模式一个边缘计算中心可以服务区域内的几百辆乃至上千辆智能汽车，并可以根据需求动态地配置数据中心的服务器资源，具有低成本和可灵活扩展的优势。总体而言，有了 5G 的帮助，无人驾驶的美好愿景有望提前实现。

5G 在智能网联化方面的应用场景还有很多，如 5G 定位技术、基于 5G 的远程驾驶、5G 车路协同等，这些都将推动汽车行业正在发生的智能网联化革命进入一个全新的阶段。

5G 赋能“共享化”和“国际化”

当前的共享化以分时租赁和专车服务为代表，其本质是搭建一个服务和需求的交换平台，这没有在根本上改变汽车和车主的拥有关系。分析数据显示，私家车 90% 以上的时间处于闲置状态，并未得到充分的利用。如何提高车辆的使用效率，打破传统的车和使用者关系的锁链，是共享化 2.0 时代的重要使命，也必将带来大众出行体验的革命性变化。实现共享化 2.0 的前提是我们必须有一辆足够智能、全时在线的汽车，5G 将使这一愿景成为可能。

国际化是中国由汽车大国走向汽车强国的必由之路，而汽车强国最主要的衡量指标就是是否拥有自己的国际化汽车品牌。自主汽车品牌参与国际竞争，离不开国家综合实力的支撑。目前，中国在 5G 领域的标准制定、关键芯片和设备生产以及商业化推广方面处于世界领先地位。

这一优势也给中国汽车工业和自主品牌走出去参与全球分工与国际合作提供了强大的支撑。中国在5G互联网汽车的功能定义和产品开发方面必将领先全球。

产业在行动

工信部在2018年12月制定的《车联网（智能网联汽车）产业发展行动计划》中，明确提出到2020年要实现车联网用户渗透率达到30%以上，新车辅助驾驶系统（L2级别）搭载率达到30%以上，联网车载信息服务终端的新车装配率达到60%以上；2020年后，通过持续努力，推动车联网产业实现跨越发展、技术创新、标准体系、基础设施、应用服务和安全保障体系全面建成，高级别自动驾驶功能的智能网联汽车和5G–V2X逐步实现规模化商业应用，“人—车—路—云”实现高度协同，人民群众日益增长的美好生活需求得到更好满足。在这一计划的指引下，产业界正在加紧行动，2019年4月15日，上汽、移动、华为和上海市嘉定区政府宣布将共同建设国内首个“5G智慧交通示范区”，目前，全国范围内也已经建立十几个智能网联汽车测试示范区。与此同时，国际合作也在不断扩大和深化，2016年年底成立的国际汽车通信5G汽车联盟，其会员数量已经突破100家，并且仍在急剧扩张。随着2019年6月6日中国5G商用频率的正式发布，5G车联网相关业务将会加速形成和落地，2020年将成为5G汽车的元年。

5G将使人们的出行更精彩。

海信——“5G+”使能数字化美好生活

海信集团有限公司副总裁　陈维强

随着5G时代的到来，新的业务模式和应用场景也随之产生。5G是一个全球化的基础连接平台，这一平台深度推动并满足着移动互联网和物联网各类业务的发展需求。5G 技术可以在许多至今仍由传统技术主导的领域广泛应用，其低时延和大带宽特性不仅会为消费者领域带来更好的用户体验，而且将为垂直行业带来巨大的变革，产生更深远的价值。

经过 50 年的发展，海信已形成了以数字多媒体技术、智能信息系统技术、现代通信技术、绿色节能制冷技术、城市智能交通技术、光通信技术、医疗电子技术、激光显示技术为支撑，涵盖多媒体、家电、信息技术智能信息系统和现代地产的产业格局。在消费电子领域，涉及电视、手机、中央空调等业务。在行业领域，则涵盖了智能交通、医疗电子、智能家居、光模块等新兴产业。而这些多元化的产业方向很多都与 5G 应用密切相关。5G 不仅能提升海信的显示、通信等各类终端产品的用户体验，带来新的增值服务机会，而且有巨大的潜力来进一步优化升级海信的智能化产业，如智慧交通、医疗、高清视频等，满足多样化的行业业务需求，创造更多收益。随着 5G 商用的日益临近，海信已经展开了在 5G 领域的探索与布局，尤其是在手机、光模块、高清视频、智慧医疗、智慧城市等方向。

自 2001 年海信推出了中国第一款自主研发的 CDMA 彩屏手机，其后便一直踏着 3G、4G 的步伐推出各类手机终端，随着 5G 标准的落地应用，海信的 5G 手机也将率先走进人们的视野。在 2018 年 TD–LTE 全球发展倡议组织国际产业峰会中海信加入了中国移动的“5G 终端先行者计划”，2019 年世界移动通信大会开幕首日展出了与紫光展锐联合开发的 5G 原型手机，而在 2019 年的第三季度，海信将计划推出首款 5G 商用手机。手机作为 5G 在消费类电子领域首批落地的产品形态，将会大大促进 5G 的成熟与发展，让 5G 开始走入人们的日常生活。

在高清视频业务领域，“信息视频化、视频超高清化”成为全球信息产业发展的一大趋势。随着消费者对多媒体显示技术的需求增加，显示技术的快速发展带来高清视频内容的需求急剧增长。超高清视频对传输网络大流量、高速率、低时延的需求与5G网络的建设高度吻合，成为5G商用部署的重要场景和驱动力，展现出旺盛的成长潜力，为人们带来内容交互的新模式和场景，提供给人们新的体验。海信于2018年开始与中国移动、华为等合作伙伴联合推动“5G+8K”业务的试验验证，充分发挥双方在视频处理和通信技术上的优势，通过跨行业融合创新，共同推动“5G+8K”业务的快速普及。2018年9月17日，青岛移动与海信联合发布了8K超高清视频在5G网络上传输的业务演示，这是5G在8K超高清视频业务应用上的业界首次落地发布。按照产业主流标准，4K、8K视频传输速率为12~40Mbps、48~160Mbps，4G网络已无法完全满足其网络流量、存储空间和回传时延等技术指标要求，5G网络良好的承载力成为解决该场景需求的有效手段。该业务演示是海信超高清视频处理技术与5G的融合应用，现场实测5G单用户下行峰值速率接近1Gbps，“5G+8K”超高清视频单路用户峰值速率为160Mbps，单小区可承载多路8K超高清视频业务，不仅体现了8K超高清视频在提升画面质量与用户体验方面的独特优势，而且体现了海信在8K超高清视频处理技术上的研发实力和在5G垂直应用领域的创新与探索。5G与超高清视频的融合应用会衍生出新的内容交互模式和场景，将会广泛应用于大型赛事、活动、事件直播、视频监控、远程现场实时展示等需求领域，是市场前景广阔的应用形态。

在智慧医疗业务领域，5G将代表一种全新的数字医疗网络将医疗模式提升到一个新的高度，并为整个行业带来结构性的改变和显著的经济效益。过去5年，移动互联网在医疗设备中的使用正在增加。医疗行业开始采用可穿戴或便携设备集成远程诊断、远程手术和远程医疗监控等解决方案。2019年海信与青岛移动合作，双方联合在海信研发中心成功完成基于5G环境的远程医疗视频应用测试。在远程急救等场景下，通过无损压缩医学影像的实时传输和调阅，可以为患者赢得宝贵的救助时间。5G实时高清远程会诊，可以协助上级医生提高诊断效率和准确性，更好地支撑基层医院提升医疗服务水平。医生通过远程会诊系统进行术前规划，若专家无法亲临现场，则可通过手术室加装的医用超高清摄像头，利用5G网络对手术全过程进行超高清实时回传，远端专家根据回传图像信息指导现场医护人员进行手术，大大缓解了医疗资源分布不均问题。除此以外，海信正在开展5G远程急救车、远程超声设备、计算机辅助手术系统等方向的研究。5G大带宽、低时延、高可靠的特点，可以大大提高医疗诊断的准确性和实效性，融合云计算、大数据、人工智能等信息技术打造的智能医疗，将为传统医疗行业带来新的变化和发展机遇，解决目前医疗行业中资源分配不均衡、医疗费用高昂等问题，为病人带来更优质的医疗服务，推动医疗产业智能化、无线化，打造医疗产业新生态。

在智慧城市业务领域，5G的大带宽、大连接、低时延技术能实现从基础的物品识别、网络信息传输到平台管理、数据分析等更高层次的需求升级，其会被广泛应用于智慧城市的各个领域，成为智慧城市发展的核心推动力。海信在智慧城市领域深耕多年，某些分支领域市场占有率连续多年位于行业前列。2019年5月26日，海信在中国大数据产业博览会上正式推出全国首个5G智慧街区，深度融合了5G、大数据、人工智能和“城市云脑”等多项先进技术，在智慧街区两侧，部署了智能井盖、智能消防栓、桥梁监测、积水路段监测、智能垃圾桶、环境监测等10余种外场智能化设备，开创低碳、环保、高效的市政管理新局面。同时，为营造安全、便捷、愉悦的人性化服务新体验，智能路标可以为市民提供交通出行、便民信息、应急信息、体感游戏、Wi-Fi热点、手机充电等多种服务。当遇到突发事件时，路标可通过一键报警功能在紧急情况下快速有效发出救助信息，更好地满足市民的安全诉求。此外，海信在城市交通、公共安全等业务领域也持续探索5G终端和解决方案。其中公共交通解决方案融合大数据和人工智能技术，实现统筹管理、突发事件快速处置、交通拥堵科学治理，在社会总体层面实现了节能减排和运作效率的提升。海信未来的公共交通产业将会与5G深度融合，进一步推动海信在公共交通领域的跨越式发展。未来的公交车都将会是移动的5G终端，5G实现公交车的智能调度和运力的动态分配、车辆运营和车况信息的实时上传、车辆状态的实时掌控。5G时代的每个信号灯都可以被接入5G接入网和5G车联网，配合着电子指示牌和车流量统计系统，根据实时的车流情况对城市整体交通进行动态的调整，提升人们出行的整体效率。在公共安防领域，视频监控相关技术将扮演更重要的角色。海信在公共安防领域采用人工智能、大数据、视频融合与分析等先进技术，推动城市安防体系向智慧化发展。随着5G时代的到来，大带宽和低时延特性将进一步赋能公共安防领域，解决大容量高清视频只能依赖光纤回传的局限性的问题，使安防设备的部署更加灵活。回传图像及视频质量的整体提升，会大大提高各种识别技术的匹配成功率。5G会在本质上改变公共安全领域技防的部署和实施，对提升公共安全部门处置效率、增强人民的安全感和维护社会稳定有着重大意义。5G时代，智慧城市建设将迎来新一轮增长，发展成为一个巨大的产业，它会为城市的管理和人们的生活带来无尽的便利。智慧城市需要有前瞻性的科技和规划来支撑大量的应用场景，并逐步将这些应用场景产业化。未来海信将以物联网、大数据、人工智能等技术为基础，充分发挥5G在智慧城市方面的优势，在智慧街区、智能交通、平安城市、应急联动等领域打造开放共享的智慧城市生态环境。

总的来说，海信在5G方面进行了多年的投入和技术积累。早在2015年海信就开始了5G的跟进和研究，加入了由工信部、科技部、发改委联合成立的IMT–2020（5G）推进组，并以此为平台积极开展5G场景与技术的研究。2017年，海信加入了3GPP、CCSA等国际标准组织，开始融入5G的研究分析和国际标准化推动。目前，5G的应用虽尚处在起步阶段，但其在智能交通、智慧医疗、智慧家居、智能家电等领域都有广泛的应用前景。找准市场，抓住刚性需求，深化5G、人工智能、大数据等技术的研发和落地，不但能够帮助提升海信各电子家电等终端产品的用户体验，带来新的增值服务机会，而且有巨大的潜力进一步优化升级海信的智能化产业，满足多样化的行业需求，与上下游企业共建更加成熟的5G产业生态圈，进而能够更加全面地对接和融入国家科技战略，占领未来科技新高地。

华为——发挥ICT基础能力优势，助力“5G+”计划全面商业成功

华为运营商BG总裁　丁耘

当前ICT产业发展的四大趋势

从宏观环境来说，全球仍处于经济危机的大周期之中，全球经济政策不确定性及政治风险均处于高位。

从产业价值转移的角度来说，目前我们处在信息产业周期的后30年，ICT技术加速推动各行各业数字化，价值将加速向数字化服务转移。

产业周期总体发展趋势

人类进入工业社会后，经历了5次大的产业周期，每个周期为50~60年，前30年为基础技术的发明阶段，后30年是技术加速应用阶段。目前我们处于信息产业周期的后30年，在前30年的信息技术发明过程中，出现了一批全球性的技术型公司（IBM、微软、英特尔等），后30年，随着ICT技术加速推动各行各业数字化，价值将加速向数字化服务转移，很可能出现一批全球性的数字化服务公司。

数据变机会变得越来越容易

随着万物感知、万物互联、大数据、人工智能等技术的进一步发展，数据处理三个环节（数据收集、数据传输、数据变知识）正在闭合，数据变机会的时间将大幅缩短，成本将大幅下降，所有的企业都会通过数字化

生产的方式获取数字化服务的红利。

后 30 年，大规模数字服务变得越来越有利可图

数据变机会成本大幅降低，导致服务成本随之大幅降低（服务成本和信息相关）：高成本服务会变为低成本服务，碎片化服务变为规模化服务（平台整合服务），预测性服务会大大增加。

数字化生产逐步成为普遍模式

数字化生产是数据变机会、机会变服务、服务变收入的商业循环，在数字化生产的过程中，平台是数字化生产的工具，软件是数字化生产的基础能力，体验是数字化服务的核心，要实现数字化生产，必须具备这些基本条件。

从技术趋势的角度来看，技术拓展商业边界，商业驱动技术进步。

技术通过炒作期，则意味着对应的行业数字化正出现拐点（面向行业数字化的技术快速发展）；目前，技术正在为大规模数字化生产准备平台，产业处于大规模数字化服务准备期。主要技术包括营销运营平台、VR 平台、AR 平台、人工智能平台、物联网平台、区块链平台、安全平台、数据交易平台八大平台。

行业标杆数字化洞察：数字化不是凭空长出来的，通用电气、西门子等数字化转型标杆都是立足优势领域，利用多年积累的行业技术诀窍（Know–How）能力，构建数字化竞争优势，向全世界开放。通用电气、西门子等标杆企业数字化转型的路径是：

- 第一步，聚焦长周期产业，强化核心业务和服务（如通用电气的资产性能管理、西门子的智能制造），打好数字化能力底座。
- 第二步，率先实现自身的数字化，同时打造数字化生产平台；利用自己的行业技术诀窍，将 OT 和 ICT 结合，打通技术、商业、数据、流程全环节。
- 第三步，将自己构建并经过商业验证的数字化生产系统向行业开放，推动和帮助客户向数字化生产平台迁移，实现行业数字化。

“5G+”改变社会

能源、交通和通信技术是推进人类发展的基础性技术，是重要的基础设施平台，它们从根本上改变社会管理以及进行经济活动和社会生活的方式，给社会提供动力。

基于可再生能源的使用、自动驾驶技术的创新和突破以及新的 ICT 技术，社会发展真正实现了能量和信息的有效交换，这些改变正在推动第三次工业革命的基础设施平台的构建。

第三次工业革命的理论基础是热力学第一定律和第二定律，即通过物质、能量、信息的交换，实现聚合效率的增加，减少熵增，实现人类社会的可持续发展。

每一次革命性的技术飞跃，都会产生前所未有的机遇，5G 的创新能力正在把 ICT 推向新的高度，基于 5G 带来的变化，产业各方要打破惯性思维，定义新终端，开发新应用，突破新体验，将 5G 创新价值最大化。我们认为 5G 将带来以下 5 个革命性变化。

第一个革命性变化：连接成为平台，而不只是管道

5G 将使无线接入网络超越管道，成为一个泛在平台。管道是有瓶颈的，而平台是无限延伸的。这就好比当在大海里游泳时，你不会因为游泳区域面积的局促而担心挤进别人的泳道，5G 带来的就是太平洋一样宽广的连接平台。

第二个革命性变化：万物在线成为缺省能力，而不是默认离线

平台化的连接，让在线成为一种新常态和缺省能力。当前大部分电子设备是默认离线的，并且它们彼此之间并不连接。当前，人们不能频繁地连接到智能家居设备和可穿戴终端。比如，电视一关闭，它就离线了。有了 5G，保持在线将成为默认模式。这是大势所趋，未来离线将成

为一件很困难的事。

第三个革命性变化：5G 使能全云化，让智能无所不及

当全在线走进现实的时候，全云化就是一件水到渠成的事。这意味着，计算不再分本地和云端，云端存储速度之快会让人觉得一切似乎就是在本地储存，云端反馈瞬间即达。在一个全云化的环境中，我们将随时随地拥有大量的计算能力。同时，随着人工智能芯片的发展，人工智能可以嵌入终端、边缘和云端等各种设备中去。设备的无缝衔接，将智能按需普惠给每个人、每个家庭、每个组织。这是非常重要的一步，这将为新应用开发带来巨大的潜力。在一个全云化的环境，云电脑仅是一种可能性。通过“智终端 + 宽管道 + 云应用”，云的价值将得到更好的体现，我们把它定义为 Cloud X 服务，这种新的模式将带来新的机遇。

第四个革命性变化：5G 重新定义终端，万物从即插即用到即插即慧

5G 将重新定义终端，我们将看到各种形态的终端涌现，这将颠覆现有的很多电子设备。随着技术的进一步成熟，智能终端在硬件、软件上出现结构化、标准化的趋势，连接、视觉、听觉、触觉、感知、语言以及大脑能力，都将很容易地部署进智能终端，一切就像搭建乐高一样简单。如此一来，未来的终端都将做到实时在线、自然交互、懂你所需、服务直达。云端、网络和终端芯片将实现无缝协同，更多沉睡的终端将被唤醒，万物将从即插即用走向即插即慧。

如果说 3G、4G 时代，移动优先（Mobile First）带来了万物互联的高速发展，促进了智能手机、平板电脑等多种终端形态的出现和流行，那么 5G 时代，移动工人智能（Mobile AI）将开启万物感知和万物智能的黄金时代。

第五个革命性变化：5G 让好的体验连续无断点，而不是碎片化

当前我们的在线体验是碎片化的，其本质是受制于时间和空间，受制于网络和设备。例如，当你从家里到办公室，再到机场，或者到你的汽车里面的时候，在线体验并不会和你一起随行。

随着5G的到来，全在线和全云化成为现实，时间和空间的连续性就不再是问题，数字世界和物理世界的融合就有了一个坚实的基础，我们的体验也将发生巨大的改变。5G时代一个ID全程登录，屏幕、网络、内容、体验始终无缝地跟着你，真正实现全场景智慧化体验。

华为助力中国移动“5G+”计划全面商业成功

华为理解的“5G+”全景图（见图15–5）。

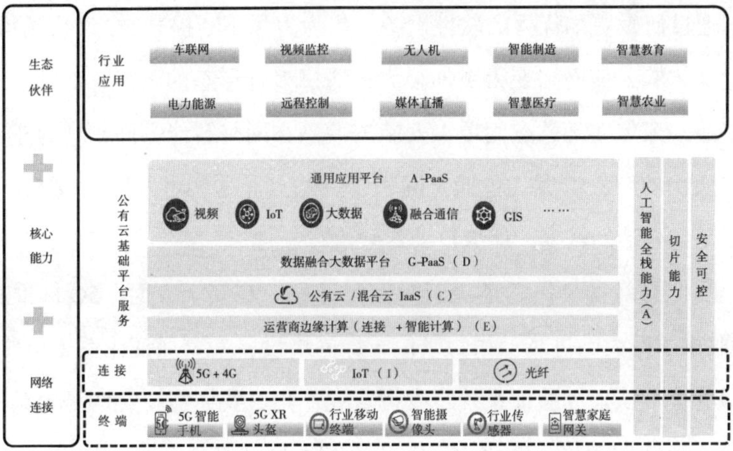

图15–5　华为理解的“5G+”全景图

当前,5G在可获得性、经济性、实用性三个关键领域已经准备就绪。

可获得性即有的用。标准已经准备就绪，外场测试效果非常好。5G芯片、终端、网络设备、端到端解决方案也已经准备就绪。在韩国、英国等国家，商用部署已经开始。

经济性即用得起。我们在5G上取得了长足的进步，这将大大降低交付、工程和运维成本，5G的规模部署将提升5G网络、终端及产业链上下游的经济性。

最重要的是，实用性即用得好。高清、超高清视频等大流量业务的商业模式和用户习惯都已孵化，可以迅速在未来的5G网络上商用。而在不久的将来，也将涌现Cloud PC、Cloud Gaming、Cloud VR/AR等新兴的Cloud X应用。

华为助力中国移动打造5G网络的4个目标：①至强，打造最快的连接速率，最大的连接带宽；②极简，构建极致简约的网络架构，以及极致简约的网络规划、建设、运维；③智能，基于网络自动化结合人工智能，打造更加智能化的通信网络；④安全，采用多机制、多方案以实现更加可信的网络。

通过研发更加优秀的软件设备，华为力争不断提升5G网络的覆盖、容量和体验，使网络变得更加强大；通过多种形态的天线、基站、电源等产品，聚焦实现站点简单，安装方便。在网络智能方面，华为正在开发多层次的解决方案，包括全网和个别站点。这些将共同完成5G网络从手工到自治的转变，就像自动驾驶汽车一样。

维护网络安全仍然是我们的首要任务，在安全方面，5G标准超越4G取得了巨大的进步。华为坚信，像网络设备安全保证体系（NESAS）这样的统一认证和验证系统将发挥重要作用。我们需要共同努力共同应对这一全球性挑战。感谢3GPP和GSMA推动这一进程。2018年年底，华为宣布了一项非常庞大的变革计划，用5年时间投资20亿美元提升自身软件工程能力，以更好地应对行业共同面临的挑战，并在网络安全领域实现领先。

2019年3月，华为在布鲁塞尔新建了一个网络安全透明中心，与合作伙伴、客户和关键利益相关方一起，共同探讨和推动相关安全标准与验证机制的建立，推动全行业在网络安全领域的技术创新。

网络安全包括诸多元素，其需要系统化的解决方案，并举全行业、全社会之力来共同应对。我们需要共同建立一个网络安全标准，涵盖所有行业、所有公司，并建设独立的验证机制。

无论信任与否我们对于新事物的判断都应该基于事实，而不是感性认知。事实必须能够验证，验证必须基于标准。

华为以技术创新为引领，化繁为简，构建万物互联的智能世界，助力中国移动使能“5G+”商业成功。

第十六章　中国移动在行动

作为全球网络最大、用户最多的运营商，中国移动从2012年起启动了5G研发工作，在需求制定、关键技术研发、国际标准制定、联合产业试验、跨行业应用创新等重点领域取得积极成效，已经成为中国5G研发的“主力军”。具体用“五者”来概括，分别是场景需求的定义者、国际标准的主推者、关键技术的引领者、端到端产业的构建者和赋能各行业的开拓者。

中国移动“5G+”科技创新引领

5G场景需求的定义者

在政府的领导下，中国移动积极发挥自身优势和特点，借鉴4G的成功经验，2012年起就围绕5G关键技术研发、国际标准制定、产业试验、跨行业创新应用等重点领域开展攻关，已初步呈现引领态势。中国移动为移动通信产业全面规划“信息随心至、万物触手及”的5G宏伟愿景，推动 TDD 技术成为 5G 主流方向，以用户及服务为中心构建了端到端的 5G 智慧网络系统。

中国首次牵头制定新一代移动通信技术应用需求，提出的八大 5G 关键性能和效率指标被国际电信联盟采纳，成为全球共识。中国移动在 5G 启动初期就开始了需求及策略研究，主导发布了《中国 5G 需求白皮书》，发布了全球瞩目的“5G 之花”，逐步开展频谱策略、组网策略、与现有网络关系策略、产业策略、市场策略等研究，有效推动了政府 5G 频谱规划，并指导了技术研究、产业推进、联合创新等工作，为引领 5G 和产业发展方向做出了重要贡献。

5G 国际标准的主推者

中国移动牵头主导多个 5G 重要标准项目。国际标准化组织通常会以项目的方式推进，谁来主导这些项目，在标准制定方面谁就有很大的话语权。中国移动在 3GPP 牵头 7 个标准化项目，在 5G 标准化初期主导了 5G 无线网的场景与需求、5G 系统架构等最重要的核心标准立项。中国移动已累计提交 3GPP 文稿 1 000 余篇，申请 5G 相关专利 510 余项，极大提升了在标准化行业组织中的影响力。中国移动在全球层面牵头这些 5G 标准的制定，不仅得到了业界的认可，而且提升了自身的标准影响力。

除此之外，中国移动还推动源自中国的创新技术和方案进入国际标准。一方面，结合中国移动特色的业务需求和长期的技术积累，围绕 5G 新空口的四大关键创新方向（新架构、新设计、新频段、新天线）深入研究，重点突破多项核心技术（如大规模天线、灵活帧结构、以用户为中心的网络、基于服务的网络架构等），并推动这些方案被国际标准采纳。另一方面，中国移动也帮助中国公司在国际标准中推进了源自中国的创新技术方案，比如帮助华为公司推动了极化码，推进了物联网标准融合等。这些工作有力地促进了中国通信界知识产权的积累和标准影响力的提升。

5G 关键技术的引领者

技术创新方面，中国移动以用户及服务为中心，从端到端构建包括 5G 核心网、传送网、无线网、终端的智慧网络系统。在无线技术领域，中国移动从新频段、新天线、新架构、新设计 4 方面着手，取得了丰硕的创新成果，系统性地提出无线网络核心技术体系“软件定义空口、用户为中心的网络、O–RAN[①]”等，主导 5G 最核心的大规模天线阵技术研发；在网络技术领域，中国移动主导了 5G 总体架构设计，提出“服务化网络架构”的概念。

中国移动在国际上发挥重要影响力，积极推动形成全球统一的 5G 国际标准，做了很好的标准化布局，实现了标准化引领。

中国移动在标准领域持续创新，在国际电信联盟、3GPP、下一代移动网络国际组织、TD–LTE 全球发展倡议组织等国际组织均担任了重要领导职位或牵头重要项目，高票当选了 3GPP RAN 全会副主席，RAN2 工作组副主席、CT3 工作组副主席、CT4 工作组副主席、SA2 工作组副主席，已跻身成为担任 3GPP 领导职位最多的公司之一。

在无线接入网领域，中国移动牵头中国 IMT–2020 需求组提出了著名的“5G 之花”，并完成了标准制定工作，向国际电信联盟提交的九大需求指标中，8 项都被国际电信联盟采纳。中国移动正全力推动无线接入领域的第一个 5G 标准规范按时完成，在大规模天线、灵活帧结构、以用户为中心的网络等核心技术的研究与国际标准化工作中发挥骨干作用，为全球 5G 无线标准的制定打牢坚实的基础。

---

① O–RAN 的 O 是指 Open（开放）的意思，RAN 指无线接入网。——编者注

在核心网架构领域，2015 年 10 月，中国移动在 3GPP 牵头了下一代 5G 系统架构的研究项目，赢得了 48 家企业的支持；2016 年 11 月，中国移动在这个研究项目的基础上正式启动标准制定，并担任该项目的唯一报告人，赢得了全球 67 家公司的支持，这也是中国公司第一次牵头系统架构级国际标准；2017 年 5 月，中国移动提出的基于服务的架构被 3GPP 确定为 5G 唯一的基础架构；2017 年 12 月，5G 标准取得里程碑式的进展，由中国移动牵头完成了第一版 5G 网络架构国际标准，这标志着全面实现 5G 目标的新架构确定。

面向新天线、新频段、新设计的无线空口设计

满足 5G 多场景和多样化业务需求，提出软件定义空口（SDAI）技术框架，设计灵活统一的 5G 空口。提出大规模天线数模混合天线架构、波束赋型和扫描方案，覆盖增强 6dB 以上，可将单站覆盖能力提高 15%~35%，将站址开销节省 25%~40%。完成 3D-MIMO 容量整体提升方案，网络容量平均提升 4~5 倍，并创新性地将其成功提前引入 4G 网络中商用，技术领先 FDD 3~5 年。牵头提交的 5G 帧结构方案，成为核心标准之一。提出远端基站干扰创新管理方案，并担任 3GPP“远端基站干扰管理”项目报告人。申请发明专利 70 项，文稿 50 篇。

面向新架构、新能力的开放智慧无线接入网设计

业界首次提出以用户为中心的 CU-DU 两级架构及协议栈功能切分设计方案，并成功将其写入 3GPP 标准，成为无线接入网基本架构。提出基于无线大数据采集的网络自优化方案，涵盖智能网管、智能无线资源管理和智能业务识别等领域，通过自动化和智能化手段降低运营商 5G 网络运维成本。在系统的知识产权布局基础上，牵头 3GPP 标准立项并担任项目的报告人。申请专利 100 项，文稿 100 篇。

面向新技术、新业务、新测试的新终端设计

针对 5G 终端发展面临的技术复杂、制式频段行业需求多、产业时间短和测试成本高难题，提出高功率、多模式、全频段的 5G 终端技术方案。高功率终端技术方案可提升上行业务覆盖半径约2dB，降低15%~30%的网络部署投资。提出多模式下的测量优化方案，解决5G异系统互操作时延较长问题。提出5G通用模组技术方案，对模组类型、尺寸、接口、封装标准化，使行业终端快速具备5G通信能力。基于3GPP RAN5及全球认证论坛，主导5G终端测试认证体系。申请专利30项，文稿40篇。

面向服务的下一代网络架构设计

为满足5G面向垂直行业的、万物互联的业务需求，项目从信息技术化、互联网化、极简化、服务化4个系统设计理念出发，定位出软件功能、架构到接口等八大变革方向，并在3GPP牵头5G网络架构研究和标准项目，提出的基于服务的网络架构被确定为5G唯一的基础性架构，为实现网络的个性化、服务化、大容量、高性能、低成本打下坚实基础。此外，提出并确立了服务化接口协议，实现了新一代核心网接口的统一化、信息技术化、敏捷化。申请专利20项，提交和通过的文稿数量均高居运营商榜首。

面向服务垂直行业的网络切片及MEC设计

面向垂直行业的需求，提出了“服务质量可保障的网络切片”理念，提供定制化、逻辑隔离、专用的端到端网络，是面向垂直行业的基本服务形式，满足定制化、多样化的功能和性能需求。牵头网络切片网管的性能保障项目，提出切片选择核心算法、切片管理框架模型。为实现垂直行业现场覆盖，满足用户的极致体验，5G网络设计之初就考虑了对边缘计算的支持，提出了边缘计算方案中核心的会话管理和分流方案。申请专利12项，提交文稿28篇。

面向综合承载的下一代传输网设计

提出SPN整体设计方案并主导国际标准制定。实现基于以太分组、SPN Channel的分层交换方案，基于集中管理和控制的SDN架构，支持业务部署和运维的自动化能力、网络自优化能力和网络切片能力。完成低时延转发方案，支持网络级三层就近转发和设备级物理层低时延转发能力，匹配时延敏感业务的传送要求。支持与存量 PTN 网络设备对接、混合组网。申请专利 20 件，提交文稿 50 篇。

中国移动“5G+”产业与生态构建

5G 端到端产业的构建者

中国移动在 5G 产业推进方面起步早、实干多、推进快。

最早（2016 年）明确发展计划。2016 年完成关键技术验证，2017 年启动外场测试，2018 年开展规模试验，2019 年开展预商用试验，2020 年商用部署。

最快实施 5G 试验测试。2016 年中国移动完成第一阶段 7 个厂家 21 项 5G 关键技术样机测试；2017 年，中国移动积极参与工信部“5G 研发试验第二阶段（怀柔外场）”测试，同时面向 2020 年 5G 商用产品研发在多个城市开展5G试验，为5G规模试验奠定了坚实的技术及产业基础。

全球引领产业发展。2017 年世界移动通信大会期间发布了《3.5GHz 5G 系统样机及测试技术指导建议书》，推动全球 5G 产业发展；中国移动合作伙伴大会发布 5G 中低频端到端新空口系统与预商用产品，实现了首个基于 3GPP 标准的 5G NR 端到端系统互通。

自 2018 年起，中国移动计划依托重大专项和发改委专项，开展 5G 规模试验和业务示范，形成面向运营的技术体系和业务服务体系，确保在 2020 年实现 5G 商用部署。

5G 赋能各行业的开拓者

中国移动多措并举全面布局“5G+”创新生态，一是在全球率先成立5G联合创新中心，二是投资35亿元面向垂直行业在上海、雄安、成都分别成立三大产业研究院，三是设立300亿元规模的5G基金助力融合创新。

中国移动5G联合创新中心

2016年2月在巴塞罗那世界通信展期间，中国移动宣布成立5G联合创新中心（以下简称“5G联创中心”），旨在充分利用中国移动5G的技术及资源优势，聚合传统通信企业及垂直应用行业创新力量，开展跨领域的深度合作及创新，孵化5G融合创新业务及产品，助力行业合作伙伴和社会大众创新创业，打造具有全球影响力的跨产业融合创新平台，加速5G与跨行业的融合创新，加速5G商用节奏。

拓展汇聚产业合作伙伴，构建5G融合生态

5G联创中心目前已经汇聚500多个产业合作伙伴，通信端到端企业超过100家，垂直行业合作伙伴超过400家。其中包括中国卫通集团股份有限公司、中国第一汽车集团公司、东风汽车集团有限公司、华北石油通信公司、国家电网有限公司、南方电网电力调度中心、中国建设银行股份有限公司、中国大唐集团有限公司、中国电子科技集团有限公司等央企，也包括虎牙、爱奇艺、京东物流、百度、腾讯、字节跳动、喜马拉雅、苏宁等互联网公司，达闼科技、易瓦特、兰亭数字、康力优蓝等初创公司。

构建5G联创开放实验室，为合作伙伴提供创新孵化环境

目前，5G联创中心在全球构建了24个开放实验室（国内22个，海外2个）。2018年4月，5G联创中央（北京）实验室率先具备5G端到端网络环境能力，吸纳合作伙伴的创新项目入驻实验室进行孵化，2018年“5G+8K”高清视频、5G云端机器人、5G AR远程维修等多项合作伙伴的创新应用在实验室5G环境中进行孵化。各区域实验室也在逐步具备5G端到端网络能力并开展创新项目孵化工作，其中浙江实验室成功孵化5G远程医疗、5G无人驾驶、5G无人船等创新项目。通过5G联创中心开放实验室，中国移动向合作伙伴免费提供5G的技术支持、网络环境、产业宣传平台、测试验证等资源，为与合作伙伴共同开展垂直领域的跨行业联合创新提供保障环境。

开展5G联合创新项目，推动跨行业融合创新

目前中国移动已在网联无人机、车联网、智能电网、云VR等5G应用的前沿领域成立了16项联合创新项目，挖掘5G需求点，探索“5G+X（垂直行业）”的创新机遇，洞察国内外产业合作动向，挖掘前沿创新领域及最具价值应用，探索商业模式等。对外发布超过25份5G创新研究报告及白皮书，包括《5G云VR》《5G与能源互联网》《5G助力银行业》《5G网联无人机》《5G云办公》《5G智慧网络》《5G与人工智能赋能垂直行业》《5G云端机器人》《面向垂直行业的5G切片安全白皮书》等。2018年在工信部主办的“绽放杯5G应用征集大赛”中，由5G联创中心统筹的46个创新项目斩获奖项，约占全部获奖项目的一半。5G联创中心将合作伙伴的优秀项目也推荐到中国移动创客马拉松大赛中，取得了优异的成绩。

开展产业宣传活动，营造5G融合创新良好环境。

5G联创中心通过产业峰会、技术研讨会、展览展示、沙龙论坛等多种形式，通过网站、新媒体、视频等多措并举搭建信息共享平台，让5G与垂直行业的融合创新机遇与成果得到业界广泛宣传及认可。5G联创中心还统筹成立了多媒体创新联盟、飞联网联盟、自动驾驶联盟、智能城市联盟等产业联盟，推进产业生态构建，凝聚各方力量，共同推动5G的成功商用。

历经2016年的平台构建期，初步构建跨行业生态；2017年需求探索期，发布30份报告深挖行业需求；2018年创新孵化期，积累创新应用实践方案；2019年应用爆发期，5G联创中心进一步推进与各行各业伙伴的创新合作，发布面向应用的中国移动“5G+”硬核能力体系，深挖5G百大应用场景，沉淀五十大5G行业解决方案，推动百大5G应用全国示范落地，服务各行各业。

中国移动三大产业研究院助力行业应用

面向5G行业应用的迫切需求，中国移动成立三大产业研究院，发挥5G优势，与人工智能、物联网、云计算、大数据、边缘计算等新兴技术深度融合，制定行业应用顶层设计及能力布局，研发共性平台、通用产品，打造达到同行业先进水平的ICT产品及解决方案，构建“5G+”行业生态，使5G应用服务于千行百业。其中中国移动（上海）产业研究院聚焦工业能源、交通、金融领域，中国移动（成都）产业研究院聚焦教育、医疗、农业领域，中国移动（雄安）产业研究院聚焦智慧城市领域。

中国移动的5G投资基金

5G将提升通信产业核心能力，带来更快的速率、更高的连接密度和更低的网络时延。在5G网络重构与能力升级的需求之下，万亿元规模的5G产业链投资一触即发。随着5G商用进程的深化，5G将推动移动互联网、物联网、大视频、大数据、云计算、人工智能等关联领域裂变式发展，为交通、工业、教育、医疗、能源、视频娱乐等垂直行业赋能，带动形成全社会广泛参与、跨行业融合的10万亿级元5G大生态。

2016年年底，在国家深入推进国企改革，引导和鼓励央企和其他国企参与新兴产业创业投资基金、设立国有资本创业投资基金等，充分发挥国有资本在创业创新中的作用的背景下，中国移动在集团公司和上市公司下分别成立投资公司，即中移资本控股有限责任公司（以下简称“中移资本”）和中移投资控股有限责任公司，立足于产业投资者的定位，通过“直投＋基金”的模式开展股权投资业务，以资本助力产业发展。

自成立以来，中移资本陆续投资了包括青牛、小米、Ucloud（优刻得）、中航信等企业，参投多只外部基金。5G时代来临，依托中国移动在5G产业链上的战略核心地位和重要影响力，中移资本联合外部投资机构发起设立5G基金，聚焦5G产业链关键环节与核心技术，5G与云、人工智能、数据所构建的产业生态，5G赋能的重大垂直应用领域。5G基金总规模300亿元，首期募集70亿~100亿元，由中国移动与引入的战略合作方共同出资。5G基金将以国家对5G发展的时间要求为契机，主要投资于5G及信息通信产业链、生态圈及赋能行业相关的企业，未来该基金将在促进5G端到端产业成熟以及5G创新应用发展中发挥重要作用。一是利用中国移动的各方渠道对接相关产业资源；二是作为平台打通端到端各方产业和资本，形成产业投资良性互动。

中国移动的“5G+”行业融合实践

5G应用于各行各业、深度融合，可以对经济社会发展起到放大、叠加、倍增的作用，对于5G全面成功极为关键。面向文娱、交通、工业、能源、医疗、智慧城市、教育、金融、农业九大领域，中国移动联合华为、中兴、中信科、诺基亚、爱立信等系统厂商，以及中央电视台、国家电网、南方电网、三一重工、海尔、海信、上汽、宝马、东风汽车、大疆、易瓦特、新松机器人、解放军301医院、清华大学、北京师范大学、中国建设银行、中国浦东发展银行等400余家合作伙伴开展5G创新应用探索，深挖400余个5G应用场景，在25个省份试点100多个5G创新应用，并聚焦交通、医疗、电力等行业形成40余个5G端到端整体解决方案。在不断的探索实践中，也逐步发现5G深入各行业转型升级中仍存在一定的问题和挑战。

5G自身挑战

终端类，需要5G行业终端集成通信模组，单个终端在速率、功耗、体积、成本方面需要进一步优化；多终端需要考虑并发能力、整体吞吐量；需要定制化行业终端，如电网终端需要支持网络授时并有一定精度要求，工业终端需要具备工业级要求，医疗终端需要支持医规要求。能力类，需要结合行业需求制定网络切片模板，边缘计算平台能力需要和行业应用进一步对接，逐步引入人工智能、大数据、云计算、物联网、边缘计算等能力，无人机、VR/AR、超高清视频等5G行业通用能力自身发展需要一定周期，与5G发展基本保持一致。

跨行业融通挑战

需要跨行业深度认知能力。通信行业与垂直行业相互认知、理解、接受需要一个长期过程，需要共同投入时间、资源、专家以及领域知识实现深度融通。需要定义新的标准和新产品。各行业与通信终端对接存在通信协议多样化、信息化要求和标准不统一、数据接口众多、行业内特殊设备规定和要求碎片化等现象。需要5G与人工智能、云计算等新技术深度融合。各行业的转型升级不仅需要5G提供的强大连接能力，而且需要构建强大的数字化平台，通过应用大数据、人工智能等技术带来生产方式的数字化、智能化转型升级。需要强大的商业示范效应带来升级改造的动力。5G行业应用需要各行业开放生产及业务流程，并且需要进行额外信息化改造。在投入产出存在不确定性，且商业模式没有被验证的情况下，企业短期效益影响较大，意愿度较低。

后5G和6G时代

2019年是5G元年，5G刚刚拉开商用的序幕，中国、美国、欧洲、日本、韩国等5G时代的主导者和主流参与者都已积极启动了5G演进和6G的研究，其核心诉求是为了应对未来通信系统的业务需求和抢占下一代移动通信标准的制高点。

随着信息技术、通信技术、数据处理技术跨领域的融合发展，各种新业务、新服务概念相继被提出，消费者对用户体验的要求不断提高。为使未来全新业务、全新服务成为可能，为用户带来前所未有的极致体验，未来5G演进和6G网络的能力将大大提升，同时满足多维度的高度安全、超精定位、全空间覆盖、极低时延抖动等要求，远远超越现有的5G网络定义的能力指标，从而突破垂直行业应用场景和网络性能的短板，提供更卓越、更高效的网络能力，以及极致的、无差异化的用户体验，使用户按需获得网络服务。当前业界讨论的6G热点技术和指标如下。

频段：未来随着芯片或者物理层技术的成熟，将可能使用更高的频段，比如太赫兹（THz）频段，甚至可见光频段等。

速率：每秒太比特（Tbps）级的速率；用户随时随地体验速率达到10Gbps。

时延：近乎实时的处理海量数据，对于高精度和提供保障服务（如远程手术，云电力线通信，智慧交通），要求数据包传送从“及时”到“准时”；高精度、高保障要求端到端时延小于 1 毫秒。

超高移动性：极高的用户移动性（时速达每小时 1 000 千米量级），支持民航、磁悬浮等高速交通工具的实时通信。

超高可靠性：丢包率小于 10^{-8}，即 99.999 999% 的可靠性。

为了支撑未来网络的极致能力，一些潜在技术方向包括电磁新维度的拓展、空天地一体化、全息通信、混合现实等需要研究和探索。通过这些先进技术的使用，才能实现网络能力的极大提升，为用户提供更加丰富的业务和服务，充分满足未来社会的需求。

5G 演进和 6G 的定义及相关技术需求尚处于初级的探索阶段，不同的研究机构都有自己的愿景和观点，并未得到统一的、业界均认可的定义。但可以预期的是，5G 演进和 6G 将进一步融合未来垂直行业，衍生出全新业务，并通过全新架构、全新能力，打造 6G 全新生态，打造天地一体的美好愿景，助力后人工智能时代的到来。

考虑到需求、竞争、技术三方面驱动力，并引领未来 6G 的研究和标准化，中国也已积极探索 5G 之后的移动通信新理论、新技术、新业态和新应用，为中国通信事业的百年发展大计打下坚实基础。

5G 演进和 6G 的驱动力

5G 时代安迪－比尔定律仍然有效，虽然与 4G 相比 5G 在通信能力上已经有了本质的飞跃，但可以预计 5G 提供的带宽等将很快被视频、游戏等高体验业务以及各类行业应用占据。

根据马斯洛需求模型，低级需求被满足后高级需求将自然出现，随着标清 VR/AR、4K/8K 视频等被 5G 满足，高清 VR/AR/MR、超高清视频和裸眼 3D 等新型业务将不断涌现，用户对速率体验的需求也在不断提高（见图 1）。

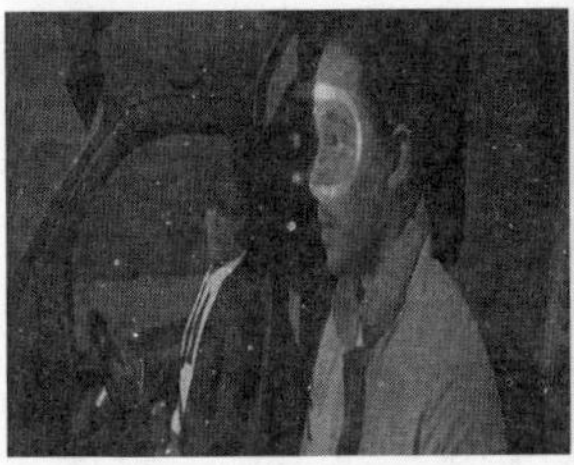

VR/AR/MR

超高清视频

裸眼 3D

图 1　新型业务不断涌现

与此对应的，人们对更高性能的移动通信能力的追求从未停止。随着移动互联网业务的飞速发展，据 IMT–2020（5G）推进组 5G 愿景与需求白皮书介绍，预计相比 2010 年，2020 年、2030 年中国流量将分别增长 300 倍和 4 万倍以上，预计 2030 年全球物联设备接近 1 000 亿台，中国超过 200 亿台（见图 2）。

在现有连接方式之外，新型通信方式和新型通信终端的出现也将促使通信系统进一步演进。业界曾展望 6G 将是“5G+ 卫星网络”，在 5G 的基础上集成卫星网络来实现全球覆盖，并有望在 2025 年得到商用。当前全球仍有近 30 亿的“未连接”人口，为打开这 30 亿“未连接市场”，谷歌、脸书等都已提早布局低轨卫星通信。2010 年年初，谷歌联合汇丰银行与欧洲有线电视运营商 Liberty Global 发起“O3b 计划”，O3b 的原意是“Other 3 billion”，指的是目前仍旧不能够上网的 30 亿人，该计划进展迟缓，其项目团队重新组建了 OneWeb 公司。2015 年，谷歌向 SpaceX（太空探索技术公司）投资 10 亿美元，其目的之一便是打造太空互联网，同年 SpaceX 推出 Starlink（星链）项目，计划发射约 12 000 颗卫星组建低轨卫星通信系统。SpaceX 于近日首度将 60 颗 Starlink 互联网卫星发射入轨，这是 SpaceX 构建其低轨卫星通信系统，继而建设覆盖全球的卫星宽带网络的第一步，也被认为是“6G 网络”发展的前奏。除此之外脸书也成立了子公司 PointView Tech LLC，投入数百万美元研发实验卫星，该卫星名为“雅典娜”（Athena），预计其卫星网络传输数据速度将比 Starlink 快 10 倍。除了互联网巨头，包括波音、空客、三星等公司都正在积极开展低轨通信卫星系统的研发工作。结合新型通信终端如多功能的无人机、无人舰艇等新型通信终端的涌现，5G 演进和 6G 网络将成为融合网络，为高空或海洋等终端提供覆盖，从而缩小数字鸿沟，实现无处不在、永远在线的立体全网络覆盖（见图 3）。

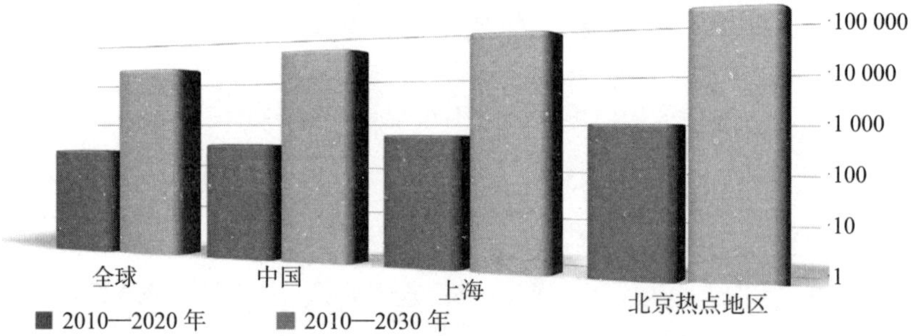

（a）2010—2030 年全球和中国移动数据流量增长趋势（单位：倍）

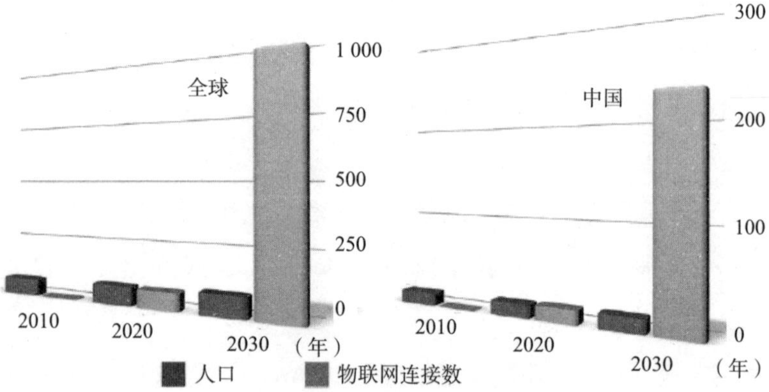

（b）物联网连接数（亿个）

图 2　未来发展趋势

此外，信息技术、通信技术、云和大数据技术的跨界融合正在推动大数据与人工智能时代的到来，云计算、区块链与量子信息等技术的结合为关键技术的突破带来新动能，从而促进网络智慧能力和数据能力的发展（见图 4），应变场景多样、组网复杂运维昂贵和服务灵活的需求，挖掘 5G 网络海量数据，利用大数据能力创新应用与服务方式。

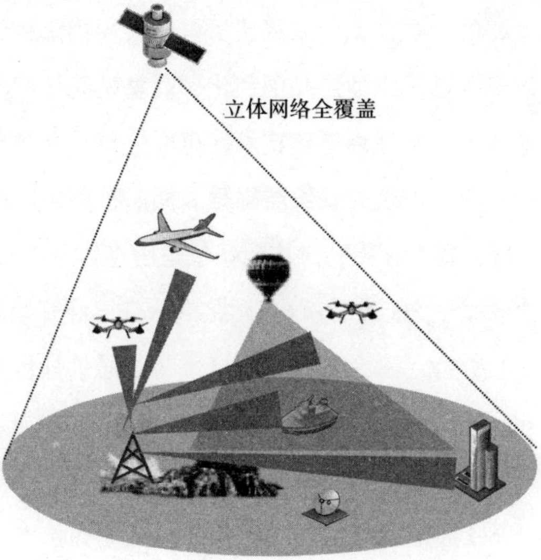

图 3　立体全覆盖网络图

智慧能力　　数据能力

图 4　网络智能能力和数据能力示意图

新材料、新工艺、新器件也会促使网络更新换代。新天线技术可以减少天馈数量和降低成本，实现天线的小型化和融合化。新材料的出现，比如全息投影膜，拥有独一无二的透明特性，在保持清晰显像的同时，能让观众透过投影膜看见背后景物，画质 100% 清晰亮丽，非凡超薄境界，绝无空间设限，为实现全息投影提供手段。此外，基于新材料可以实现更高效率的功放，也可以将超材料的大规模阵列天线紧凑集成于小基站里，以实现基站小型化和便利化，让基站无处不在。新电池技术包括固态电池技术、石墨烯电池技术等可以提供更高的能量，更便宜的价格、更轻的质量，实现更长续航里程。同时，利用新的网络计算能力，可以使能边缘计算，拓展特定应用场景与垂直行业。

目前，产业界关于5G演进和6G网络的研究已经开始。美国加州大学圣塔巴巴拉分校建立了一个名为“融合太赫兹通信与传感”的研发项目，为未来的6G网络使用100GHz~1THz这一极高频段打下基础。欧盟近期发起6G研发项目征询和为期三年的6G基础技术研究项目，主要任务是研究可用于6G通信网络的下一代向前纠错编码技术、高级信道编码和信道调制技术。韩国已开启6G预研，包括全双工技术等。日本的NTT DoCoMo公司也启动6G预研，采用轨道角动量技术，成功实现了11个电波的叠加传输，且使用了300GHz频段实现了太赫兹频段的无线通信。日前，国际电信联盟（ITU）正式成立Network 2030焦点组，该焦点组旨在探索面向2030年及以后的网络技术发展，包括保持向后兼容的网络新概念、新构架、新协议、新解决方案，以及支持现有的和新的应用，各国参与其中。

中国也已启动6G相关工作，工信部部长苗圩表示中国已经开始着手在研究6G的发展。科技部2018—2019重点专项已就6G设置多个课题，中国移动已经积极牵头申请和承担其中的工作。此外，中国移动参与面向6G研究的工作组，并联合大唐、中国信息通信研究院牵头负责中国通信标准化协会《“后5G”愿景与需求研究》，在未来移动通信论坛发布《A peek Beyond 5G》等3本6G相关白皮书。同时，中国信通院与产业界和科研院所等相关企业及专家共同筹建了毫米波太赫兹产业发展联盟，中国移动担任副理事长。

2019年3月25日，在电气电子工程学会的发起之下，全球第一届6G无线峰会在芬兰召开，邀请了工业界和学术界发表对于6G之最新见解和创新，探讨实现 6G 愿景需要应对的理论和实践挑战。

5G 演进和 6G 的愿景及其技术特征

5G 演进和 6G 网络将进一步融合未来垂直行业衍生出全新业务，并通过全新架构、全新能力，打造 6G 全新生态，真正实现“万物智联”的美好愿景，助力人工智能时代的到来。

未来的 5G 演进和 6G 网络将为我们带来一个全新的数字孪生世界。这个世界将基于我们的物理世界，生成一个数字化的孪生虚拟世界。物理世界的人和人、人和物、物和物之间可通过数字化世界来传递信息和传递智能。随着信息和感官的泛在化，数字孪生技术将在工业、通信、智慧城市运营、家居生活、个人健康管理、大脑活动监控与管理等方面大有可为，推动全世界的变革。

未来的 5G 演进和 6G 网络将为我们创造一个智能化的世界，不仅可以实现万物互联，也将实现万物智联。未来，机器之间将可以进行智能的协同工作，人体的体域网设备之间也将进行智能的监测和协作，人与虚拟助理之间可以进行深度的思想交互，人与智能辅助设备之间可以进行意识控制，甚至人与人之间也可以进行智力交换，促进人类快速、共同成长。

这里，我们给出了未来网络技术特征的初步构想。5G 演进和 6G 网络的最基本特征是即插即用、两点之间高速可达，是一种极简网络。这种网络将是可以自主优化、自主演进、自动运营、充分智能的柔性网络。

未来网络需要适应无线电频率资源的变化，在无法获得专用频率时，需要通过全新的、高效的频率自主感知技术来共享及使用其他业务的频率，提升频谱利用率。

未来网络还将具备两个重要的基础：智慧内生，安全内生。智慧内生保障了网络的极简、柔性，以及感知能力；安全内生则让网络有更强大的免疫能力。期望仰仗于这些技术，5G 演进和 6G 网络能满足全社会的需求，根据用户需求提供对应的服务。

极简网络

从 1G 到 5G，我们的移动通信系统又叫作蜂窝通信系统。蜂窝的结构是通过单一六边形元素的镶嵌，实现了对平面区域的高效覆盖。移动通信就参考了蜂窝的这一高效覆盖方式，保障了我们今天的无线覆盖，可以说蜂窝铸就了移动通信的历史。

现有的中心控制的分层网络有可能无法满足未来全方位通信的需要，那么未来的移动通信网络应该是什么样呢？

让我们想象一下自然界中的蚂蚁窝，它个头很大，重达几十公斤，却是小蚂蚁们一点点构造外延建起来的。最神奇的是，对蚂蚁来说的庞然大物，居然可以从任何一个洞钻进去，很快从另一个洞出来。换句话说每个点之间都是高效联通的。未来我们的网络可不可以从蚂蚁窝中得到启示，形成一种全新的架构呢？在这种架构下，网络四通八达，信息快速传递，还可以按需自然生长演进。历史告诉我们，大自然是最精密的设计。向自然界学习，向生物学习，可以让我们的设计更加精妙。移动通信的历史从蜜蜂窝而来，也许未来将从蚂蚁窝出发。

频谱感知

频谱资源是网络部署的基础，随着宽带无线业务的快速增长，对频率资源的需求大幅增加。移动通信业务未来将很难独享频率，尤其是在宝贵的低频段。所以，未来的网络需要充分利用已有的稀缺频率和新发掘的更高端频率，如太赫兹，实现不同网络和不同应用场景的灵活部署。

未来网络需要使用高效的自主感知的频谱使用技术，与其他业务按需、动态、无干扰的共享频率资源，提升频谱利用率。

同时，考虑到更高频段如太赫兹、可见光等的覆盖有限，利用更高频段实现无缝覆盖挑战大，需要进一步研究高频段动态开启的相关技术，更好地服务于 6G 网络。

柔性网络

未来网络的另一个重要特征就是柔性，也就是网络可以按需扩展和实现功能的自我演进。为了实现柔性，网络需要具备三个基本的条件。

一是全软件定义的端到端网络，具有开放的空口、软件化的终端，以及灵活便捷的软硬件扩展能力。有了这些能力，网络就基本具备了软件快速迭代的能力。

二是网络协议的前向兼容性设计。协议的前向兼容性使得新功能的设计和引入不会影响到旧版本的网元和终端。

这样，基于第一和第二个条件，结合运营商和客户的需要，根据部署的各种软件特性，借助人工智能驱动的自学习能力，在不需要人工干预的情况下，网络就可以实现自我融合、自我调整、自我协作的端到端自我演进，快速实现能力和功能的迭代更新。

三是去小区的网络结构。未来 5G 演进和 6G 网络将完成“以小区为中心”网络向“以用户和终端为中心”网络的转变，按需和灵活地启动必要的接入点和网元功能配置，实现按需组网，满足用户的通信需求。这里的接入点可以是基站，可以是终端，可以是移动的，也可以是固定的，可以是一个，也可以是多个。网络根据监测到的各个网元的行为、形态、功能、负荷等各种参数，进行实时的网络形态和结构的管理，包括网元间的协作、空口覆盖、网元间的路由更新等，实现网络自治。未来网络将越来越接近“无蜂窝”状态，消除小区边缘差异，提供一致性用户体验。

安全内生

安全是未来网络的重要需求。随着人工智能技术的不断成熟，未来网络所提供的服务将为用户带来全新的体验，让人类的 5 种感官（视觉、听觉、嗅觉、触觉、味觉）完全沉浸在体验之中，娱乐、社交、工作等方方面面都能在 VR、AR 和 XR 的环境中实现。5G 演进和 6G 网络中将以人工智能为引擎，实现智能化的内生安全。

首先，通过联网的智能主体之间的交互和协同形成共识，基于共识来排除干扰，保障信息的完整性、一致性和可用性，为信息和数据提供高安全等级。

其次，使用人工智能和大数据技术，精准部署安全功能并优化安全策略，实现主动的纵深安全防御。

再次，使用可信计算技术，为网络基础设施、软件等提供主动免疫功能，增强基础平台的安全水平。

最后，通过云、管、边、端的泛在协同，准确感知整个系统安全态势、敏捷处置安全风险。

智慧内生

未来网络可以用三个词来表达，就是“网络无所不达，算力无处不在，智能无所不及”。

这三个词体现出了层层递进的关系：

一是网络中的算力将从外延走向内生，最终实现网络与计算的深度融合。网络达到哪里，算力就达到哪里。将进一步超越 5G 时代的边缘计算，走向“在网计算”。

二是“在网计算”形成了“泛在智能”的算力基础。通过网络与计算深度融合形成的基础设施，为人工智能提供了无处不在的算力，实现无所不及的泛在智能。

简言之，极简网络就像一个蚂蚁窝，千万个的智能节点就如同具有自组织能力的蚁群一样。通过分布式的泛在智能，实现整个蚁巢的自组织的运行和扩展。

三是“泛在智能”将支撑形成 6G 时代的“自生成”和“自优化”网络发展范式，即网络以用户和业务为驱动，按需自生成、自构建、自配置、自管理；网络的能力与服务可自动化地迭代、优化和演进。

未来在路上

从模拟技术演进到如今的 5G，每一代移动通信技术的升级都任重而道远。站在即将迎来5G商用的今天，我们不能停下创新和发展的脚步。每一代移动通信系统的开端，都需要打开脑洞，发散思维去进行设想，目前的6G仍停留在这个阶段，回顾5G设想之初也是如此，但技术创新会在悄然间以爆炸性的速度来到我们身边，未来已经在路上，我们必须提前出发。

要想打造出共享共赢的后5G和6G全新生态，促进技术创新、产品创新和商业模式的创新，真正实现“万物智联”的美好愿景，还面临着巨大的挑战。中国移动一直是技术创新的坚定支持者和践行者，多年来，中国移动大力实践新技术，优化、革新我们的网络和业务，并积极倡导产业合作和共赢。后5G时代，中国移动将持续加大研发投入，从新材料、新需求、新技术等维度联合产学研共同开拓创新，并从原型验证，产业发展等维度联合整个社会共同推进。中国移动将会一如既往，继续秉承开放共赢的态度，锐意改革、积极引导产业、寻求共赢，与业界一起携手共创新一代移动通信的美好明天！

致 谢

5G从诞生之初就备受关注，成为整个社会的热点和焦点。党的十八大以来，习近平总书记在多次会议中阐述“敏锐抓住信息化发展的历史机遇，自主创新推进网络强国建设”的国家战略[1]。建设网络强国、抢抓信息革命历史机遇，对实现“两个一百年”奋斗目标和中华民族伟大复兴的中国梦具有重要意义。2017年3月5日，李克强总理在第十二届全国人民代表大会第五次会议《政府工作报告》中指出“加快培育壮大新兴产业。全面实施战略性新兴产业发展规划，加快新材料、新能源、人工智能、集成电路、生物制药、第五代移动通信等技术研发和转化，做大做强产业集群”。[2]这是《政府工作报告》首次提到5G。2019年全国两会期间，5G成为备受关注的热点话题。2019年6月6日，工信部向中国移动、中国电信、中国联通、中国广电4家公司颁发5G牌照，中国正式进入5G商用元年。

中国移动历来重视通信技术标准的演进，在4G正式商用前的2012年起就开始了5G相关工作，在5G的技术创新、技术标准制定、网络试验、推动5G产业成熟和联合各行各业进行应用创新等方面做出一系列开创性的工作，体现了中国移动作为具有全球影响力的一流运营商的价值和担当。2019年3月，中国移动通信集团有限公司党组书记、董事长杨杰在2018年业绩发布会上指出，中国移动将继续保持领先优势，推动转型发展，围绕“4G改变生活，5G改变社会”，坚持公众客户市场与政企行业垂直领域并重，实施“5G+”计划。这是中国移动第一次向业界宣布“5G+”的行动计划。

“5G+”是中国移动基于对5G连接万物、聚合平台、赋能产业的深刻解读的重大创新，我们提出“5G+”是社会信息流动的主动脉、产业转型升级的加速器、数字社会构建的新基石，是助力综合国力提升、经济高质量发展和社会转型升级的新手段，是构筑第四次工业革命竞争新优势的关键所在。为了让公众更好地理解“5G+”，中国移动的同事们写出了《“5G+”：5G如何改变社会》一书，系统地阐述了“5G+”的由来、内涵、实现和行动。

首先，要感谢一支由中国移动通信研究院年轻专家组成的团队，他们分别是段晓东、杨光、丁海煜、张昊、于江、邓伟、陆璐、邓超、喻炜、黄实、高天瑶、施磊、王路、付乔、陈卓、孙滔、王怡惠、朱琳、王星、刘雅、王桂英、陈佳媛、耿亮、袁向阳、刘童桐、郭嵩、邵将、罗烽、李昶、李美洁、刘强、陈琪琪、董静、高艳福、刘超、王丹、张跃馨、曹汐、曹蕾、韩柳燕、张婷婷、江天明、李世博、童辉、王艺儒、孙晓文、宋家慧、丁雨暄、朱玉同、范亚梅、刘磊、蔡慧、梁平等。他们为本书贡献了翔实的产业调研分析和丰富的技术研究成果，是本书的共同作者。

其次，要感谢我们十分尊敬的三位领导和专家慷慨地为本书作序。第一位是中国移动通信集团有限公司党组书记、董事长杨杰先生。杨董事长一直高度重视中国移动5G的推进工作，本书关于“5G+”的主要思想和框架就源于杨董事长。在2019年6月25日上海世界移动通信大会中国移动“5G+”行动联合发布会上，杨董事长指出，“5G不是简单的‘4G+1G’，将更具有革命性，呈现更高价值，能够为跨领域、全方位、多层次的产业深度融合提供基础设施支撑，充分释放数字化应用对经济社会发展的放大、叠加、倍增作用”。这一观点也成为本书的精髓。第二位是原邮电部、信息产业部部长吴基传先生，吴部长一生从事邮电通信事业，在任部长期间，领导中国通信事业实现了大跨越。第三位是中国工程院院士邬贺铨先生，邬院士在国内外信息通信领域是一位权威专家，在诸多重大技术领域都有深刻独到的见解。他们在推荐序中充分肯定了“5G+”的意义及其对产业的巨大影响，对开展“5G+”工作提出了宝贵的建议和殷切的期望。

5G不仅仅是运营商的事情，也不仅仅是通信行业的事情，本书第十五章邀请了互联网、制造业、金融业等行业的几位专家撰写，他们是腾讯云副总裁邹贤能，浦发银行执行董事、副行长、财务总监潘卫东，上汽集团前瞻技术研究部总经理张程，海信集团副总裁陈维强，华为运营商BG总裁丁耘。各位专家从自身行业的角度深入阐述了“5G+”之于产业的重大意义，之于各行各业的巨大变革和带来的机遇与挑战。“5G+”的推进是各行各业共同的努力方向，在此对各位行业专家致以衷心的感谢。

“4G改变生活，5G改变社会”，5G不仅仅是移动通信技术的变革，更是一次产业的革命。这一变革将给中国带来科技创新、产业拓展、经济繁荣的良好契机，将成为践行习近平总书记提出的网络强国宏伟目标的重大实践。中国移动将以习近平新时代中国特色社会主义思想为指引，大力推动实施“5G+”行动计划，联合各行各业和社会各界，共同推动中国在5G领域取得成功，推动5G给更多行业产业带来新的发展动能，促进经济社会发展，更好地满足人民群众对美好生活的向往。

缩略语

术语	英文全称	中文解释
3GPP	The 3rd Generation Partnership Project	第三代移动通信合作计划
5GAA	5G Automotive Association	5G 汽车联盟
5GC	5G Core Network	5G 核心网
5G-ACIA	5G Association for Connected Industry and Automation	5G 网联工业与自动化联盟
AAU	Active Antenna Unit	有源天线单元
AGV	Automated Guided Vehicle	自动导引运输车
AI	Artificial Intelligence	人工智能
AI	Analog Input	遥测
AMPS	Advanced Mobile Phone System	高级移动电话业务
API	Application Programming Interface	应用程序编程接口
App	Application	应用
AR	Augmented Reality	增强现实
ATG	Air to Ground	地空宽带网络
AWS S3	Amazon Web Service Simple Storage Service	亚马逊简单存储服务
BBU	Baseband Unit	基带处理单元
BSS	Business support system	业务支持系统
CAPEX	Capital Expenditures	资本支出
CSIS	Center for Strategic and International Studies	战略与国际研究中心

（续表）

术语	英文全称	中文解释
CDMA	Code Division Multiple Access	码分多址
CDN	Content Deliver Network	内容分发网络
CG	Computer Graphics	计算机动画
CNCF	Cloud Native Computing Foundation	云原生计算基金会
CRS	Cell Reference Signal	公共参考信号
C–ITS	Cooperative–Intelligent Transportation System	合作智能交通系统
CPE	Customer Premise Equipment	无线终端设备
CU	Central Unit	集中单元
DI	Digital Input	遥信
DO	Digital output	遥控
DPI	Deep Packet Inspection	深度报文检测
DTU	Data Transfer unit	无线终端设备
DU	Distributed Unit	分布单元
DWDM	Dense Wavelength Division Multiplexing	密集型光波分复用
ECC	Edge Computing Consortium	边缘计算产业联盟
EC2	Elastic Cloud Computer	弹性计算云服务
eMBB	Enhanced Mobile Broadband	增强移动带宽
eMTC	Enhanced Machine Type Communication	增强的机器类通信
EPC	Evolved Packet Core	分组核心演进
ETSI	European Telecommunications Standards Institute	欧洲电信标准协会
E–UTRA	Evolved Universal Terrestrial Radio Access	演进通用陆地无线接入
FCC	Federal Communications Commission	美国联邦通信委员会
FDD	Frequency Division Duplex	频分双工

（续表）

术语	英文全称	中文解释
FDMA	Frequency Division Multiple Access	频分多址
FP7	7th Framework Programme for Research	欧盟科研与开发计划第七框架计划
GDPR	General Data Protection Regulation	一般数据保护条例
GPU	Graphics Processing Unit	图形处理器
GSM	Global System for Mobile Communications	全球移动通信系统
GSMA	Global System for Mobile Communications Alliance	全球移动通信系统协会
GTI	Global TD–LTE Initiative	TD–LTE 全球发展倡议组织
HDMI	High Defintion Multimedia Interface	高清多媒体接口
HTTP	Hypertext Transfer Protocol	超文本传输协议
IaaS	Infrastructure as a Service	基础设施即服务
ICT	Information and Communication Technology	信息通信技术
IDC	International Documentation Centre	国际文献资料中心
IDC	International Data Center	互联网数据中心
IMS	IP Multimedia Subsystem	IP 多媒体子系统
IMT–2000	International Mobile Telecom System–2000	国际移动电话系统 –2000
ITU	International Telecommunication Union	国际电信联盟
ITU–R	ITU–Radio Communications Sector	国际电信联盟无线电通信组
IP	Intellectual Property	知识产权
IaaS	Infrastructure as a Service	基础设施即服务
IoT	Internet of Things	物联网
IP	Internet Protocol	网络之间互连的协议
JSON	JavaScript Object Notation	JavaScript 对象表示法
LADN	Local Area Data Network	本地数据网

（续表）

术语	英文全称	中文解释
LFN	Linux Foundation Networking	Linux 网络开源项目
LPWAN	Low Power Wide Area Network	低功耗广域网
LTE	Long Term Evolution	长期演进
MANO	Management and Orchestration	虚拟网元管理编排组件
MEC	Multi-Access Edge Computing	多接入边缘计算
MES	Manufacturing Execution System	生产制造执行系统
mMTC	Massive Machine Type Communication	大规模物联网
MIMO	Multiple Input Multiple Output	多输入多输出
MSIP	Ministry of Science，ICT and Future Planning	韩国科学与信息通信科技部
NaaS	Network as a Service	网络即服务
NB-IoT	Narrow Band IoT	窄带物联网
NESAS	Network Equitment Securify Assurance Scheme	窄带物联网
NGMN	Next Generation Mobile Networks	下一代移动网络国际组织
NFV	Network Function Virtualization	网络功能虚拟化
NR	New Radio	新空品
NFVI	Network Functions Virtualization Infrastructure	虚拟网元基础设施
NSA	Non Standalone	非独立组网
NTT	Nippon Telegraph & Telephone	日本电报电话
NWDAF	Network Data Analytics Function	网络数据分析功能
OAM	Operation Administration and Maintenance	操作维护管理
ODU	Optical Channel Data Unit	光通道数据单元
OFDM	Orthogonal Frequency Division Multiplexing	正交频分复用
OICT	Operation Technology，Information Technology，Communication Technology	运行与网络信息技术

（续表）

术语	英文全称	中文解释
OMO	Online Merge Offline	线上与线下融合
OPEX	Operation Expenditure	运营支出
OSS	Operation Support System	运营支持系统
OTT	Over the Top	运营商之外的第三方服务商通过互联网向用户提供各种应用服务
PaaS	Platform as a Service	平台即服务
PDU	Protocol Data Unit	协议数据单元
PMU	Phasor Measurement Unit	相量测量装置
PHY	Physical Layer	物理层
PLC	Programmable Logic Controller	可编程控制器
PLC	Power Line Communication	电力线通信
PTN	Packet Transport Network	分组传送网
QCI	QoS Class Identifier	QoS 等级标识
QoE	Quality of Experierce	体验质量
RESTful	Representational State Transfer	表述性状态传递
RNC	Radio Network Controller	无线网络控制器
RRU	Remote Radio Unit	遥控射频单元
RSPG	Radio Spectrum Policy Group	欧盟委员会无线频谱政策组
SaaS	Software as a Service	软件即服务
SA	Standalone	独立组网
SAE–GW	System Architecture Evolution Gateway	核心网的架构演进网关
SBA	Service–based Architecture	服务化架构
SCL	Slicing Channel Layer	切片通道层
SDN	Software–Defined Networking	软件定义网络
SEP	Standards–Essential Patent	标准关键专利，也叫标准必要专利
SLA	Service–Level Agreement	服务等级协议
SMF	Session Management Function	会话管理功能

（续表）

术语	英文全称	中文解释
SON	Self–Organized Networks	自服务网络
SOAP	Simple Object Access Protocol	简单对象访问协议
SPN	Slicing Packet Netowork	切片分组网络
SPL	Slicing Packet Layer	切片分组层
SPT	Special Purpose Technology	特定应用领域
SR	Segment Routing	源路由技术
SR–TP	Segment Routing Transport Profile	源路由传送子集
STL	Slicing Transport Layer	切片通道层
TACS	Total Access Communications System	全接入通信系统
TCP	Transmission Control Protocol	传输控制协议
TDD	Time Division Duplex	时分双工
TDMA	Time Division Multiple Address	分时多址
TD–SCDMA	Time Division–Synchronization Code Division Multiple Access	即时分同步的码分多址技术
TD–LTE	Time Division Long Term Evolution	分时长期演进
UMTS	Universal Mobile Telecommunications System	通用移动电信系统
UHD	Ultra High Definition	超高清
UPF	User Plane Function	用户面功能
uRLLC	Ultra Reliable Low Latency Communications	超高可靠超低时延通信
VHF	Very high frequency	甚高频
Vlog	Video blog	视频博客
VNF	Virtual Network Function	虚拟网络功能
VoLTE	Voice over Long–Term Evolution	长期演进语音承载
VOC	Volatile Organic Compounds	挥发性有机化合物
VR	Virtual Reality	虚拟现实
V2X	Vehicle to Everything	车与万物互联
WAP	Wireless Application Protocol	无线应用协议

（续表）

术语	英文全称	中文解释
WCDMA	Wideband CDMA	宽带码分多址
Wi-Fi	Wireless Fidelity	基于 IEEE 802.11b 标准的无线局域网
XR	Extended Reality	扩展现实

前言 “5G+”—未来已来

1. 中国移动通信集团有限公司 . 中国移动 2018 年财报［EB/OL］. https://www.chinamobileltd.com/sc/ir/operation_q.php?year=2018&scroll2title=1.
2. 中国移动通信集团有限公司 . 中国移动 2019 年第一季度财报［EB/OL］.https://www.chinamobileltd.com/sc/ir/operation_q.php?year=2019&scroll2title=1.

第一章 5G 的前世

1. 李正茂，中国移动通信研究院 . 通信 4.0：重新发明通信网［M］. 北京：中信出版社，2016.

第三章 5G 是全球信息与智能时代的竞争制高点

1. European Commission. 5G Observatory Quarterly Report 2（Up to December 2018）［R］. 2019.

第五章 从 5G 到“5G+”

1. Timothy F. Bresnahan and Manuel Trajtenberg.General purpose technologies: engines of growth,1992; Manuel Trajtenberg.AI as the next GPT: a political – economy perspective,2018.
2. Carlota Perez. Technological revolutions and techno-economic paradigms,2010; B. Jovanovic and P.L. Rousseau.General purpose technologies,2005.
3. 克里斯 · 弗里曼，弗朗西斯科 · 卢桑 . 光阴似箭：从工业革命到信息革命［M］.

沈宏亮，译 . 北京：中国人民大学出版社，2007；克利斯 · 弗里曼，罗克 · 苏特 . 工业创新经济学［M］. 华宏勋，等译 . 北京：北京大学出版社，2004；卡萝塔 · 佩蕾丝 . 技术革命与金融资本［M］. 田方萌，等译 . 北京：中国人民大学出版社，2007.

4. 张维迎：我所经历的三次产业革命［EB/OL］.（2018-01-10）. http://finance.sina.com.cn/zl/china/2018-01-10/zl-ifyqkarr8201487.shtml.
5. 庄解忧 . 世界上第一次工业革命的经济社会影响［J］. 厦门大学学报（哲学社会科学版），1985（4）.
6. 克劳斯 · 施瓦布 . 第四次产业革命：转型的力量［M］. 北京：中信出版社，2016.
7. 中国网络空间研究院 . 世界互联网发展报告 2018［C］. 北京：电子工业出版社，2018.
8. 华为 . 全球联接指数 2018［C/OL］.（2018-05-29）.https://www.huawei.com/minisite/gci/assets/files/gci_2018_whitepaper_cn.pdf?v=20180816.
9. 国家互联网信息办公室 . 数字中国建设发展报告（2018 年）［R］.2019.
10. 克劳斯 · 施瓦布 . 第四次产业革命：转型的力量［M］.. 北京：中信出版社，2016.
11. 中国信息通信研究院 . 物联网白皮书（2018 年）［C/OL］.（2018-12-17）. http://www.199it.com/archives/808073.html.

第八章　5G+AICDE

1. Gartner. 技术成熟度曲线 2017［EB/OL］.https://www.gartner.com/smarterwithgartner/top-trends-in-the-gartner-hype-cycle-for-emerging-technologies-2017/; Gartner. 技术成熟度曲线 2018［EB/OL］.https://www.gartner.com/smarterwithgartner/5-trends-emerge-in-gartner-hype-cycle-for-emerging-technologies-2018/; Gartner. 技术成熟度曲线 2019［EB/OL］.https://www.gartner.com/smarterwithgartner/gartner-top-10-strategic-technology-trends-for-2019/.
2. 百度百科 . https://baike.baidu.com/item/%E4%BA%BA%E5%B7%A5%E6%99%BA%E8%83%BD/9180?fr=Aladdin.
3. 周志华 . 机器学习［M］. 北京：清华大学出版社，2016.
4. 李正茂，中国移动通信研究院 . 通信 4.0：重新发明通信网［M］. 北京：中信出版社，2016.
5. “虚拟化与云计算”小组 . 虚拟化与云计算［M］. 北京：电子工业出版社，2009.

第九章 “5G+”生态：打造开放型生态创新能力

1. 曹凑贵 . 生态学概论［M］. 北京：高等教育出版社，2002.
2. 迈克尔 · 汉南，约翰 · 弗里曼 . 组织生态学［M］. 彭碧玉，等译 . 北京：科学出版社，2014.
3. 郭晓岩 . 移动通信生态体系及产业协同模式研究［D］. 北京：北京邮电大学，2003.
4. 韩福荣，徐艳梅 . 企业仿生学［M］. 北京：企业管理出版社，2002.
5. 孙正义 .2017 年世界移动通信大会发言［R/OL］. 2017.https://www.xianjichina.com/news/details_37513.html.
6. 中国信息通信研究院 . 中国数字经济发展与就业白皮书 2019［C/OL］.（2019-04-17）. http://www.caict.ac.cn/kxyj/qwfb/bps/201904/t20190417_197904.htm.

第十一章 “5G+”打造生活新体验

1. 英特尔 .5G 娱乐经济报告［EB/OL］. http://www.doc88.com/p-7824802698486.html.
2. 赛迪研究院 . 2018 年中国超高清视频产业发展白皮书［EB/OL］. http://www.3mbang.com/i-6738.html.
3. 中国通信标准化协会 .4K 视频传送需求研究报告［EB/OL］. https://wenku.baidu.com/view/cf0f19793a3567ec102de2bd960590c69ec3d83a.html.
4. 互联网医疗系统与应用国家工程实验室、华为 Wireless X Labs、郑州大学第一附属医院、中国信息通信研究院、中国移动通信集团有限公司 . 无线医疗白皮书［EB/OL］.http://www.199it.com/archives/676708.html.
5. 百度百科 .https://baike.baidu.com/item/ 慕课 /4855871?fr=aladdin.

第十二章 “5G+”助力各行各业，打造新动能

1. 国家发展改革委、国家能源局 . 关于促进智能电网发展的指导意见（发改运行〔2015〕1518 号）［EB/OL］.http://www.ndrc.gov.cn/gzdt/201507/t20150706_736625.html.

第十三章 “5G+”开启社会治理新模式

1. 德勤 . 超级智能城市：更高质量的社会［EB/OL］.（2018-02-12）. https://

www2.deloitte.com/content/dam/Deloitte/cn/Documents/public-sector/deloitte-cn-ps-super-smart-city-zh-180212.pdf.

2. 李龙，任颖 .“治理”一词在中国古代的使用［EB/OL］.（2017-11-24）. http://www.npopss-cn.gov.cn/n1/2017/1124/c219470-29665755.html
3. 李丰 . 社会治理模式嬗变中的“总与分”［EB/OL］. (2013-01-04). https://m.xzbu.com/1/view-6340989.htm
4. 雷玉堂，安防 & 智能化：视频监控系统智能化实现方案［M］. 北京：电子工业出版社，2013.
5. 艾瑞咨询 . 中国 AI+ 安防行业发展研究报告［EB/OL］.https://www.iresearch.com.cn/Detail/report?id=3327&isfree=0.
6. 迟颖、马忠锟 . 环境监测仪器行业 2016 年发展综述［EB/OL］.（2018-02-11）.［EB/OL］.https://www.instrument.com.cn/news/20180211/240128.shtml.
7. 国家环境空气质量监测网［EB/OL］.（2017-11-08）. http://www.cnemc.cn/zzjj/jcwl/dqjcwl/201711/t20171108_645109.shtml
8. 艾琳，王刚 . 重塑面向公众的政务服务［M］. 北京：社会科学文献出版社，2015.
9. 习近平总书记引领推动网络强国战略综述：朝着建设网络强国目标不懈努力［EB/OL］.（2017-12-02）.http://cpc.people.com.cn/n1/2017/1202/c64094-29681322.html.
10. 总理指令：国家信息化先破政府信息“孤岛”［EB/OL］.（2016-12-08）. http://www.gov.cn/zhengce/2016-12/08/content_5145134.htm.
11. 中国行政管理学会课题组 . 政务服务中心建设与管理研究报［J］. 中国行政管理，2012（12）.
12. 李遇 . 未来政务观丨 5G 时代的政务服务场域与边界［EB/OL］.（2019-04-26）. https://mp.weixin.qq.com/s/yTl-BdSInK4_Bz0GFka0VA.

致谢

1. 习近平：敏锐抓住信息化发展历史机遇自主创新推进网络强国建设［EB/OL］.（2018-04-22）.http://cpc.people.com.cn/n1/2018/0422/c64094-29941696.html.
2. 政府工作报告（全文）［EB/OL］.（2017-03-16）. http://www.gov.cn/premier/2017-03/16/content_5177940.htm.